IT 비지니스의 차세대 솔루션 온톨로지의 세계로 당신을 초대합니다

인터넷 진화의 열쇠

온톨로지

웹 2.0 에서 3.0 으로

gods Toy business

ontology | contents

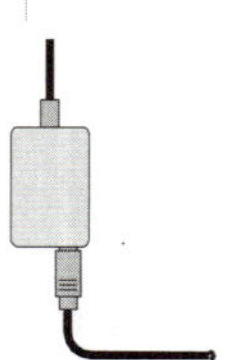

머리말 8

온톨로지의 개념 및 응용 module1 9

chapter 1 온톨로지 개요
1. 온톨로지의 유래 10
2. 분류와 개념화 과정 12
3. 컴퓨터 온톨로지(Computational Ontology) 17

chapter 2 온톨로지의 분류와 용도
1. 온톨로지의 분류 29
2. 온톨로지의 사용 목적과 중요성 40
3. 온톨로지와 시맨틱 웹 47

chapter 3 온톨로지 구축 프로젝트
1. 사이크(Cyc) 51
2. 워드넷(WordNet) 55
3. 전자거래문서 59
4. 통합의학언어시스템 66
5. 오픈 디렉터리 프로젝트 69
6. 국제상품분류코드(UNSPSC) 71

chapter 4 온톨로지 적용 분야
1. 전자상거래 분야 75
2. 의료 분야 79
3. 법률 분야 80
4. 검색 서비스 분야 82
5. 문화콘텐츠 분야 84

module2 온톨로지 언어와 구축도구

온톨로지 언어와 구축도구 92

chapter 5 온톨로지 언어
1. 온톨로지 언어의 발전 과정 94
2. 인공지능 기반의 온톨로지 언어 106
3. 온톨로지 마크업 언어 112

chapter 6 RDF(S):RDF와 RDF Schema
1. XML과 RDF 118
2. RDF 122
3. RDF Schema 128
4. RDF(S)의 한계점 136

chapter 7 OWL(Web Ontology Language)
1. OWL의 기본 요소 : 클래스와 속성 138
2. OWL의 새로운 기능 140
3. 세 종류의 OWL 152
4. OWL 예제 154

chapter 8 토픽맵(Topic Maps)과 XTM(XML Topic Maps)
1. 토픽맵(Topic Maps)개념 160
2. 토픽맵 구성요소 162
3. XTM 예제 173

chapter 9 온톨로지 툴
1. 온톨로지 툴의 분류 179
2. 온톨로지 개발 툴 180
3. 주요 온톨로지 툴 요약 정보 186

Appendix

A : RDF(S)와 OWL의 어휘
1. RDF(S) Vocabulary 191
2. OWL Vocabulary 195

B : XTM(XML Topic Maps)
1. XTM 201

C : 온톨로지 툴 관련 URL 204

D : 약어목록 206

E : 찾아보기 209

F : 참고문헌 211

머리말

태희씨는 인터넷 쇼핑몰에서 프린터를 구입하려고 한다. 지금까지 사용하던 제품은 HP에서 나온 SpeedO라는 컬러 레이저 프린터였는데, 기능이나 가격 면에서 모두 만족스러웠지만 고장이 났을 때 AS를 받기가 어렵다는 것이 항상 불만이었다. 삼성의 AS가 좋다고 하던데, 전에 쓰던 SpeedO와 기능이나 가격 면에서 유사한 제품이 뭐가 있을까? Z마켓에 접속한 태희씨는 '삼성 레이저 프린터' 검색을 시도한다. 검색 결과에는 삼성의 레이저 프린터뿐 아니라 잉크젯 프린터, 레이저 토너, 다른 회사의 프린터 등등 원하지 않는 수천 개의 제품이 포함되었다. 태희씨는 결과를 가격대별로 정렬하고, 삼성의 프린터만 골라 하나씩 클릭하며 제품의 상세 정보를 읽기 시작한다. 하나씩 직접 들어가서 상세한 정보를 얻어야 하는 것도 귀찮지만, 프린터에 대한 전문 지식이 없어서 읽어도 잘 모르겠다. 누군가 기존에 쓰던 HP의 SpeedO와 유사한 제품을 추천해 줬으면 좋겠다고 생각하던 태희씨는 결국 쇼핑몰 검색을 포기하고 대리점을 직접 방문하기로 한다.

이제 인터넷 없이는 살 수 없는 세상이 되었다. 아침에 제일 먼저 e-메일을 체크하고, 보고서 작성을 위해 웹을 검색하기도 하고, 물건을 사기 위해 인터넷 쇼핑몰을 돌아다니기도 한다. 이처럼 인터넷으로 인해 생활이 편리해지기도 했지만, 여러분들 대부분은 너무나 쓸데없는 정보(예를 들어, 스팸 메일, 관련 없는 검색 결과 등) 때문에 위 사례의 태희씨와 같이 소중한 시간을 허비하는 경험을 하였을 것이다. 이때 혹시 컴퓨터가 조금만 더 똑똑해서 내가 원하는 것을 알아서 찾아 주고 분류해 주면 좋겠다라는 생각을 했을 지도 모르겠다. 컴퓨터가 똑똑하지 못한 이유는 여러분들이 컴퓨터에게 명령을 내릴 때(예를 들어 검색어를 입력하고 엔터를 칠 때) 명령의 의미가 전달되지 못하고 명령의 문자열이 전달되기 때문이다. 따라서 컴퓨터는 검색어가 들어 있는 모든 문서 또는 제품을 찾게 되는 것이다. 바로 이러한 문제를 해결하고자 하는 노력 중의 하나가 시맨틱 웹(Semantic web)이다. 시맨틱 웹은 컴퓨터가 정보 자원의 의미를 이해하고, 더 나아가 논리적인 추론까지 할 수 있는 지능형 웹을 의미한다.

이러한 시맨틱 웹 구축의 기반이 되는 개념이 온톨로지(Ontology)이다. 온톨로지는 개념과 그 개념들 간의 관계로 구성된 일종의 사전으로, 그 안에는 특정 도메인과 관련된 단어들이 계층적으로 표현되어 있다. 또한 이를 확장할 수 있는 추론 규칙까지 포함되어 있어 웹 기반의 지식 처리나 응용 프로그램 사이의 지식 공유와 재사용 등이 가능하도록 되어 있다. 물론 시맨틱 웹의 등장과 함께 온톨로지가 부각된 것은 사실이나, 온톨로지는 시맨틱 웹으로 인해 새롭게 생겨난 연구 분야가 아니며, 시맨틱 웹에만 적용되는 기술도 아니다. 온톨로지는 웹 상의 정보 자원을 효율적으로 처리하는 것 외에도 여러 분야에 적용되어 활용되어 왔다.

이 책은 온톨로지에 대해 궁금증을 가지고 있는 경영자, IT 분야 종사자, 학생들에게 온톨로지가 무엇이고, 어떻게 활용되며, 어떻게 구축되는지에 대해 쉽게 설명하고자 한다. 물론 컴퓨터를 똑똑하게 만드는 일이 쉽지많은 않기 때문에 이 책의 내용 중 쉽지 않은 부분도 있으리라 생각된다. 하지만 온톨로지에 대해 배우고자 하거나 온톨로지를 기업의 정보 시스템과 웹에 적용하고자 하는 IT 전문가에게 이보다 나은 책을 찾기는 어려울 것이라고 확신한다.

이 책은 크게 두 부분으로 구성되어 있다. module 1에서는 온톨로지의 개념과 응용에 대해 다루고, module 2에서는 온톨로지 언어와 구축 도구에 대해 다룬다. 온톨로지에 대한 궁금증은 module 1만 읽더라도 대부분 해결될 것이다. module 2에서는 온톨로지가 구체적으로 무엇을 어떻게 표현하는가를 알고 싶은 독자에게 많은 도움이 되리라 생각한다.

Module 1 온톨로지의 개념 및 응용

chapter 1_온톨로지 개요

chapter 2_온톨로지의 분류와 용도

chapter 3_온톨로지 구축 프로젝트

chapter 4_온톨로지 적용 분야

Module 2 온톨로지 언어와 구축도구

chapter 5_온톨로지 언어

chapter 6_RDF(S): RDF와 RDF Schema

chapter 7_OWL(Web Ontology Language)

chapter 8_토픽맵(Topic Maps)과 XTM(XML Topic Maps)

chapter 9_온톨로지 툴

마지막으로 이 책의 출간은 주위 여러분들의 도움 없이는 불가능했을 것이다. 원고 작성과 교정에 많은 도움을 준 서울대학교 대학원 경영학과 석박사과정의 김보연, 문세원, 박연경, 박현정, 안정남, 조원진 조교에게 감사드리며, 이 책의 출간을 맡아주신 가즈토이출판사 김광호 사장님과 임직원 여러분께도 감사드린다.

module 1 온톨로지의 개념 및 응용

온톨로지는 인간뿐만 아니라 소프트웨어 에이전트 간의 커뮤니케이션 시 특정한 단어가 나타내는 개념의 의미를 이해하는 데 사용된다. 또 온톨로지는 추론 규칙을 포함할 수 있기 때문에 새로운 사실을 자동으로 추출하거나 제약 조건에 맞지 않는 오류를 찾아낼 수 있다. 따라서 온톨로지는 지식을 수집하고 표현하는 데 사용될 뿐만 아니라 추론 기능을 지원함으로써 지식 모델링 및 지식 검색 시 유용한 수단으로 이용될 수 있다. 온톨로지는 지식 명세서로서 다양한 분야에서 응용될 수 있기 때문에 각각의 적용 분야에 따라 여러 온톨로지가 존재할 수 있다.

1 온톨로지 개요

2 온톨로지의 분류와 용도

3 온톨로지 구축 프로젝트

4 온톨로지 적용 분야

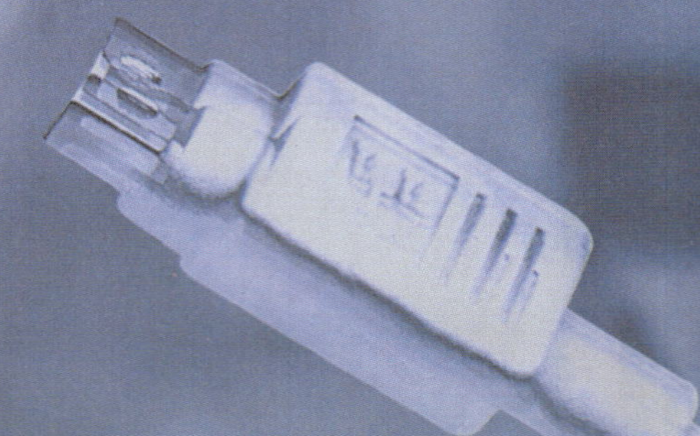

chapter 1

온톨로지 개요

정보기술(IT : Information Technology)의 발달과 웹 기술의 발전으로 인해 엄청난 양의 정보가 축적되고 있으며 이에 대한 손쉬운 접근이 가능하게 되었다. 지식사회에서는 자신이 필요로 하는 지식을 얻고 활용하는 것이 개인뿐만 아니라 기업에게도 매우 중요한 일이다. 하지만 정보의 홍수 속에서 필요로 하는 지식을 찾기란 쉬운 일이 아니다. 이러한 문제를 해결하기 위해 인터넷 상의 검색엔진, 기업의 지식관리시스템(KMS : Knowledge Management Systems) 등이 구축되었다. 그러나 지금까지의 정보기술은 주로 단순히 정보를 저장하고 처리하는 데 중점을 두었기 때문에 필요한 정보의 지능적 검색이나 지적인 수행 능력은 부족하였다. 정보의 홍수 속에서 정보를 지식화하고 활용하는 일은 여전히 개인의 일로 남아 있다.

질적으로 향상된 정보서비스를 위해서는 축적된 정보를 단순히 공유하는 것 외에도 지식을 기술하고 표현하며 공유할 수 있도록 하는 체계적이며 통제된 메커니즘이 필요하다. 온톨로지(Ontology)는 IT 분야에서 지식을 표현하고 활용하기 위해 사용되는 핵심 기술이다. 온톨로지란 원래 철학에서 나온 개념이지만, IT 분야에서는 특정 영역의 개념과 그들간의 관계를 정의하는 명세라는 좁은 의미의 개념으로 사용되고 있다. 예를 들어 프린터 쇼핑몰 영역에서 '레이저 프린터', '컬러 레이저 프린터' 등의 개념이 있고, '컬러 레이저 프린터는 레이저 프린터의 일종이다.' 라는 관계가 있다는 것 등을 표현한 것이 온톨로지이다.

온톨로지는 인간뿐만 아니라 소프트웨어 에이전트 간의 커뮤니케이션 시 특정한 단어가 나타내는 개념의 의미를 이해하는 데 사용된다. 또 온톨로지는 추론규칙을 포함할 수 있기 때문에 새로운 사실을 자동으로 추출하거나 제약 조건에 맞지 않는 오류를 찾아낼 수 있다. 따라서 온톨로지는 지식을 수집하고 표현하는 데 사용될 뿐만 아니라 추론 기능을 지원함으로써 지식 모델링 및 지식 검색 시 유용한 수단으로 이용될 수 있다. 온톨로지는 지식 명세서로서 다양한 분야에서 응용될 수 있기 때문에 각각의 적용 분야에 따라 여러 온톨로지가 존재할 수 있다. Module 1에서는 온톨로지의 개념과 IT 분야에서 온톨로지가 어떻게 활용될 수 있는지를 살펴보기로 하겠다. 먼저 본 chapter에서는 온톨로지는 어디서 유래되었고, 온톨로지는 무엇이며, 온톨로지의 구성 요소에는 어떠한 것들이 있는지 살펴보기로 한다.

01 온톨로지의 유래

온톨로지의 기원을 이해하기 전에 먼저 인공지능(AI : Artificial Intelligence)의 역사를 간단히 살펴보기로 하자. 인공지능은 1943년 워렌 맥컬로치(Warren Mcculloch)와 월터 피츠(Walter Pitts)의 생리학, 논리학 및 수학에 기초한 인공 뉴런(neuron)에 관한 연구에서 시작되었다고 볼 수 있다. 그러나 '인공지능' 이란 용어를 공식적으로 사용하기 시작한 것은 1956년 다트머스(Dartmouth) 대학교에서 열린 워크숍에서였다. 그 이후로 존 매카시(John Mccarthy), 마빈 민스키(Marvin Minsky), 앨런 뉴웰(Allen Newell), 허버트 사이먼(Herbert Simon) 등에 의해 인공지능은 하나의 학문 분야로 자리잡기 시작했다. 인공지능이란 간단히 말해 인간의 지능적 행위를 기계에 의해 실현하고자 하는 컴퓨터 과학의 한 분야이다. 지능을 가진 기계에 대한 관심은 1950년에 수학자 앨런 튜링(Allen Turing)이 제안한 튜링 테스트(Turing test)에 잘 나타나 있다. 튜링 테스트는 기계가 인간과 얼마나 비슷하게 대화할 수 있는지를 기준으로 기계에 지능이 있는지를 판별하고자 하는 테스트이다. 만일 사람이 사고할 때 하는 행위와 기계가 사고할 때 하는 행위를 구별할 수 없다면 그 기계가 사람처럼 생각하는 것으로 볼 수 있다는 아이디어이다. 예를 들어 사람과 컴퓨터를 각각 다른 방에 두고 외부에 있는 측정자가 단말기를 통하여 사람과 컴퓨터에 동시에 여러 가지 질문을 했을 때, 질문에 대한 응답 내용 만으로 사람과 컴퓨터를 구분할 수 없는 경우 컴퓨터가 지능을 가지고 있다고 판단하는 실험이었다. 튜링 테스트는 그 이후로 기계의 지능을 평가할 수 있는 방법으로 널리 알려졌다.

그렇다면 '지능' 이란 무엇인가? 지능에 관한 정의로 여러 가지가 있으나 비교적 널리 알려져 있는 것들을 유형화하면, 논리적으로 추론하는 능력(reasoning), 추상적으로 사고하는 능력(abstraction), 계획하는 능력(planning), 문제를 해결하는 능력(problem solving), 개념과 언어를 이해하는 능력(comprehending ideas and language), 학습하는 능력(learning), 유사한 개념이나 사물을 분류하는 능력(grouping/classification) 등으로 나누어 진다. 이러한 유형 중 논리적으로 추론하는 능력, 추상적으로 사고하는 능력, 개념과 언어를 이해하는 능력, 유사한 개념이나 사물을 분류하는 능력이 온톨로지와 관련된다고 볼 수 있다.

온톨로지란 용어는 원래 인공지능이나 컴퓨터 과학 분야에서 시작된 용어는 아니다. 온톨로지의 기원은 이들의 역사보다 훨씬 더 앞으로 거슬러 올라간다. 온톨로지란 원래 철학에서 나온 개념으로 '존재론' 또는 '존재학'이라 불린다. 온톨로지란 "철학의 한 분류로서, 존재하는 것의 형태 또는 본질에 관해 연구하는 학문이다. 좀더 구체적으로 말하자면, 온톨로지란 사물(thing)의 기본적인 범주나 세상을 구성하는 구성 요소들을 상징하는 일반적인 개념을 다루는 학문이다(Park, 2005)." 즉 온톨로지란 존재하는 것과 그것의 기본적인 범주를 연구하는 학문이라고 할 수 있다. 물론 철학자들마다 존재의 기본적인 범주가 무엇인가에 대한 의견은 다르다. 하지만 많은 철학자들이 물리적 객체(object)들은 구체적인 실재인 반면에 클라스(class)나 클래스의 속성(property) 및 관계(relation)는 추상적인 실재라고 말한다. 이에 대한 논의는 3절 컴퓨터 온톨로지에서 다시 다루기로 한다.

온톨로지에 관한 연구는 기원전 4세기 고대 그리스 철학자 플라톤과 아리스토텔레스로 거슬러 올라간다. 그들은 현존하는 것이 무엇이며, 이러한 것들에게서 나타나는 공통된 특징이 무엇인지에 대한 물음에 답하려고 노력하였다. 이러한 질문에 해답을 얻기 위한 방법으로 고대 그리스 철학자들은 현실 세계를 단순화하려는 시도를 하였다.

이러한 시도의 기본 개념이 '분류학'이다. 분류학이란 바로 우리가 젓가락과 숟가락을 같은 장소에 둘 때 적용하는 방법이다. 우리는 이미 어릴 때부터 사물들을 어떻게 구분하고 정리하는지를 배웠고, 그것을 통해 분류학의 기본 원리를 배운 것이다. 분류란 비슷한 사물이나 개념들을 식별하고 배열하는 방법으로 사물이나 개념을 보다 잘 이해하고 쉽게 처리할 수 있게 해 준다. 분류학은 기본적으로 일련의 표준을 제공함으로써 의사소통을 간소화한다. 그대로 분류학이 잘 적용된 분야로 식물학과 생물학이 있다. 기원전 플라톤과 아리스토텔레스의 제자인 테오프라스토스(Theophrastos)는 최초로 식물에 대한 분류표를 작성하였는데 이것이 현대 식물 분류학의 시초가 되었다. 그 이외에도 칼 폰 린네(Carl von Linné)는 현대 분류학의 기초를 다진 사람으로 '분류학의 아버지'로 불린다. 그의 이명법[1] (二名法, Binominal Nomenclature)은 오늘날 모든 생물의 분류에

1. 생물의 이름을 나타낼 때 '속'의 이름 다음에 '종'의 이름을 써서 한 종을 나타내는 방법을 말한다.

사용되고 있다. 진화론으로 유명한 찰스 다윈(Charles Darwin)은 그의 저서 '종의 기원'에서 종을 분류함으로써 계통분류학을 탄생시켰다. 생물학 이외에도 분류학은 많은 분야에서 적용되어 왔다. 예를 들어, 베르셀리우스(Berzelius)의 원소기호는 알베르트 아인슈타인의 상대성 이론과 더불어 과학계에서는 세계 10대 발명 중 하나로 불린다. 이처럼 분류학은 우리에게 체계와 규율을 제공함으로써 상호 이해를 통해 인간의 커뮤니케이션을 수월하게 하는 표준의 역할을 수행한다. 그럼 다음 절에서는 온톨로지와 분류학이 어떠한 관계를 가지고 있는지 살펴 보기로 하자.

02 분류와 개념화 과정

분류는 인간이 정보를 체계화하고, 그로부터 추론하여 결론을 도출하는 가장 기본적인 행위이다. 우리는 분류를 함으로써 우리가 지각하는 세계에 관한 지식을 손쉽게 체계화할 수 있다. 세상에 존재하는 것들은 고유한 특징을 가지고 있기 때문에 특정한 범주로 구분될 수 있고, 우리는 이 모든 것들을 관련된 범주와 연관시킴으로써 이들을 보다 쉽게 이해하게 된다. 예를 들어 인간은 객체들의 공통된 특징에 따라 객체를 나무, 새, 물고

▶ 그림 1-1 존재하는 것들을 분류하는 개념화 과정 1단계

기, 의자, 자동차 등의 범주로 분류한다. 처음 보는 객체이지만 그것이 의자의 범주에 속한다면 우리는 그것에 앉을 수 있다고 추론할 수 있다. 이처럼 우리가 지각하는 세계를 각각의 특징에 따라 분류함으로써 정보 처리를 단순화시키고 인식하는 대상을 보다 잘 이해할 수 있게 된 것이다.

인간은 태어나서 존재하는 것(being)들을 인식하기 시작할 때 무의식 중에서도 곧바로 이것들을 분류해 나간다. 이것이 바로 자신의 주위에 존재하는 것들을 분류해 나가는 개념화(conceptualization) 과정인 것이다. 예를 들어 아기가 보는 현실 세계를 상상해 보자. [그림 1-1]에서 보여지듯이 이 아기는 자신이 인식하는 세계를 아마도 '가족', '먹을 것', '입을 것', '놀 것' 등 크게 4가지로 구분할 것이다.

이 아기는 성장하면서 각각의 영역(가족, 먹을 것, 입을 것, 놀 것)에 있는 것들을 좀더 많이 접하면서 이러한 것들이 무엇이며 어떻게 부르는지를 학습하게 되며, 각각이 지닌 고유한 특징에 따라 그것이 어느 영역에 속하는지 자신도 모르게 분류하게 될 것이다. [그림 1-2]는 [그림 1-1]에 나타난 4가지 영역 중 하나인 '맘마'(먹을 것)를 보여준다. 여기서는 이 아기가 알고 있는 먹을 것과 관련된 모든 것들을 단순히 '맘마'로 표현하는 단계를 지나 각각의 먹거리를 어떻게 부를 지 부모로부터 배워서 먹을 것을 '까

▶ 그림 1-2 존재하는 것들을 분류하는 개념화 과정 2단계

까', '찌찌', '우유', '아이스케키' 등으로 구별하여 부를 수 있는 단계를 보여 준다.

이후 아기가 성장하여 어린이가 되면서 먹을 것들의 종류가 더 많다는 것을 깨닫게 될 뿐만 아니라 가족 외에 자기 주변의 친구 등 사회 구성원들을 알게 되면서 주변의 모든 구성원들이 각각의 먹을 것을 어떻게 분류하고 명명하는지를 배우게 된다([그림 1-3]). 이때 이 어린이가 배우는 용어들은 아마도 사회 구성원들의 합의에 의해서 형성된 각각의 먹을 것에 대한 표준 용어들일 것이다.

이후 단계에서는 각 범주에 속한 것들이 어떠한 속성을 지니고 있으며, 그들 간의 관계가 어떻게 되는지 알게 된다. 예를 들어 [그림 1-4]에서 보여 주듯이 이 어린이가 성장하여 청소년이 되고 어른이 되는 과정을 거치면서 '간식'의 한 종류인 '과자'나 '빵', 그리고 '아이스크림'의 한 종류인 '소프트아이스크림'에는 '음료'의 한 종류인 '우유' 성분이 포함되어 있다는 관계를 알게 되고, '소프트아이스크림'에는 살이 찌는 속성이 있다는 것을 배우게 된다. 이러한 과정을 「인간이 인식하는 세상에 존재하는 것들에 대한 개념화 단계」라고 부른다.

지금까지 우리는 인간이 성장하면서 자기 주변 세계에 존재하는 것들을 그들이 지

▶ **그림 1-3 존재하는 것들을 분류하는 개념화 과정 3단계**

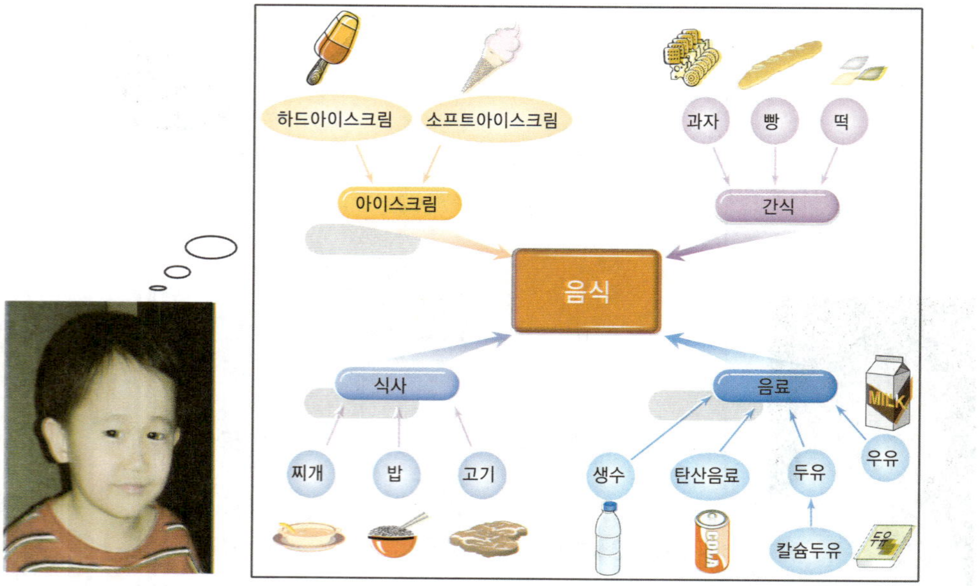

닌 특징에 따라 어떻게 분류하고 개념화하는지를 살펴보았다. 온톨로지는 바로 이러한 개념화 과정의 결과물인 것이다. 이처럼 철학에서 출발한 온톨로지는 존재에 대한 체계적 이론으로 세상의 모든 것들을 단순화 · 추상화하여 분류함으로써 이들의 계통을 세워 현상을 설명하려고 한다. 만일 인간의 개념화 과정 결과로 형성된 온톨로지를 컴퓨터가 처리할 수 있는 형태로 모델링하여 표현한다면 이는 정보시스템 분야에 적용될 수 있을 것이다. 사실 온톨로지는 철학이나 인지과학 이외에 인공지능 분야와 정보시스템 분야 등에도 적용되어 왔다. [그림 1-5]는 앞서 살펴본 인간의 개념화 과정을 컴퓨터가 처리할 수 있는 형태의 온톨로지로 나타내기 위해 [그림 1-4]를 모델링하여 나타낸 추상모델이다.

이 음식 온톨로지는 '음식'이 크게 '식사', '음료', '간식', '아이스크림'으로 분류되며, '식사'는 다시 '찌개', '밥', '고기'로 나뉘어지며, '음료'의 종류에는 '생수', '탄산음료', '두유', '우유'가 있고, '간식'의 종류로는 '과자', '빵', '떡'이, '아이스크림'에는 '하드아이스크림'과 '소프트아이스크림'이 있다는 사실을 나타낸다. 뿐만 아니라 이 온톨로지는 '두유'와 '우유'가 서로 대체될 수 있고, '과자', '빵', '소프트아이스크림에는 '우

▶ 그림 1-4 존재하는 것들을 분류하는 개념화 과정 4단계

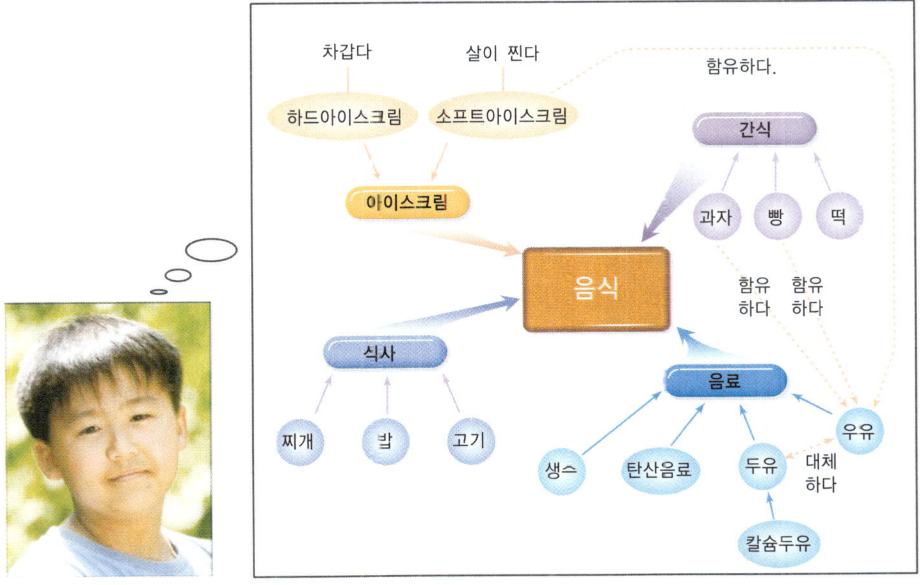

▶ 그림 1-5 음식 온톨로지

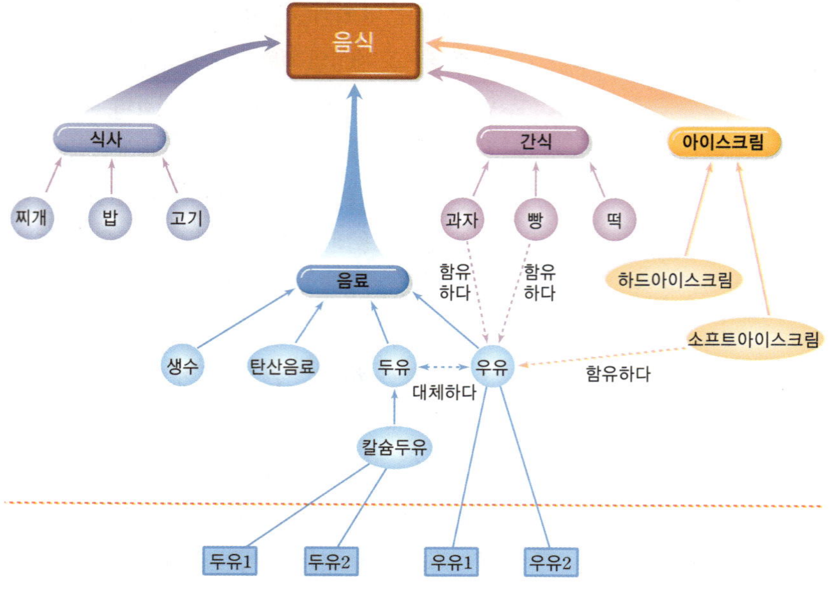

유'가 함유되어 있다는 사실을 개념 간의 관계를 통해 나타내고 있다. [그림1-5]의 점선 아래에 있는 '두유1', '두유2'와 '우유1', '우유2'는 각각 '칼슘두유'와 '우유'라는 개념의 실례이다. 이처럼 앞서 살펴보았던 인간의 개념화 과정을 온톨로지 언어를 이용하여 컴퓨터가 이해할 수 있는 형태로 표현하는 것이 가능하다.

정보시스템 분야에서도 정보 처리를 보다 효율적이고 효과적으로 하기 위해서 온톨로지를 사용한다. 기업의 정보시스템은 한 기업의 정보환경에 대한 이해도 필요하지만, 연관된 모든 비즈니스의 정보환경에 대한 보다 정확한 이해를 요구한다. 온톨로지는 비즈니스의 정보환경을 눈에 드러나도록 분명하게 모델링하여 체계화함으로써 정보시스템들 간 정보 공유 및 처리를 자동화하고 관련된 비즈니스와의 연동을 쉽게 한다. 다음 절에서는 정보시스템에 적용되는 온톨로지를 살펴 보기로 하자.

03 컴퓨터 온톨로지[2] (Computational Ontology)

철학에서의 온톨로지가 모든 실재의 본질을 다루는 반면, 컴퓨터 온톨로지는 특정 영역의 실재를 다루기 때문에 다소 좁은 의미의 온톨로지라 볼 수 있다. 컴퓨터 온톨로지란 정보 자원을 컴퓨터가 해석할 수 있는 시맨틱(semantic)으로 표현한 특정 영역(domain)의 메타데이터(metadata)[3]이다(Park, 2005). 다시 말해 컴퓨터 온톨로지는 기계(컴퓨터 소프트웨어 에이전트 등)가 이해하고 처리할 수 있도록 인간이 만든 인공물(artifact)로서 기계가 특정한 작업을 지능적으로 수행할 수 있게 해 주는 핵심 기술이다. 이러한 온톨로지는 인간과 이종(異種) 정보시스템 간의 일관성 있는 커뮤니케이션을 가능하게 해 주는 수단으로 사용할 수 있다.

컴퓨터 온톨로지에 관한 연구는 특정 세계의 실재를 이해하기 위해 사용되기도 하지만, 이보다는 훨씬 더 실용적인 이유에서 출발하였다. 컴퓨터 온톨로지를 연구하고 구축하는 목적은 특정 영역과 관련되어 있는 개념들과 이들간의 관계뿐만 아니라 이들간의 제약 조건 및 공리(公理, axiom)들을 컴퓨터가 이해하고 처리할 수 있는 형태로 체계화하고 부호화함으로써 컴퓨터에 의해 조작되고 사용될 수 있게 하는 데 있다. 따라서 온톨로지란 더 이상 선택된 소수만이 하는 심오한 학문인 철학에만 국한된 것이 아니라 정보시스템 분야에 있어서 중요한 연구 분야의 하나로 자리잡게 되었다. 정보시스템에서 연구되는 온톨로지를 정의하기 전에 먼저 컴퓨터 온톨로지를 이해하기 위해 중요한 두 가지 개념을 살펴보기로 하자. 그 첫 번째 개념이 일반시스템 이론이고, 두 번째가 번지(Bunge)의 온톨로지이다.

[2] 2. 정보시스템에 적용되는 온톨로지를 컴퓨터 처리가 가능한 온톨로지(computational Ontology)라 부르는데, 이 책에서는 간략히 '컴퓨터 온톨로지'라 부르기로 하겠다.

[3] 3. 메타데이터(metadata) : 데이터에 관한 구조화된 데이터, 속성 정보라고도 한다. 데이터를 표현하거나, 빨리 찾기 위해 사용한다.

3.1 일반시스템 이론과 온톨로지

일반시스템 이론(general system theory)은 오스트레일리아 출신의 캐나다 생물학자이자 철학자인 루드비히 폰 베르탈란피(Ludwig von Bertalanffy)에 의해 처음 주장되었고, 1950년대 이후 윌리엄 로스 애슈비(William Ross Ashby), 마가렛 미드(Margaret Mead), 그레고리 베이트슨(Gregory Bateson) 외 여러 학자들에 의해 발전된 이론이다. 일반시스템 이론(단순히 '시스템 이론'이라고도 불린다.)이란 일반적인 시스템과 관련된 타당한 원칙들을 도출하고 체계화하는 데 사용되는 이론이다. 여기서 '시스템'이란 공통된 목적을 달성하기 위하여 구성된 요소들이 상호작용을 하면서 하나의 전체를 이루는 집합체를 말한다. 예를 들어 기업은 이익 창출을 위해 자본, 노동력 등을 투입하여 재화를 생산하는 여러 프로세스로 이루어진 시스템이다. 시스템의 단위는 넓게는 경제시스템, 경영시스템, 정치시스템, 교육시스템, 그리고 좁게는 기업, 학교, 가정 등으로 그 종류가 매우 다양하다. 일반시스템이론은 이러한 시스템들 모두에 보편적으로 적용될 수 있는 이론적 모델을 구축하는 것을 목적으로 하고 있으므로, 매우 일반화된 순수수학모델과 전문학술분야의 특정 이론 사이에 존재한다고 할 수 있다. 지금까지 어떠한 일반시스템 이론도 존재하는 모든 시스템이 지니고 있는 보편적인 원칙을 설명하지는 못했지만, 시스템의 상호작용과 변화의 패턴을 설명하고 이해할 수 있는 틀을 제공한다.

시스템에 속해 있는 개별 구성 요소들의 행위를 단순히 이해하는 것만으로는 시스템 전체의 행위를 설명할 수 없는 경우가 많다. 이러한 경우 각 구성 요소들이 서로 어떻게 연결되어 있는지를 먼저 알 필요가 있다. 시스템은 단순히 구성 요소의 합이 아니라 전체를 구성하고 있는 요소들이 서로 연결되어서 상호작용을 하는 집합체로서 창발적(創發的, emergent)[4] 속성을 가진다. 이는 "전체는 부분의 합 이상이다."라는 문장으로도 잘 알려져 있다. 예를 들면 기업의 매출액은 생산, 마케팅, 재무 등의 상호작용으로 나타나는 것이지 각 부서의 속성의 합이 아닌 것이다. 시스템은 응집성, 패턴, 그리고 목적이라는 속성을 가지고 있다. '응집성' 이란 시스템의 모든 구성 요소가 분명히 인식할 수 있거나 일관성 있게 상호관련이 있다는 것을 말한다. '패턴' 이란 이러한 상호관련을 통해 시스템을 구조화하는 속성을 말한다. '목적' 이란 시스템이 제멋대로 작동하는 것이 아니라 어떤 목표를 달성하기 위해 목적이 있는 행동을 하는 속성을 말한다. 뿐만 아니라 시스템은 스스로 통제하고 조절하는 기능이 있으며, 지속성을 가지고 있다.

온톨로지와 일반시스템 이론은 밀접한 관련이 있으며 서로 영향을 미쳐 왔다. 앞에서 언급했듯이 온톨로지는 우리가 인식하고 있는 세계 또는 특정 영역을 좀 더 잘 이해하고 설명하기 위해서 관련된 모든 것들을 특징에 따라 여러 범주로 분류하고 단순화한다. 일반시스템 이론에서도 시스템의 복잡성을 이해하기 위해 시스템의 구성 요소들을 여러 하위시스템으로 나누어 계층 구조(hierarchical structure)로 표현한다. 이러한 체계적인 구조로 현실 세계의 메타모델(meta model)을 구축하는 것이 일반시스템 이론의 핵심이다. 마리오 번지(Mario Bunge)는 시스템 이론을 "정확하고 과학적인 형이상학(exact and scientific metaphysics)"이라 하였다. 여기서 '형이상학' 이란 사람들의 보편적인 관심 그 자체와 응용 가능성을 표현하는 추상적 명제 시스템을 말한다. 또 정확하고 과학적이어야 한다는 것은 추상적 명제 시스템이 수학적으로 표현되든지 아니면 적어도 수학적

[4] 4. 기존에 없었던 새로운 개념, 개체가 생겨나는 것

구조로 구성되어야 하며, 하나 또는 여러 과학 분야로부터 결론을 도출하고 기여할 수 있어야 한다는 것을 의미한다. 하지만 시스템 이론을 반드시 수학적으로 표현할 필요는 없다. 사회과학 분야를 살펴보면 수학적인 요소를 전혀 사용하지 않고 표현한 시스템 이론 문헌을 많이 찾아볼 수 있다(Luhmann, 1982). 시스템이론은 사실상 기존의 과학적 지식을 구성 요소간의 구별 및 규칙, 부분과 전체, 시스템, 환경, 체계, 기능, 변화 등의 전형적인 주제들로 체계화한 이론이다. 다음 절에서 소개할 번지의 온톨로지도 시스템 이론에 기반하여 체계화되었으며, 번지는 시스템 이론을 게임 이론(game theory), 자동장치이론(automata theory), 사이버네틱스(cybernetics)[5] 등에도 적용하였다.

[5] 5. 생물이나 기계 등의 시스템에서 제어와 통신의 문제를 다루는 종합적인 학문분야

3.2 번지 온톨로지(Bunge Ontology)

마리오 번지(Mario Bunge)의 온톨로지(Bunge, 1977; Bunge, 1979)는 시스템을 모델링하는데 그 목적이 있다. 번지 온톨로지는 다음의 이유 때문에 우리가 온톨로지를 이해하는 데 많은 도움이 된다. 첫째, 번지 온톨로지는 온톨로지와 관련된 과거의 많은 연구에 기반하여 정립된 잘 알려진 이론이다. 둘째, 번지 온톨로지는 시스템 지향적이다. 다시 말해 번지 온톨로지는 현실 세계라는 시스템과 이러한 현실 세계를 나타내는 정보 시스템 모두에 적용될 수 있는 이론이다. 따라서 번지 온톨로지는 물리적인 시스템에서 사회 시스템에 이르기까지 광범위한 시스템에 적용될 수 있다. 끝으로 번지 온톨로지는 수학적으로 아주 잘 형식화되어 있기 때문에 개념을 정의하고, 전제(前提, premise)를 약술할 뿐만 아니라 일관성 있는 표기를 하는 데 도움이 된다. 그러면 번지가 말하는 온톨로지가 무엇인지를 간략하게 살펴보기로 하자.

번지에 의하면 세상은 '사물(thing)'들로 구성되어 있고 각 사물은 고유한 '속성(property)'을 지니고 있다. 속성은 하나의 사물이 본질적으로 갖추고 있는 것일 수도 있고 여러 사물 사이의 상호적인 것일 수도 있다. 예를 들어 돌멩이의 무게는 그 돌멩이가 본질적으로 가지고 있는 속성인 반면에 중력은 그 돌멩이와 지구 사이의 상호작용에서 나타나는 속성이다. 사물들은 결합하여 하나의 '합성물(composite thing)'을 형성할 수 있다. 컴퓨터는 마이크로프로세서, 메모리, 하드디스크 등을 결합하여 만든 합성물이다. 이러한 합성물은 '창발적 속성(emergent property)'을 가지고 있다. 번지가 말하는 창발적 속성이란 하나의 사물이 가진 속성이 아니라 여러 사물들을 합성할 때 나타나는 속성을 일컫는 말이다. 예를 들어 프로세싱 파워란 컴퓨터 개별 컴포넌트가 지닐 수 있는 속

성이 아니라 컴퓨터 시스템 전체가 지니고 있는 속성인 것이다.

번지에 의하면 모든 사물은 인간에게 알려져 있든 아니든 반드시 속성을 지니고 있다. '애트리뷰트(attribute)'는 인간이 사물에 부여한 특징을 일컫는 말이다. 따라서 개개의 속성은 애트리뷰트로 나타낼 수 있다. 예를 들어 '나이'는 인간의 성장과 노화 과정의 속성을 나타내는 애트리뷰트이다. 번지는 애트리뷰트가 반드시 사물의 모든 속성을 표현할 필요는 없다고 주장한다. 다시 말해서 사물이 지닌 모든 속성을 표현할 필요는 없으며, 우리에게 필요한 속성만을 애트리뷰트로 나타내면 된다.

또 번지는 '상태(state)', '이벤트(event)', '상호작용(interaction)', '시스템(system)' 등을 정의하였다. 사물의 '상태(state)'란 어떤 특정 시점에 나타난 모든 애트리뷰트가 지닌 값의 집합이다. 예를 들어 자동차가 총 주행거리, 연료량, 주행속도 등의 애트리뷰트를 가지고 있다고 가정했을 때 어느 한 시점에서 그 자동차의 모든 애트리뷰트가 가지고 있는 값의 집합(예를 들어 총 주행거리는 168,234km, 연료량은 4.5리터, 주행속도는 55km/h)이 그 시점에서 그 자동차의 상태를 나타낸다고 할 수 있다. 번지에 의하면 모든 사물은 변하며, 이는 곧 사물이 지닌 속성들의 변화를 말한다. 따라서 현실 세계의 변화라는 것은 존재하는 모든 것들의 상태(state) 변화를 반영한 것이라고 한다. '이벤트(event)'란 상태의 변화를 일컫는 말이다. 이벤트는 <초기 상태, 최종 상태, 변환>의 트리플(triple) 형태로 표현된다. 여기서 변환이란 변화에 영향을 주는 메커니즘을 말한다. 상태와 이벤트는 '법칙(law)'에 의해 제약을 받게 되며, 이 법칙 또한 사물의 속성이다.

'상호작용(interaction)'이란 '시스템'을 정의하는 데 있어서 중요한 개념이다. 만일 X의 상태가 Y에 의해 영향을 받는다면 Y가 X에 영향을 미친다고 할 수 있다. 만일 X와 Y 중 적어도 어느 하나가 상대방에게 영향을 미친다면 X와 Y는 상호작용을 한다고 말한다. '시스템(system)'은 상호작용을 하는 것(thing)들로 구성되어 있으며, 이처럼 상호작용하는 것들은 상호작용을 하지 않는 더 작은 소그룹으로 나누어질 수 없다. 시스템의 '합성(composition)'은 시스템 요소들의 집합이다. 시스템의 '환경(environment)'은 시스템의 요소들과 상호작용을 하지만 시스템의 합성에 속하지는 않는 요소들의 집합이다. 시스템의 '구조(structure)'는 시스템 요소들 간 또는 시스템 요소들과 환경 요소들 간에 이루어지는 모든 상호작용의 집합이다. 하나의 시스템은 하나의 사물 또는 사물들의 집합체(aggregate)로 볼 수도 있다. 뿐만 아니라 시스템은 합성물(composite thing)이기 때문에 창발적(emergent) 속성을 지니고 있다. 사물과 시스템의 역학(dynamics)은 상호작용(interaction)과 내적 변환(internal transformation)의 관점에서 설명할 수 있다.

이상이 번지의 온톨로지를 요약한 내용이다. 번지에 의하면 과학 온톨로지(scientific Ontology)의 목적은 과학과 관련된 존재론적인 범주와 가설을 분석하고 체계화하는 것이라고 한다. 번지 온톨로지의 개념적 틀은 정보 시스템 모델링, 소프트웨어 엔지니어링, 데이터 품질 등 여러 분야의 학문적 기초로 사용될 수 있다.

3.3 온톨로지 정의

지금까지 온톨로지와 관련된 기본적인 지식에 관해서 살펴보았다. 이 절에서는 좀 더 구체적으로 컴퓨터 온톨로지(Computational Ontology)가 무엇인지 살펴보기로 하자. 필자가 알고 있는 온톨로지의 정의만 하더라도 20개가 넘는다(Bunge, 1977 ; Chandrasekaran et al. 1999 ; Devedźic, 2002 ; Fensel, 2001; Gruber, 1993 ; Hendler, 2001; Horrocks, 2002 ; Kahng and McLeod, 1998 ; Kashyap and Sheth, 1996 ; Kashyap and Sheth, 1998 ; Kishore et al. 2004 ; Maedche et al., 2001; Pazzaglia and Embury, 1998 ; Pollock, 2001; Pollock and Hodgson, 2004 ; van der Vet and Mars, 1998 ; Wand et al., 1999 ; Wohed, 2000). 이들 중 가장 널리 알려진 것은 토마스 그루버(Thomas R. Gruber)가 정의한 온톨로지이다. 그의 정의는 간략할 뿐만 아니라 온톨로지의 필요조건을 잘 표현하였다. 그루버에 의하면 온톨로지란 "공유하는 개념화의 형식적이고 명확한 명세(Gruber, 1993)"이다. 이 정의를 풀어서 해석해 보면 다음과 같다.

- '공유'란 말의 의미는 온톨로지가 '합의된 지식(consensual knowledge)'을 표현해야 한다는 것이다. 여기서 합의된 지식이란 몇몇 개인이 임의로 정한 것이 아니라 관련된 모든 구성원의 동의에 의해 수용되는 개념과 개념들간의 관계를 표현한 지식을 말한다.
- '개념화'란 특정 영역 또는 분야의 현실 세계와 관련된 개념(concept)을 나타내는 추상 모델을 일컫는다.
- '형식적'이란 온톨로지의 내용을 컴퓨터가 읽을 수 있고 처리가 가능한 형태로 표현해야 한다는 뜻이다. 물론 형식성의 정도는 차이가 있을 수 있다. 이것에 관해서는 chapter 2에서 다루기로 한다.
- '명확한'의 뜻은 특정 영역을 모델링할 때 사용하는 개념들과 이러한 개념들을 사용할 때 적용되는 제약 조건들을 명시적으로 정의해야 한다는 것이다

결국 온톨로지란 특정 분야의 현실 세계를 모델링할 때 이와 관련된 모든 개인이나 집단들이 합의하여 도출한 개념들을 명시적으로 정의할 뿐만 아니라 컴퓨터가 이해하

고 처리할 수 있는 형태로 표현하여 나타낸 용어들의 논리적 집합이다. 이런 관점에서 온톨로지는 세상의 특정 분야에 관련된 용어(개념)들을 정의하고, 이들 간의 관계들로 구성된 일종의 사전인 것이다.

그러나 온톨로지는 단순히 특정 분야를 표현하는 개념들의 의미만을 정의한 것이 아니라 각 개념이 지닌 고유한 속성, 개념들 간의 관계 및 이들 사이의 제약 조건, 지식 추론을 위한 공리 규칙과 각 개념의 인스턴스(개체)를 총체적으로 정의함으로써 그 분야의 지식체계를 컴퓨터가 해석하고 이해하여 처리할 수 있도록 형식화한 표준명세서인 것이다. 따라서 온톨로지의 궁극적인 목적은 컴퓨터가 해석 · 이해 · 처리할 수 있는 특정 영역의 지식체계를 모델링하는 것이다.

우리는 앞의 2절에서 현실 세계에 존재하는 것들에 대한 개념화(conceptualization) 과정을 살펴보았다. 개념화란 개념(concept)을 그 특징에 따라 분류하고 이에 따른 그들의 관계를 형성해 나가는 과정이다. 여기서 말하는 개념이 무엇인지 살펴보기로 하자.

첫째, 개념이란 어떤 사물에 대한 일반적이고 본질적인 지식을 말하며, 일반적으로 특정 언어나 단어에 종속되어 있지 않다. 개념은 사물에 대한 지적 또는 논리적 표현으로서, 이를 상징하는 기호(symbol)가 반드시 필요한 것은 아니지만 기호 없이는 커뮤니케이션이 불가능하므로 대부분의 개념에는 기호가 부여된다. 이러한 과정에서 같은 개념에 여러 기호가 부여되기도 하고 다른 개념에 같은 기호가 부여되기도 한다. 예를 들어 '국가' 라는 단어와 '나라' 라는 단어는 비록 다른 기호이지만 같은 개념을 지칭한다. 반대로 [그림 1-6]에 나타난 것처럼 '배' 란 단어는 적어도 3개의 다른 개념(운송 수단, 과일, 신체 일부)을 상징한다.

▶ **그림 1-6 '배' 의 의미**

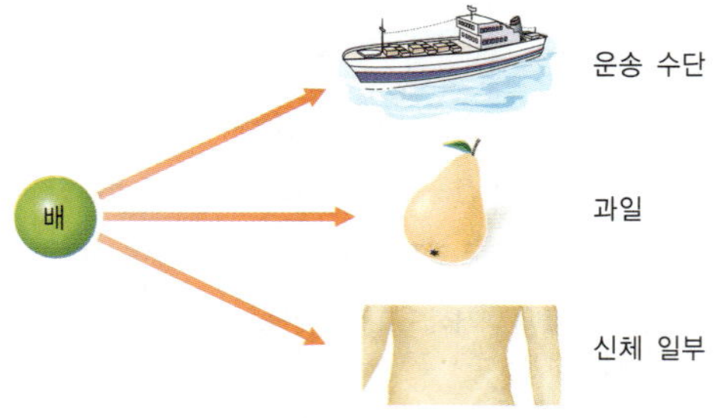

기호를 이용한 커뮤니케이션 과정은 '의미의 삼각 관계(meaning triangle)' 로 잘 설

명된다. 의미의 삼각 관계란 실재하는 사물과 개념, 기호 간의 상호작용을 설명하는 이론이다(Odgen and Richards, 1923).

[그림1-7]은 기호가 나타내려고 하는 본질(개념)과 그 기호가 상징하는 지시 대상(사물) 간의 삼각 관계를 나타낸다. 이 그림에서는 기호와 사물의 관계가 간접적이다(Maedche et al., 2001). 인간은 특정 기호(단어)를 보고 그 기호가 상징하는 사물과 연결할 때, 그 기호와 어떤 사물을 직접적으로 연결하는 것이 아니라 그 기호와 일치하는 개념을 먼저 떠올리고 그 개념과 상응하는 사물과 관련시킨다. 이러한 인간의 인지 과정은 잘못된 커뮤니케이션을 유발할 수도 있다. 예를 들어 두 사람이 커뮤니케이션을 하는 동안 '배' 라는 단어를 교환한다고 가정해 보자. 이 두 사람은 각자 서로 다른 상황을 가정하고 있기 때문에 '배' 라는 기호를 각자의 개념과 연관지음으로써 서로 다른 사물과 연결할 수도 있다. 따라서 한 사람은 과일의 한 종류인 '배' 와 연관짓고, 다른 사람은 운송수단으로서의 '배' 와 연관지음으로써 잘못된 의사소통을 할 가능성이 크다. 이러한 상황은 소프트웨어 에이전트에게도 마찬가지다. 이들도 동일한 용어를 사용해서 의사소통을 할 경우 서로 다른 지식 표현 모델을 가지고 있어서 해석을 달리할 수가 있다. 하지만 만약 이들이 합의에 의해서 만들어진 온톨로지를 기반으로 커뮤니케이션을 한다면 이처럼 잘못된 커뮤니케이션을 피할 수 있다.

▶ 그림 1-7 의미의 삼각 관계(Maedche et al., 2001)

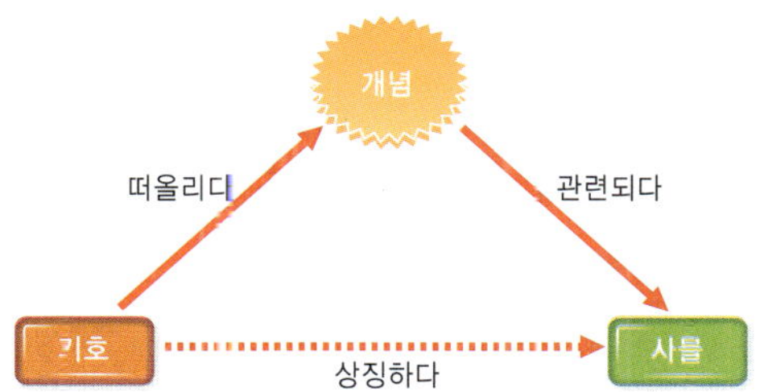

둘째, 개념은 '내포' 와 '외연' 이라는 두 가지 속성을 가지고 있다. 내포(內包, intension)는 '의미(meaning)' 를 말한다. 조금 더 구체적으로 살펴보면 내포란 "내부에 포함하여 가짐" 이란 의미로 논리학에서는 어떤 개념의 내용이 되는 여러 속성을 일컫는 말이다. 외연(外延, extension)이란 어떤 개념이 적용되는 명제나 사물의 범위를 일컫는 말이다. 예를 들어 '동물' 이란 개념의 외연에는 새, 물고기, 사자, 인간 등이 있다. 내포와 외연의 차이를 알기 위해서 다음과 같은 예를 들 수 있다.

'금강산(金剛山)' 이란 대한민국 강원도의 북부에 있는 명산을 일컫는 말이면서 다른 의미로 '봄의 금강산을 달리 이르는 말이기도 하다. 뿐만 아니라 '봉래산(蓬萊山)' 이란 여름의 금강산을 이르는 말이고, '풍악산(楓嶽山)' 이란 가을의 금강산을 부르는 명칭이며, '개골산(皆骨山)' 이란 겨울의 금강산을 말한다. 따라서 금강산, 봉래산, 풍악산, 개골산은 모두 서로 다른 의미(내포)를 가지고 있지만, 각 명칭들은 모두 '금강산' 이라는 외연을 지칭한다. 온톨로지는 주로 내포와 관련이 있다. 즉 온톨로지는 특정 용어와 상관없이 그 용어가 의도하는 개념 그 자체를 표현하고자 한다.

마지막으로 개념은 다른 개념들과 연관되어 있다. 예를 들어 '국가' 란 개념은 '국민', '헌법', '영토' 등의 개념과 상관관계가 있다. 이처럼 개념은 다른 여러 개념들과 관련되어 있으며, 혼자 독자적으로 존재하는 경우는 거의 없다. 온톨로지는 개념과 개념 간의 관계를 나타냄으로써 개념의 의미를 명확히 한다.

이 절에서는 컴퓨터 온톨로지(Computational Ontology)의 정의와 이와 관련된 여러 개념들을 살펴보았다. 다음 절에서는 온톨로지를 구성하는 요소들에는 무엇이 있는지 살펴보겠다.

3.4 온톨로지의 구성 요소

앞 절에서 살펴보았듯이 온톨로지는 다양한 형태로 존재할 수 있다. 하지만 온톨로지로 분류되기 위해서는 적어도 용어와 각 용어의 내포를 명확히 명시할 수 있는 어떤 형식을 포함해야 한다. 즉 온톨로지는 개념을 표현하는 용어에 관한 정의와 이러한 용어들이 어떻게 상호 관계를 가지고 있는지를 명시함으로써 모델링하고자 하는 세계에 대한 체계적이고 논리적인 틀을 제공해야 한다.

대부분의 온톨로지는 '개념(concept)', '속성(property)', '관계(relationship)', '제약조건(constraint)', '공리(axiom)', '인스턴스(instance)' 의 여섯 가지 구성 요소로 이루어져 있으며, 각 구성 요소의 정의는 다음과 같다. 구성 요소에서 사용하는 예는 [그림 1-8]의 컴퓨터 관련 기기 및 사무용품 온톨로지 그림을 참고하기 바란다.

- **개념(concept)** : 개념이란 현실 세계에서 존재하는 것에 대한 일반적이고 본질적인 인식이나 지식을 말한다. 개념은 **[그림 1-8]**에서 타원으로 표현된 '컴퓨터', '프린터', '사무용품' 등과 같이 우리가 오감을 통해 물리적으로 느낄 수 있는 것뿐만 아니라 '사랑', '우정', '천사' 등과 같이 우리의 정신 세계에서만

존재하는 추상적인 것을 모두 포함한다. 개념은 번지(Bunge)가 말하는 '사물(thing)'을 표현하는 단위이다. 개념은 크게 '단순개념(elementary concept)'과 '합성개념(composite concept)' 두 가지로 나눈다. 단순개념은 더 이상 나누어지지 않는 기본 개념을 말하고, 합성개념은 어떤 형태로든 연관성을 지니고 있는 단순개념들이 결합되어 이루어진 개념이다. 합성개념은 주로 합성관계(composite relationship)로 형성된 개념이다. 예를 들어 '컴퓨터'는 'CPU', '메모리', '하드디스크' 등 다수의 개념과 부분(part-of) 관계로 성립된 합성개념이다.

- 속성(property) : 속성은 개념에 근본적으로 속해 있는 성질을 말한다. 예를 들어 '프린터'라는 개념은 '가격', '색깔', '무게', '제조회사' 등과 같은 속성을 가지고 있다. 이는 번지(Bunge)가 말하는 애트리뷰트(attribute)와 유사한 의미이다.
- 관계(relationship) : 관계란 개념들 사이의 상관관계를 말한다. 개념은 주로 관계를 통해 다른 개념들과 연결되어 있다. 또한 관계는 유형별로 구분할 수 있다. 온톨로지에서 가장 흔한 관계의 유형은 온톨로지 개념 간의 계층구조(hierarchical structure)를 형성하는 상속관계(inheritance relationship)이다. 상속관계는 일반화(generalization)를 통한 상위개념(superconcept)과 하위개념(subconcept)[6] 간의 관계로 '~이다(is-a)' 또는 '~의 종류이다(is-a-kind-of)'로 표현된다. 예를 들어 '레이저 프린터'는 '프린터'의 하위개념으로 프린터가 지닌 모든 속성과 관계 및 제약조건을 상속받는다. 상속개념 이외에 개념 간의 계층구조를 형성하는 관계는 앞서 언급한 합성관계(composite relationship)이다. 합성관계 중 가장 널리 알려져 있는 관계가 부분전체관계(part-whole relationship)인데, 이는 상속성이 없는 이질적인 개념을 결합하여 합성개념을 형성할 때 사용하며 부분(part-of)관계로 표현된다. 앞서 설명한 'CPU', '메모리', '하드디스크'는 '컴퓨터'와 부분관계로 표현된다.
- 제약조건(constraint) : 제약조건이란 개념들 간의 관계나 속성의 값에 관한 제한 규정을 말한다. 예를 들어 컴퓨터와 CPU의 관계를 정의할 때 컴퓨터는 반드시 1개 이상의 CPU를 가지고 있어야 한다는 제한 규정을 정의할 수 있다. 뿐만 아니라 '프린터'의 속성인 가격은 반드시 0 이상의 정수(integer) 값을 가진다고 제한할 수도 있다. 이러한 제약조건은 지식을 표현하거나 추론을 할 때 유용하게 사용된다.
- 공리(公理, axiom) : 추론의 기본이 되는 명제로서 증명을 할 수 없거나 증명을 요하지 않는 '참(true)'으로 인정되는 문장을 말한다. 예를 들어, "프린터는 복사용지를 사용한다."라는 문장은 참의 값을 가지는 공리이다. 뿐만 아니라 "삼성Lightning은 삼성LPT100 레이저 토너를 사용한다.", "삼성Lightning과 HPSpeed3는 상호 대체한다" 등도 공리가 된다. 모든 공리는 제약조건(constraint)이다. 공리는 논리적 정확성을 검증하거나 새로운 사실을 추론할 때 유용하게 사용된다. 제약조건과 공리는 주로 일차논리(first order logic)나 이차논리(second order logic)를 사용해서 표현되며, 논리에 관한 설명은 chapter 5에서 다룬다.
- 인스턴스(instance) : 인스턴스는 '개체'라고도 하며, 각 개념의 실례를 말한다. 예를 들어 '홍길동'은

[6] 여기서 말하는 상위개념과 하위개념은 단순개념과 합성개념처럼 개념의 종류를 말하는 것이 아니다. 상위개념과 하위개념은 일반화를 통해 개념들 간의 계층구조를 표현하는 것으로, 편의상 상위개념이란 하위개념에 비해 상대적으로 일반화된 개념을 표현하기 위해 사용하는 용어이다.

'학생' 이란 개념의 인스턴스이다. [그림 1-8]에서는 점선 아래에 있는 '프린터1', '프린터2' 와 '토너1', '토너2', '토너3' 은 각각 '삼성Lightning' 과 '삼성LPT100' 의 인스턴스를 나타낸다. 여기서 주의할 것은 인스턴스에 대한 추상화의 단계인데, 인스턴스를 [그림 1-8]의 경우처럼 동일한 제품이지만 시리얼 번호가 다른 개별 삼성Lightning 프린터(여기서는 '프린터1' 과 '프린터2' 로 표현됨)와 개별 삼성 LPT100 토너(여기서는 '토너1', '토너2', '토너3' 로 표현됨)로 정의할 수도 있는 반면에 온톨로지 설계자의 의도나 추상화의 정도에 따라 [그림 1-9]와 같이 'HP SpeedO' 와 '삼성 Lightning' 을 '컬러 레이저 프린터' 란 개념의 인스턴스로, '삼성LPT100' 을 '레이저토너' 란 개념의 인스턴스로 표현할 수도 있다.

물론 온톨로지가 위에서 언급한 여섯 가지 구성 요소를 반드시 갖추어야만 성립되는 것은 아니다. 다음 장에서 설명할 비형식적 온톨로지의 경우처럼 최소한의 형식적 구조를 가지고 개념과 그 개념에 대한 정의만으로 구성될 수도 있다. 하지만 온톨로지가 추론 능력을 포함한 다양한 기능을 제공하기 위해서는 가능한 위에서 언급한 모든 구성 요소를 포함하는 것이 바람직하다.

그러면 위에서 언급한 구성 요소들로 이루어진 [그림 1-8]과 같은 가상의 온톨로지를 가지고 인터넷 쇼핑몰에서 어떻게 사용될 수 있는지를 살펴보기로 하자. 이 온톨로지는

▶ **그림 1-8 컴퓨터 관련 기기 및 사무용품 온톨로지**

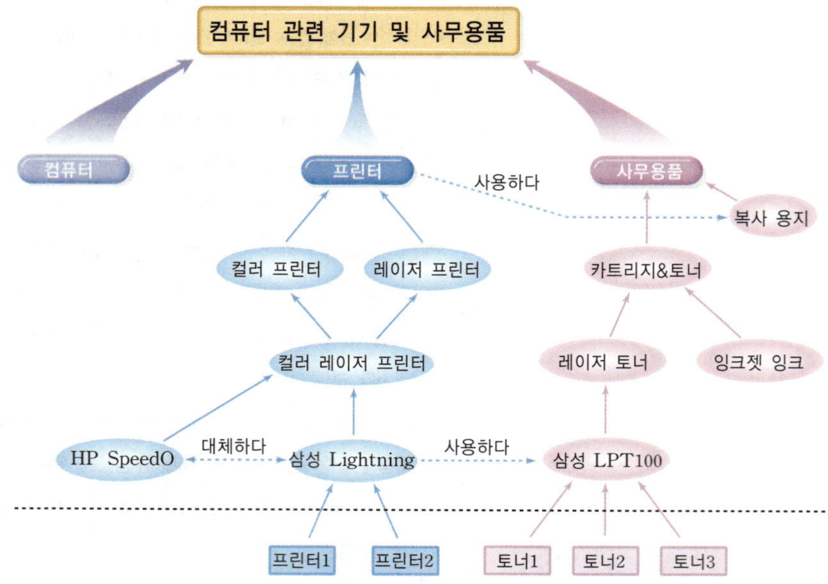

▶ 그림 1-9 컴퓨터 관련 기기 및 사무용품 온톨로지의 또 다른 모델

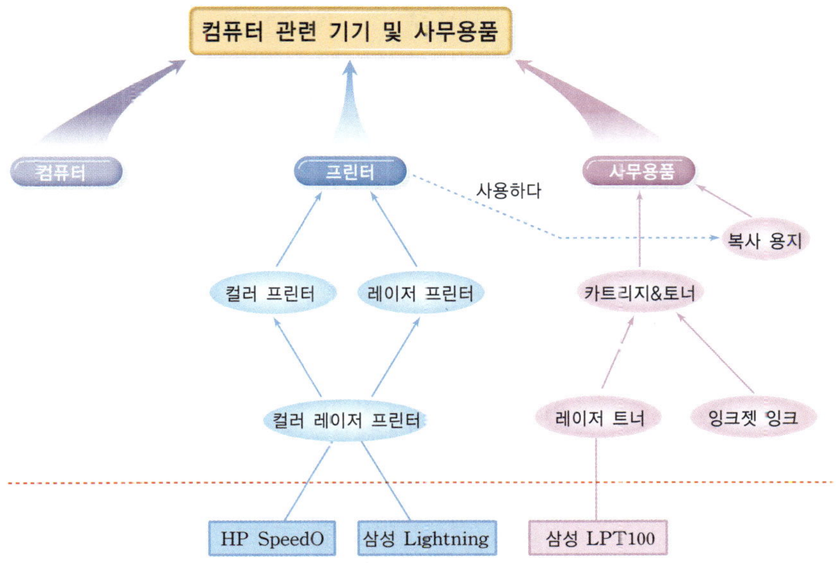

쇼핑몰 시스템 내에 여러 회사의 제품을 각각 비교하고 기능이나 가격 면에서 비슷한 상품의 관계를 정리한 것으로, 쇼핑몰 검색 시스템에 반영될 수 있다. 이러한 온톨로지 기반의 검색 시스템을 이용하여 고객은 자신이 알고 있는 정보, 사고자 하는 제품과 직접적으로 관련이 있는 정보를 쉽게 찾을 수 있을 뿐만 아니라 자신이 알고 있지 않는 간접적인 정보를 온톨로지를 통해 제공받아 원하는 제품을 손쉽게 찾을 수 있을 것이다. 그렇다면 머리말에서 소개한 가상 사례를 통해 온톨로지가 어떻게 인터넷 쇼핑몰을 바꿀 수 있는지 살펴보자. 머리말의 사례에서 태희씨의 의도는 다음과 같다.

- 사고자 하는 것은 컬러 레이저 프린터이다.
- 기존에 쓰던 제품은 HP에서 나온 SpeedO라는 제품이다.
- 사고자 하는 제품의 브랜드는 삼성이다.
- 기존의 제품과 기능이나 가격 면에서 비슷한 제품을 구입하고자 한다.

현재의 일반적인 온라인 쇼핑몰에서 위와 같은 정보로 상품 검색을 할 경우, 사고자 하는 제품이 (1) 컬러 레이저 프린터라는 것, (2) 삼성 제품이라는 것, (3) 현재 가지고 있

는 프린터와 가격이 비슷하다는 것, 이 세 가지가 가장 핵심적인 검색 키워드가 될 것이다. 이 세 가지 키워드만으로도 압축할 수 있는 정보의 양은 대단한 것이지만, 그럼에도 불구하고 여전히 원하지 않는 정보가 포함될 수 밖에 없으며, 사고자 하는 제품의 모델명 등을 정확히 모르기 때문에 비슷한 가격대의 삼성 컬러 레이저 프린터를 일일이 선택하고 클릭해서 어떤 기능이 있나 살펴보아야 하는 불편함이 있다. 그러나 [그림 1-8]과 같은 온톨로지를 이용할 경우 의미에 의한 검색이 가능하기 때문에 원하지 않는 정보를 최소화할 수 있다. 이는 태희씨가 입력한 키워드가 기호로서 검색에 사용되는 것이 아니라 개념으로 매핑되고, 그 개념에 속한 인스턴스만을 검색결과로 보여주기 때문에 가능하다. 뿐만 아니라 HP의 SpeedO와 유사한 제품이 삼성의 Lightning이라는 것을 전문가의 도움이 없이도 손쉽게 검색할 수 있다.

위의 사례를 통해 알 수 있듯이 온톨로지는 개념들 간의 관계를 규정하고 개념 간의 제약조건과 공리들을 포함함으로써 의미에 의한 커뮤니케이션을 가능하게 하고 추론도 가능하게 한다. 그럼 다음 chapter에서는 온톨로지가 어떠한 기준에 의해서 분류되고 어디에 사용되는지에 대해 알아보기로 하자.

chapter 2

온톨로지의 분류와 용도

앞에서 우리는 온톨로지가 의미하는 바가 무엇인지, 그리고 온톨로지를 구성하는 요소에는 어떤 것들이 있는 지 살펴보았다.

온톨로지는 사용 목적과 범위 등이 매우 다양하기 때문에 형식이나 내용면에서 그 종류가 많다. 본 chapter에서는 이처럼 다양한 온톨로지가 어떻게 분류되는지, 살펴보고 이러한 온톨로지가 가지고 있는 기능적 특성과 사용 목적을 알아보기로 하자. 또 온톨로지에 대한 관심이 시맨틱 웹(Semantic Web)의 등장과 함께 부각되었기 때문에 시맨틱 웹에서의 온톨로지의 역할에 대해서도 간략하게 다루도록 하겠다.

01 온톨로지의 분류

온톨로지는 크게 형식성, 추론 메커니즘의 유무, 적용범위, 표현 언어에 따라 분류될 수 있다. 표현 언어에 따른 분류는 chapter 5에서 다루기로 하고, 이 절에서는 형식성과 추론 메커니즘의 유무 및 적용범위에 따른 분류를 알아보기로 하자.

1.1 형식성과 추론 메커니즘의 유무에 따른 분류

온톨로지는 형식성(formality)의 정도에 따라 단순한 용어사전에서부터 복잡한 논리언어 기반의 온톨로지까지 그 범위와 종류가 다양하다. 추론 메커니즘의 유무 역시 형식성의 정도에 영향을 받는 데, 형식성의 정도가 약한 온톨로지일수록 추론 능력이 떨어진다. [그림 2-1]에서와 같이 온톨로지는 형식성의 정도에 따라 크게 비형식적(informal), 구조화된 비형식적(structured-informal), 반형식적(semi-formal), 형식적(formal) 온톨로지의 4 종류로 구분할 수 있다.

▶ 그림 2-1 온톨로지 형식성의 정도에 따른 분류

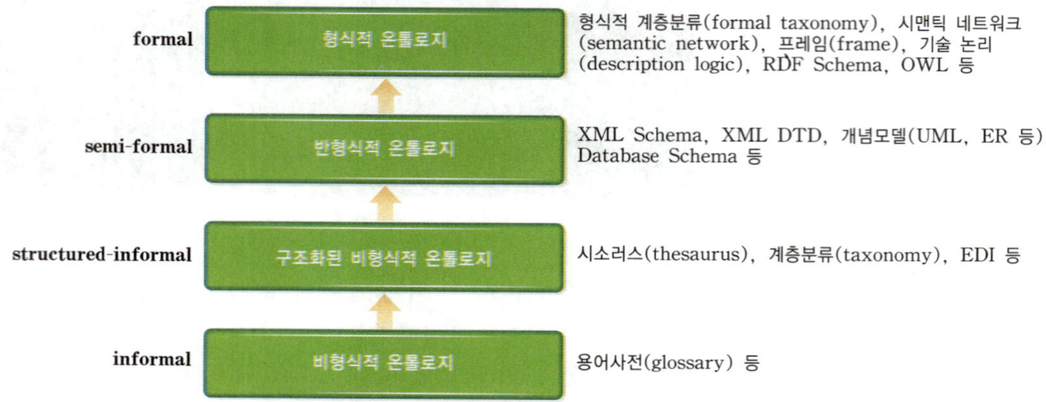

1.1.1 비형식적 온톨로지

비형식적(informal) 온톨로지는 자연어로 자유롭게 표현되고 최소한의 형식적 구조를 가지고 있기 때문에 인간이 읽고 이해하기는 쉽지만, 소프트웨어 에이전트가 해석하고 처리하는 것이 용이하지는 않다. 일반 사전(dictionary)이나 용어사전(glossary) 등이 여기에 해당된다. 비형식적 온톨로지의 예로 [그림 2-2]와 같은 정보통신(IT) 용어사전이 있다. 이는 한국정보통신기술협회가 제작한 용어사전으로, 정보통신에서 쓰는 용어의 개념을 풀이하여 특별한 형식이나 규칙 없이 나열하였다.

1. http://word.tta.or.kr/terms/terms.jsp

▶ 그림 2-2 정보통신 용어사전 예[1]

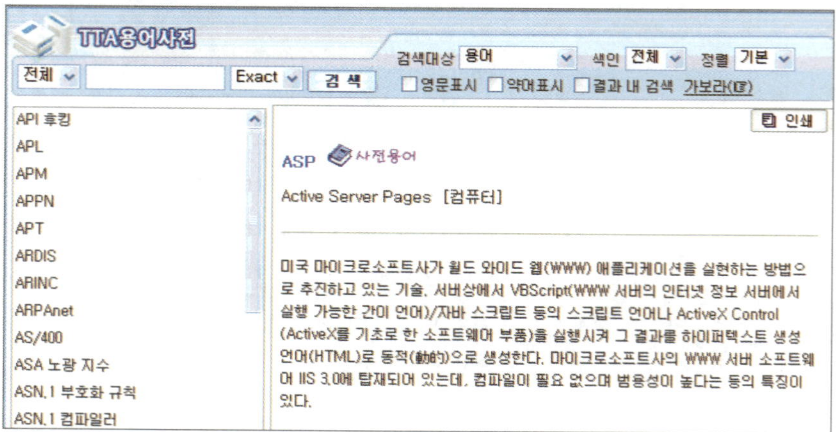

1.1.2 구조화된 비형식적 온톨로지

반면에 비형식적 온톨로지보다는 체계적인 구조를 갖춘 형태로 표현하여 명확성을 높이고 모호성을 줄인 온톨로지를 구조화된 비형식적(structured-informal) 온톨로지 또는 반비형식적(semi-informal) 온톨로지라 부른다. 이 부류에 속하는 온톨로지도 각 개념에 대한 정의는 대개 자연어로 표현되지만, 개념들 간의 관계가 구조적으로 연결이 되어 있다. 예로는 시소러스(thesaurus), 계층분류(taxonomy), EDI(Electronic Data Interchange) 등이 있다.

[그림 2-3]은 컴퓨터 언어들에 대한 계층분류의 일부를 표현하고 있다. 컴퓨터 언어에 대한 분류 체계를 린네의 분류법 형식과 유사하게 계(界, Regnum), 문(門, Phylum),

2. http://hopl.murdoch.edu.au/keyset.html

▶ 그림 2-3 컴퓨터 언어에 대한 계층분류 예[2]

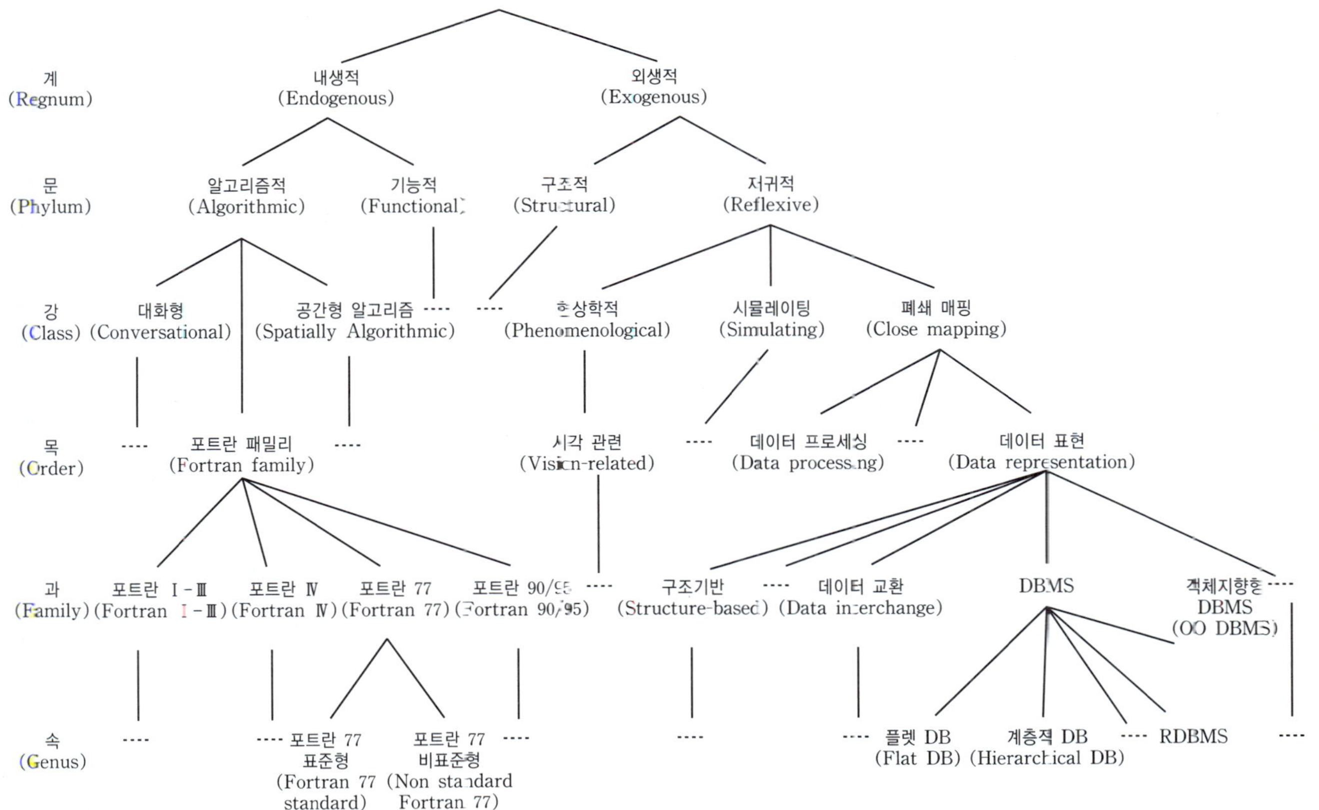

3. 린네의 분류법은 계(Kingdom), 문(Phylum), 강(Class), 족(Cohort), 목(Order), 과(Family), 류(Tribe), 속(Genus), 종(Species)의 9단계로 분류하였지만, 위의 예제에서는 6단계로 분류하였다.

강(綱, Class), 목(目, Order), 과(科, Family), 속(屬, Genus)의 6단계로 분류[3]하여 특정 컴퓨터 언어가 어디에 해당하는지 표현하였다. 예를 들어 컴퓨터 언어는 크게 계(Regnum) 단계에서 '내생적' 인 것과 '외생적' 인 것으로 분류되며, 문(Phylum) 단계에서 외생적인 것은 '구조적' 인 것과 '재귀적' 인 것으로 나뉜다. 또 강(Class)단계에서 재귀적인 것은 것은 '현상학적', '시뮬레이팅', '폐쇄 매핑' 으로 나뉘며, 목(Order) 단계에서 폐쇄 매핑은 '데이터 프로세싱', '데이터 표현' 등으로 분류된다. 데이터 표현은 다시 과(Family) 단계에서 '구조기반', '데이터 교환', '데이터베이스 관리시스템(DBMS, Database Management System)', '데이터 분석' 등으로 분류되며, 마지막으로 속(Genus) 단계에서 데이터베이스 관리시스템은 '플랫(flat) 데이터베이스(DB)', '계층적 데이터베이스', '관계형 데이터베이스 관리시스템', '객체지향형 데이터베이스 관리시스템' 등으로 좀더 구체적으로 분류된다. 이처럼 계층분류와 같은 구조화된 비형식적 온톨로지는 앞의 정보통신 용어사전과 같은 비형식적 온톨로지보다는 좀 더 체계적인 구조를 지니고 있다는 것을 알 수 있다.

1.1.3 반형식적 온톨로지

반형식적(semi-formal) 온톨로지는 컴퓨터가 이해할 수 있는 형식적 언어로 표현한 온톨로지를 말한다. 이 경우 엄격한 형식적 시맨틱(formal semantic)을 적용하지는 않지만 명확한 형식적 신택스(formal syntax)를 제공하기 때문에 온톨로지 구축 시 문법적 오류를 피할 수 있다. 반형식적 온톨로지에는 XML Schema나 XML DTD(Document Type Definition) 이외에 UML(Unified Modeling Language), ER(Entity-Relationship) 모델 등과 같은 개념모델(conceptual model)뿐만 아니라 database schema도 포함된다.

반형식적 온톨로지의 일종인 XML Schema를 살펴보자. [코드 2-1]에서는 노트북에 대해 명확한 형식적 신택스를 제공하고 있다. '노트북' 에 대한 데이터 항목을 정의할 때, 라인 6~10과 같이 '모델명' 과 'CPU' 는 문자열(string)로, '메모리' 와 '가격' 은 양의 정수(positiveinteger)로, 'DMB지원' 은 지원 여부를 나타내는 불(boolean) 값으로 기록해야 한다는 문법적인 제약 사항을 명시하고 있다. 이처럼 XML Schema는 각 요소를 형식적으로 기술하는 방법으로, 앞의 비형식적 또는 구조적 비형식적 온톨로지에 비하여 형식성을 지니고 있기 때문에 컴퓨터가 처리하기에 더 용이하다고 할 수 있다.

▶ **코드 2-1 XML Schema 예**

```
<?xml verion="1.0" encoding="euc-kr"?>
<schema xmlns="http : //www.w3.org/2001/XMLSchema">
<element name="노트북">
        <complexType>
                <sequence>
                        <element name="모델명" type="string"/>
                        <element name="CPU" type="string"/>
                        <element name="메모리" type="positiveInteger"/>
                        <element name="DMB 지원" type="boolean"/>
                        <element name="가격" type="positiveInteger"/>
                </sequence>
        </complexType>
<element>
</schema>
```

1.1.4 형식적 온톨로지

마지막으로 살펴볼 형식적(formal) 온톨로지란, 주로 논리에 기반한 형식언어로 표현한 온톨로지를 말한다. 형식적 온톨로지는 형식적 시맨틱을 적용하기 때문에 표현력(expressivity)이 풍부하고 추론 규칙(inference rule)에 대한 정의를 포함시킬 수가 있다는 특징이 있다. 형식적 계층분류(formal taxonomy), 시맨틱 네트워크(semantic network), 프레임(frame), 기술논리(description logic), RDF Schema, OWL(Web Ontology Language) 등이 이 부류에 속한다.

이 중 chapter 7에서 설명할 OWL(Web Ontology Language)이란 온톨로지 언어를 잠시 살펴보자.

[코드 2-2]의 예는 '컬러 레이저 프린터'라는 클래스를 형식적으로 정의하는 것으로 '컬러 레이저 프린터'는 '컬러프린터'와 '레이저 프린터'의 하위클래스(subclass)임을 보여주고 있다.

구체적으로 코드를 살펴보기로 하자. 라인 1의 'owl : Class'는 임의의 기능들을 공유하는 프린터들을 묶어 '컬러 레이저 프린터'란 클래스를 만들 수 있게 해 준다. 또 라인 2의 'rdfs : subClassOf'는 '컬러 레이저 프린터' 클래스에 속하는 모든 인스턴스들이 '컬러프린터' 클래스의 인스턴스도 된다는 의미를 가지고 있다. 이러한 개념들은 온톨로지의 도메인과 각 개념의 상호 역학적인 흐름을 묘사할 수 있는 표현력을 제공할 뿐만 아니라 새로운 사실의 추론 및 정보검색에서도 중요한 역할을 수행한다. 라인 5, 8~10의 'rdfs : resource'는 이미 정의되어 있는 자원을 명시할 수 있도록 해 준다. 이러한 내용은 본 책을 끝까지 읽고 나면 더욱 많이 이해할 수 있으리라 생각된다.

▶ 코드 2-2 OWL 예

```
1 <owl : Class rdf : ID="컬러 레이저 프린터">
2         <rdfs : subClassOf>
3                 <owl : Class rdf : ID="컬러프린터" />
4         </rdfs : subClassOf>
5         <rdfs : subClassOf rdf : resource="#레이저 프린터" />
6 </owl : Class>
7 <owl : ObjectProperty rdf : ID="#대체하다">
8         <rdfs : domain rdf : resource="#컬러 레이저 프린터" />
9         <rdfs : range rdf : resource="#컬러 레이저 프린터" />
10        <rdfs : type rdf : resource="http://www.w3.org/2002/07/owl#SymmetricProperty" />
11 </owl : ObgectProperty>
```

그럼 다음 절에서는 적용 범위에 따라 온톨로지가 어떻게 나누어지는지를 살펴보기로 하자.

1.2 적용 범위에 따른 분류

온톨로지는 추상화의 정도에 따라 [그림 2-4]와 같이 크게 상위(upper-level) 온톨로지와 하위(lower-level) 온톨로지로 구분할 수 있다. 상위 온톨로지란 다양한 영역에 적용될 수 있는 기본적이고 보편적인 개념, 즉 보편성에 초점을 두고 있기 때문에 특정 영역에 종속되지 않는 온톨로지이다. 따라서 상위 온톨로지는 주로 상식적인 개념들을 모델링함으로써 우리가 일반적으로 이해하고 있는 현실 세계를 표현하고자 한다. 상위 온톨로지는 추상적이거나 철학적 또는 일반적 개념들에 한정되어 있기 때문에 기본(foundational) 온톨로지 또는 일반(universal) 온톨로지라고도 불린다.

반면 하위 온톨로지는 보편성을 추구하지 않고 경계가 있는 특정 영역의 현실 세계를 구체화하는 것을 목적으로 하고 있다. 이러한 종류의 온톨로지는 특정 영역이나 분야에 한정된 시각에서 그 영역의 개념과 개념 간의 관계를 모델링함으로써 특정 영역을 추상화하고 체계화하고자 한다.

▶ 그림 2-4 온톨로지의 적용 범위에 따른 분류

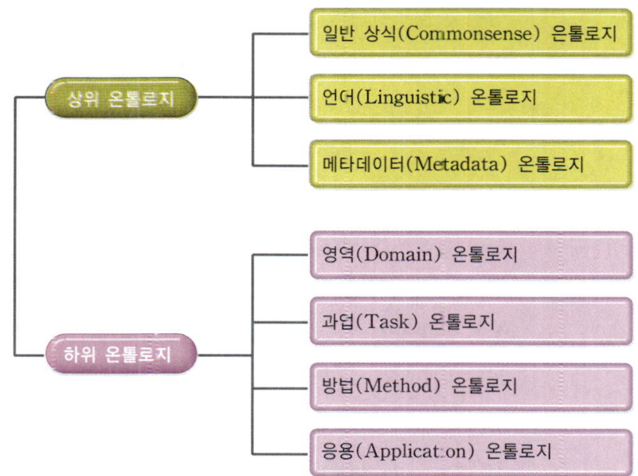

[그림 2-4]는 온톨로지를 적용 범위에 따라 분류한 온톨로지의 종류를 보여 준다. 상위 온톨로지는 일반상식(Commonsense) 온톨로지, 언어(Linguistic) 온톨로지, 메타데이터(Metadata) 온톨로지로 나뉘어진다. 또 하위 온톨로지는 영역(Domain) 온톨로지, 과업(Task) 온톨로지, 방법(Method) 온톨로지, 응용(Application) 온톨로지로 나눌 수 있다. 지금부터는 이들에 대해서 자세히 살펴보자.

1.2.1 상위 온톨로지

일반상식 온톨로지

상위 온톨로지의 한 부류에 속하는 일반상식(Commonsense) 온톨로지는 사물, 이벤트, 시간 등과 같이 여러 분야에서 공통적으로 사용되는 개념을 일반화(generalization)시킨 것이다. 대표적인 것으로는 Chapter 1에서 설명한 번지(Bunge) 온톨로지, 오픈사이크 상위 온톨로지(OpenCyc Upper Ontology)[4], 소와(Sowa)의 상위 온톨로지(Upper Ontology)[5], SUMO(Suggested Upper Merged Ontology)[6] 등이 있다.

사이크(Cyc) 온톨로지는 1980년대에 CycCorp에서 일반상식을 담고 있는 지식베이스를 만들기 위해서 만들어진 온톨로지이다. 사이크 온톨로지는 상위 온톨로지와 마

4. http://www.cyc.com/cycdoc/upperont-diagram.html
5. http://www.jfsowa.com/Ontology/toplevel.htm
6. http://suo.ieee.org/SUO/Ontology-refs.html

이크로이론(microtheories)으로 불리는 여러 가지 도메인 온톨로지들로 구성되어 있으며, 상위 온톨로지는 인간의 지식 중에 가장 기본적인 개념 및 그들의 관계를 담고 있다. 사이크 온톨로지는 CycCorp의 사적 소유물이기 때문에 공개되지 않았으나, 2001년에 오픈사이크(OpenCyc)[7]라고 불리는 사이크 온톨로지의 일부가 웹사이트를 통해서 공개되었다. 공개된 온톨로지를 오픈사이크 상위 온톨로지라고 하며, 이는 누구나 참조하고 사용할 수 있기 때문에 현재 IEEE SUO[8]에서 진행하고 있는 표준화된 상위 온톨로지 후보 중 하나이다. 상위 온톨로지의 표준화에 대해서는 잠시 후에 알아보기로 하며, 본 절에서는 이러한 오픈사이크 상위 온톨로지를 중심으로 설명하고자 한다. 오픈사이크 상위 온톨로지의 최상위 개념은 [그림 2-5]와 같이 어떠한 속성도 가지지 않는 Thing(사물)이며, 이는 Individual(개별적인 것), PartiallyIntangible(부분적으로 무형인 것), MathematicalOrComputationalThing(계산 가능한 것) 중에 하나에 반드시 속한다고 보았다(Noy and Hafner, 1997). 사이크 온톨로지는 CycL이라는 온톨로지 언어로 구축되었다.

7. http://www.opencyc.org/

8. http://suo.ieee.org/

소와(Sowa)의 상위 온톨로지는 철학, 언어학, 논리학, 인공지능 등에서 사용되는 개념을 바탕으로 1995년에 존 소와(John F. Sowa)가 제안한 것이다. 그는 구별성(distinction), 결합성(combination), 제한성(constraint)의 세 가지 원칙을 바탕으로 온톨로

▶ 그림 2-5 오픈사이크(OpenCyc) 상위 온톨로지[9]

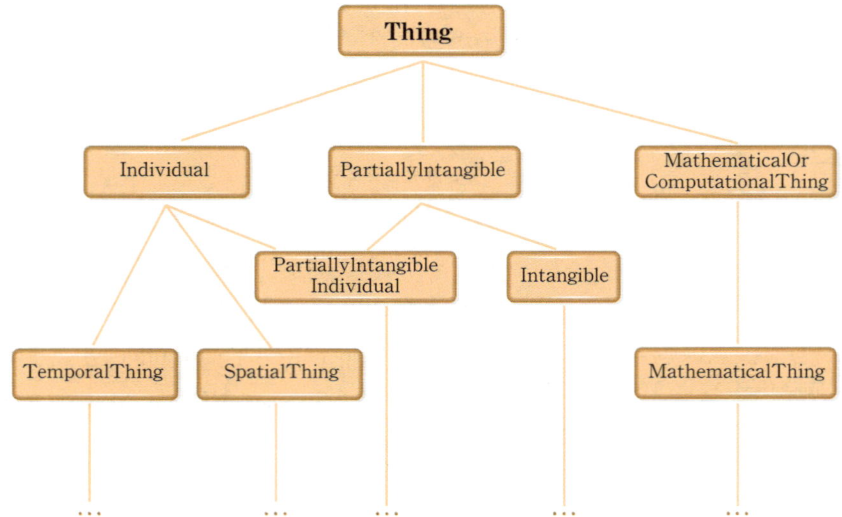

9. http://www.cyc.com/cycdoc/upperont-diagram.html

지를 디자인하였다. 소와의 상위 온톨로지는 최상위 개념인 Thing(사물)을 중심으로 다시 Independent(독립적인 것), Relative(관련있는 것), Mediating(중재하는 것), Physical(물질적인 것), Abstract(추상적인 것)로 나누었고, 총 27개의 개념으로 분류된다(Sowa, 2000).

SUMO(Suggested Upper Merged Ontology)는 Teknowledge Corporation에서 이안 나일즈(Ian Niles)와 애덤 피즈(Adam Pease)가 개발한 온톨로지이다. SUMO는 소와의 상위 온톨로지, 스튜어트 러셀(Stuart Russell)과 피터 노비그(Peter Norvig)의 상위 온톨로지(Russell and Norvig, 1995) 등을 병합해서 만들어졌다. SUMO의 최상위 개념은 Entity(실재)이며, 모든 Entity는 Physical(물질적인 것) 혹은 Abstract(추상적인 것)로 분류된다(Niles and Pease, 2001).

지금까지 본 다양한 상위 온톨로지는 각기 그들의 관점을 가지고 현실 세계를 온톨로지의 계층 구조로 개념화했다는 것을 알 수 있다(Chandrasekaran et al., 1999). 하지만 이 외에도 많은 종류의 상위 온톨로지가 사용되고 있기 때문에 이들을 표준화하려는 노력이 몇몇 단체를 중심으로 이루어지고 있다. 표준화된 상위 온톨로지를 사용한다면 지식베이스와 데이터베이스를 새롭게 구축하는 것을 용이하게 해 줄 뿐만 아니라, 기존의 데이터베이스나 영역 온톨로지의 통합을 효율적으로 지원해 줄 수 있기 때문에 상위 온톨로지의 표준화 작업은 반드시 필요하다. 대표적으로 IEEE에서는 Standard Upper Ontology(SUO) 워킹그룹을 통해서 오픈사이크 상위 온톨로지, SUMO, IFF (Information Flow Framework)[10] 등을 후보군에 포함시키고, 이들 중 하나를 표준으로 지정하기 위한 연구가 진행 중이다.

[10] http://suo.ieee.org/IFF

◉ 언어 온톨로지

일반상식 온톨로지 이외의 또 다른 상위 온톨로지의 범주로는 언어(linguistic) 온톨로지가 있다. 언어 온톨로지는 애플리케이션이나 특정 영역에 상관 없이 사람이 온톨로지를 사용하는 데 있어서 자연어를 이용할 수 있도록 지원하는 역할을 담당한다. 대표적인 언어 온톨로지는 일반화된 상위 온톨로지(GUM : Generalized Upper Model)[11], 워드넷(WordNet)[12], 펜맨 상위 모델(Penman Upper Model)[13] 등이 있다. 예를 들어 GUM은 존 베이트먼(John A. Bateman), 버난도 매그니니(Bernando Magnini), 패비오 리날디(Fabio Rinaldi)에 의해서 1994년에 제안된 상위 온톨로지이다(Bateman et al., 1994). GUM은 특정 도메인에 속하지 않는 일반적인 업무와 주된 언어 개념, 그리고 그 개념들

[11] http://www.fb10.uni-bremen.de/anglistik/langpro/webspace/jb/gum/index.htm

[12] http://wordnet.princeton.edu/

[13] http://www.fb10.uni-bremen.de/anglistik/langpro/kpml/um89/um89-root.htm

이 언어로 어떻게 구성되는지에 대한 정보만을 담고 있어, 여러 종류의 언어로 자연어 처리를 가능하도록 한다. GUM은 [그림 2-6]과 같이 Um-Thing을 최상위 개념으로 인식하고 있다. Um-Thing은 Upper Model의 최상위 개념 Thing을 의미하며, 다시 Configuration(구성), Element(요소), Sequence(순서)로 나누어진다. 이러한 GUM은 LOOM 언어로 구축되었다(Bateman et al., 1995).

◉ **메타데이터 온톨로지**

마지막으로 상위 온톨로지 중 하나인 메타데이터(metadata) 온톨로지에 대해서 알아보자. 메타데이터 온톨로지는 온라인 및 오프라인 데이터간의 상호운용성(interoperability)을 제공하기 위한 것으로 메타데이터에서 사용하는 어휘를 표준화시켜 정보검색이 보다 용이하게 이루어질 수 있도록 지원한다. 메타데이터 온톨로지의 대표적인 예로는 더블린코어(Dubline Core)[14] 가 있다. 이는 미국 국립 정보 표준화 기구(NISO : National Information Standards Organization)에 의해서 추진된 메타데이터 표준이며, 웹 기반의 메타데이터를 인덱싱하고, 검색하는 기존의 방법을 보완하는 데 사용된다.

[14] 14. http://www.dublincore.org/

▶ **그림 2-6 GUM 상위 온톨로지**

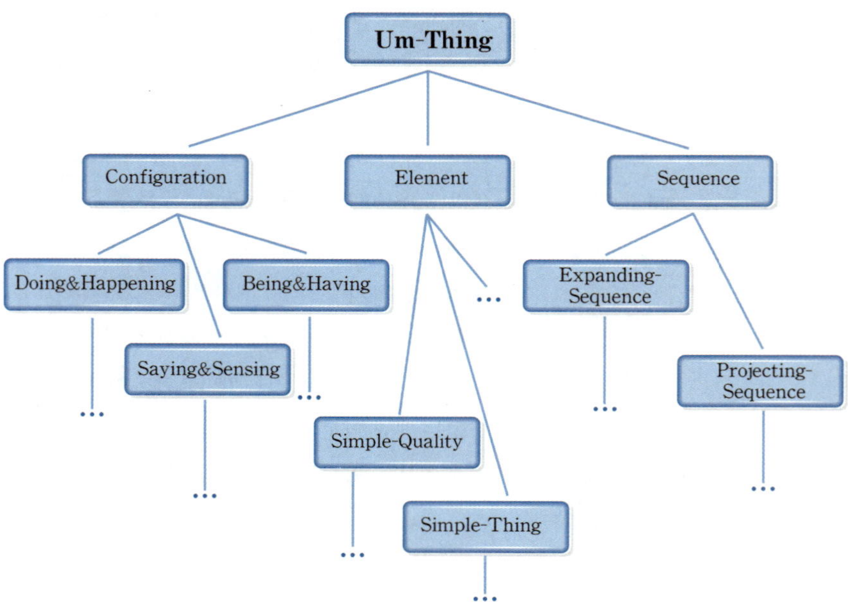

1.2.2 하위 온톨로지

지금까지 우리는 상위 온톨로지의 범주에 속하는 일반상식 온톨로지, 언어 온톨로지, 메타데이터 온톨로지에 대해서 살펴보았다. 이들은 구체적인 내용을 다루고 있는 하위 온톨로지가 보다 널리 그리고 쉽게 사용될 수 있도록 뒷받침 해 주는 역할을 하기 때문에 특정한 애플리케이션이나 영역에 종속되지 않고 독립적이며, 따라서 여러 분야에서 재사용이 가능하다. 그렇다면 구체적인 내용을 다루고 있는 하위 온톨로지에는 어떠한 것들이 있을까?

하위 온톨로지는 크게 영역(domain) 온톨로지, 과업(task) 온톨로지, 방법(method) 온톨로지, 응용(application) 온톨로지로 구분된다. 영역 온톨로지는 비즈니스 분야의 인터프라이즈(Enterprise) 온톨로지[15] (Uschold et al., 1998), TOVE[16] (TOronto Virtual Enterprise, Grüninger and Fox, 1995)와 같이 특정한 도메인에서 사용하는 지식을 개념화한 온톨로지이며, 그 해당 도메인에서만 재사용이 가능하다는 특징을 가진다(van Heijst et al., 1997).

과업 온톨로지는 일반적인 문제 혹은 특정 도메인에서 발생하는 문제를 해결하는 데 사용되는 어휘(명사, 동사, 형용사 등)를 제공한다(Gómez-Pérez et al., 2003). 예를 들어 아이스크림 회사의 일을 처리하는 데 사용되는 과업 온톨로지가 있다고 가정해 보자. 이 과업 온톨로지는 명사 온톨로지와 동사 온톨로지로 구성되어 있다. 명사 온톨로지에는 아이스크림을 생산하는 데 자주 사용되는 명사, 즉 '목표(goal)', '스케줄(schedule)', '재료(material)' 등과 같은 개념을 포함하고, 동사 온톨로지에는 아이스크림을 제조하는 데 빈번하게 사용되는 '만들다(make, produce)', '보관하다(hold, keep)', '배송하다(deliver, distribute)' 와 같은 동사형의 단어를 논리적인 계층구조로 모델링하여 과업간의 관계를 정의할 수 있다.

방법 온톨로지는 '추론 과정을 지원할 때 적용될 수 있는 특정 업무와 관련된 개념과 그 개념들 간의 관계에 대한 정의'를 제공하여 해당 업무를 성공적으로 마무리할 수 있도록 돕는 데 사용하는 온톨로지이다. 영역 온톨로지와 비슷하지만, 일을 처리하는 방법을 기준으로 온톨로지를 구축한 것이라고 볼 수 있겠다(Chandrasekaran et al., 1998). 앞에서 언급했던 아이스크림 회사의 예를 든다면, 방법 온톨로지는 아이스크림 상품을 '기획', '제조', '유통', '판매' 하는 것과 관련되어 사용되는 개념들의 관계를 논리적으로 연결하여 특정 단계에서의 일을 처리하는 데 도움을 준다.

15. http://www.aiai.ed.ac.uk/project/enterprise/enterprise/Ontology.html

16. http://www.eil.utoronto.ca/enterprise-modelelling/tove/index.html

마지막으로 응용 온톨로지는 보는 견해에 따라서 영역 온톨로지와 과업 온톨로지에 종속되는 것으로 분류하기도 하지만(Guarino, 1998), 여기서는 하나의 독립된 분류로 간주하겠다. 응용 온톨로지는 해당 애플리케이션에서 다루는 지식을 모델링하는 데 필요한 개념을 모두 포함하기 때문에 애플리케이션에서의 활용도는 높지만, 이 온톨로지를 다른 애플리케이션에서 재사용할 가능성은 낮다(van Heijst et al., 1997). 응용 온톨로지의 예로는 의학 분야에서의 통합의학언어시스템(UMLS : Unified Medical Language System)[17] 이 있으며, 병원에서 환자를 진료하는 데 필요한 의학용어들을 모아놓은 온톨로지이기 때문에 의학 분야가 아닌 다른 분야에서 이 온톨로지를 재사용하는 일은 드물다.

17. http:/www.nlm.nih.gov&http://www.nlm.nih.gov/pubs/factsheets/umls.html

02 온톨로지의 사용 목적과 중요성

온톨로지는 특정 영역의 지식을 모델링하고 처리하여 구성원 간의 지식 공유 및 재사용을 가능하게 하는 아주 중요한 요소이다. 온톨로지는 지식표현, 지식베이스, 지식검색, 지식관리, 정보시스템 개발, 비즈니스 프로세스 모델링, 표준화, 기업 정보시스템 통합, 정보시스템 평가, 시맨틱 웹 구축 등의 다양한 용도로 사용되지만 온톨로지의 사용 목적은 크게 시맨틱 상호운용성, 표준화, 커뮤니케이션, 지식관리 및 검색의 네 가지로 요약할 수 있다. 여기서 위의 목적들이 지식의 공유와 재사용의 관점에서 볼 때 서로 밀접한 관련성을 가지고 있다는 것을 염두에 두기 바란다.

2.1 시맨틱 상호운용성(Semantic Interoperability)

기업이 관리하고 있는 대부분의 정보는 서로 호환되지 않는 다양한 형태로 기존 시스템에 저장되어 있다. 예를 들어 서로 다른 기업이나 부서가 동일 제품을 두고 상이한 제품명 또는 제품번호를 사용한다든지 각각에게 적합한 도량단위 표준(예를 들어 킬로그램, 온스, 미터, 마일, 인치 등)을 채택하여 제품의 특징을 기록하는 경우가 많다. 이러한 경우 각 시스템이 저장하고 있는 정보의 형식이나 포맷, 내용의 이질성으로 말미암아 상호 정보 공유 및 교환 시 많은 문제가 발생할 수 있다. 더욱이 점점 더 많은 기업이 온라인 시장으로 진출하고, 합병 또는 협력업체들과의 공급망관리(SCM) 구축 등 새로운 비즈니스의 기회가 올 때마다 이종 시스템 간의 통합이나 상호운용성(interoperability) 문제에 부딪치게 된다. 여기서 상호운용성이란 상이한 정보시스템들이 각각의 고유한 자율성과 다양성을 유지하면서도 마치 하나의 시스템처럼 운용되는 것을 의미한다.

포레스트 리서치(Forrest Research)의 보고에 의하면 98%의 회사가 그들의 IT전략 중 시스템 통합이 '극히 중요(extremely important)' 하거나 '아주 중요(very important)' 하다고 하였다(Koetzle et al., 2001). 예를 들어 이종 시스템 간에 실시간으로 정보를 공유해야 하는 경우(이를 RTDI : Real Time Data Integration이라고도 부른다) 각 시스템에 저장되어 있는 정보의 의미나 논리적 구조의 이질성에 따른 데이터 비호환성을 실시간으로 탐지하고 해결할 수 있는 능력을 시스템이 가지고 있어야 한다. 그러나 대부분의 경우 정보를 공유하기 위해서 기존 시스템을 수정해야 하는 경우가 많다. 이는 개별 시스템의 독립성과 자율성을 저해한다. 이처럼 다양한 이종 시스템들을 서로 연동시키거나 통합할 경우 각 시스템들의 독립성과 자율성을 최대한 보장하면서도 발생할 수 있는 여러 형태의 의미충돌(semantic conflict)을 관리할 수 있는 시스템 환경을 구축한다는 것은 대단히 어려운 일이다. 그러나 바람직한 시스템 환경 인프라는 통합구조에 주요한 변경 없이 개별 시스템을 손쉽게 추가하거나 제거할 수 있는 유연성을 가지고 있어야 한다. 이처럼 시스템 간의 상호운용성은 다양한 정보시스템에 저장되어 있는 정보에 접근하려고 하는 기업들에게는 매우 중요한 이슈이다.

상호운용성은 크게 두 가지 종류로 나눌 수 있다(Park and Ram, 2004). 첫째는 신택틱 상호운용성(syntactic interoperability)으로, 이는 XML기반의 웹 서비스에서 사용되는 WSDL(Web Service Description Language)이나 SOAP(Simple Object Access Protocol) 등과 같은 표준화된 프로토콜을 사용하여 상이한 소프트웨어 컴포넌트간에 메시지를 주고 받음으로써 시스템 간의 상호운용성을 제공한다.

둘째는 시맨틱 상호운용성(semantic interoperability)이다. 이는 정보 자체에 구체적으로 나타나 있지 않는 암시적 의미나 내재하는 규칙까지도 상호 이해하여 이종 시스템 간에 정보의 의미까지도 공유할 수 있는 능력을 말한다. 우리가 잘 아는 대학이라는 영역에서 발생할 수 있는 간단한 예를 통해 시맨틱 상호운용성의 중요성을 알아 보기로 하자. 예를 들어 미국의 미네소타 주립대학교에서 국립서울대학교로 온 교환 학생이 서울대학교 학생에게 평점이 얼마냐고 물었을 경우 그 서울대학교 학생이 자기의 평점이 3.8이라 말했다고 가정해 보자. 서울대학교 학생이 3.8이라고 말했을 때 그의 암시적 의미는 4.3만점에 3.8이라는 뜻이다. 왜냐하면 서울대학교 성적시스템은 4.3을 만점으로 채리하기 때문이다. 그러나 이때 미네소타 주립대학교에서 온 교환학생은 서울대학교 학생이 평점 4.0 만점에 3.8을 받았다고 잘못 이해할 수 있다. 그 학생이 다니는 미네소타 주립대학교에서는 만점이 4.0이기 때문이다. 이처럼 같은 3.8이지만 그 의미는 다를 수 있는 것이다. 이러한 오해는 우리가 일상생활에서 흔히 접할 수 있는 문제이다. 왜냐하면 우리는 주로 정보를 상대방에게 전달할 때 정보 그 자체에 숨겨져 있는 암시적 의미까지 일일이 설명하지 않기 때문이다. 이와 같은 상황은 여러 정보 시스템으로부터 정보를 검색할 때나 시스템을 통합할 때에도 항상 직면하는 문제이다. 왜냐하면 정보 시스템들도 각 기업 또는 부서의 고유한 환경 속에서 개발되었기 때문에 이처럼 같은 정보라도 암시적 의미의 차이 때문에 각각의 정보가 서로 다른 의미를 지녔다는 사실을 알 수 없는 경우가 많기 때문이다.

이러한 문제를 해결하기 위해 지금까지 약 30여 년 동안 데이터베이스, 인공지능, 언어학, 기호학 등 여러 학문 분야에서 연구가 활발히 진행되어 왔지만 불행히도 시스템 간의 완벽한 시맨틱 상호운용성을 자동적으로 제공해 주는 방법을 제시하지는 못하고 있다. 이 사실은 종종 인간이 신에 도전하여 바벨 탑을 세우려다가 신의 노여움을 사서 언어의 혼란이 생긴 이후 아직까지 해결하지 못한 문제에 비유되기도 한다. 그러나 최근에는 많은 학자들이 시맨틱 상호운용성을 제공해 줄 수 있는 핵심 기술을 온톨로지라 보고, 이에 관한 연구를 활발히 진행하고 있다. 온톨로지를 이용해 데이터의 의미를 기술할 수 있기 때문에 온톨로지를 사용하여 다양한 형태의 의미 충돌을 해결할 수 있다. 특히 관련 집단의 구성원들 사이에서 합의하여 도출된 개념화를 통해 구축한 온톨로지를 이종 시스템 간의 상호이해와 시맨틱 조정(semantic reconciliation)을 위한 기반으로 사용한다면, 시스템 간의 시맨틱 이질성을 해결하고 시맨틱 상호운용성을 제공하는 매우 중요한 기술이 될 수 있다. 그 일례로 SCROL(Semantic Conflict Resolution OntoLogy)을 들 수 있다. SCROL은 이종 데이터베이스(heterogeneous database) 간의 정보 공유 시 발생할 수 있는 다양한 의미 충돌을 자동적으로 탐지하고 해결해 주는 온톨로지이다(Ram and Park, 2004).

온톨로지를 사용하지 않고 여러 시스템이 정보를 공유하고자 한다면 다음과 같은 문제가 야기된다. 예를 들어 [그림 2-7(a)]에서 보여주듯이 온톨로지를 사용하지 않을 경우에는 참여한 모든 시스템이 서로 데이터를 매핑하여 필요시에 변환하여야 한다. 다시 말해서 n개의 시스템이 정보공유를 할 경우 데이터를 상대방 시스템에 맞게 변환해야 하는 경우의 수가 n(n-1)이다. 하지만 온톨로지를 통해 데이터 변환을 할 경우에는 [그림 2-7(b)]의 경우처럼 데이터 변환이 필요한 경우의 수는 2n에 불과하다. 만약 수백 개의 시스템이 정보를 공유할 경우에는 [그림 2-7(a)]의 방식은 현실적으로 불가능할 것이다. 하지만 [그림 2-7(b)]의 경우처럼 온톨로지를 매개체로 사용할 경우에는 개별 시스템 관리자가 자신이 관리하고 있는 시스템과 공유하는 온톨로지 사이의 매핑만을 구성하고 관리하기만 하면 되기 때문에 다른 시스템의 정보에 관해서는 전혀 신경을 쓰지 않아도 시스템 간의 상호운용성이 보장될 수 있는 것이다.

▶ **그림 2-7 시스템 간의 데이터 변환이 필요한 경우의 수**

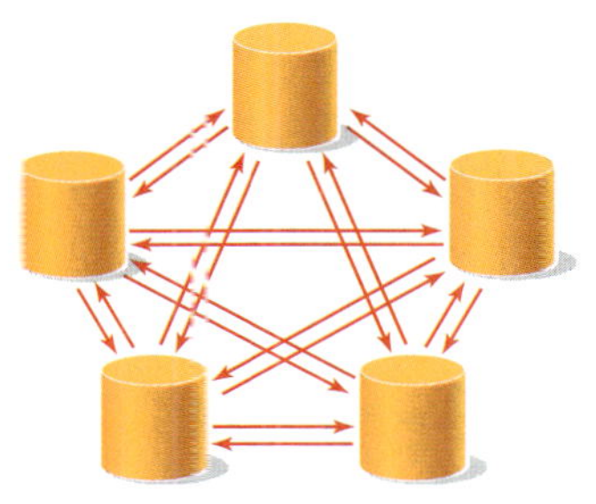

(a) 온톨로지 없이 시스템 간 직접 정보공유

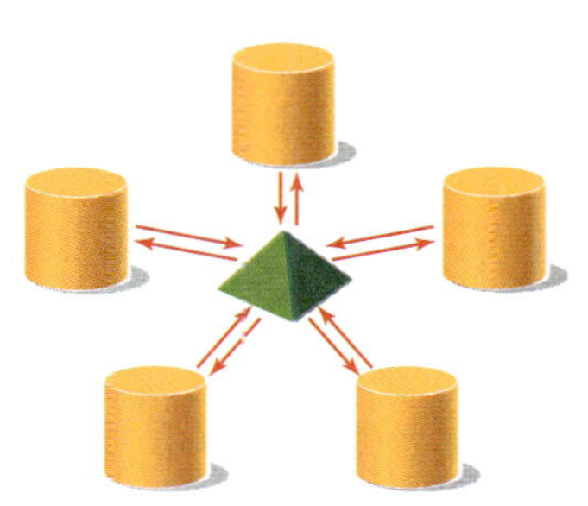

(b) 온톨로지를 매개로 한 시스템 간의 정보공유

2.2 표준화

온톨로지는 구성원들 간에 지식의 공유를 가능하게 해 준다. 다시 말해서 온톨로지는 이해 관계가 있는 모든 구성원에 의해 공유되고 사용될 때 그 가치를 발한다. 앞에서 언급했듯이 온톨로지는 특정 영역의 개념구조를 합의된 지식으로 표현한 것이다. 특정 영역에 사용되는 개념을 표현하는 단어들과 그것들의 관계를 계층적 구조로 나타냄으로써 구성원 모두가 사회적 합의하에 사용할 수 있는 일종의 표준명세인 것이다. 따라서 온톨로지는 사실상 표준으로서 개발되고 사용될 수 있기 때문에 전자상거래에서 글로벌 인프라의 역할을 수행할 수가 있다. 예를 들면 전자상거래의 개방형 표준인 ebXML이나 로제타넷 등에서 표준화된 온톨로지를 사용하고 있다. 이에 관한 자세한 내용은 chapter 3에 설명되어 있다.

뿐만 아니라 표준화는 시맨틱 상호운용성과도 깊게 연관되어 있다. 아래의 내용은 중앙일보 2004년 5월 12일자 기사 내용을 발췌한 것이다.

"…환자의 진료 정보를 전자차트에 담는 전자의무기록(EMR)도 비슷한 문제를 안고 있다. 의사들이 사용하는 용어나 양식 · 그림 · 표현 방식 등 진료 기록이나 처방 내역이 천차만별이다 보니 통일하기가 쉽지 않다. 가령 가슴 통증만 하더라도 '흉통', '가슴 아픔', '가슴 저림' 등으로 쓴다. 통증도 '찌릿하다', '쿡쿡 쑤신다'는 식으로 각양각색이다. 삼성서울병원 박철우 정보전략팀장은 "EMR의 궁극적인 목표는 병원끼리 네트워크로 연결해 환자 정보를 주고받는 것인데 지금처럼 병원별로 따로 가면 호환이 불가능하다"고 말했다. 이 때문에 환자가 삼성서울병원과 분당 서울대병원을 오갈 경우 진료기록을 재래식 방법인 종이로 프린트해서 가야 한다…"

이러한 경우 만약 의사들이 사용하는 진료관련 용어들을 온톨로지를 통해 표준화한다면 각 병원의 전자의무기록 시스템들 간에 환자 정보를 손쉽게 공유할 수 있을 것이다. 이처럼 온톨로지는 표준명세로서의 역할을 수행하기 때문에 응용 프로그램 사이의 정보 및 지식의 공유를 수월하게 한다. 즉, 표준화된 온톨로지는 특정 영역의 지식을 문서화하고 재사용할 수 있는 기능을 제공하는 장점이 있다.

2.3 커뮤니케이션

온톨로지는 개념적으로나 용어적으로 혼돈을 줄 수 있는 부분들을 단일화된 구조로 명시함으로써 서로 다른 견해나 생각을 가진 구성원들 사이에 공유된 이해(shared understanding)와 커뮤니케이션(communication)을 촉진한다. 예를 들어 만약 사람들이 '자동차'라고 말할 때, 이것이 '트럭'과 '버스'도 포함하는 것인지 아닌지를 어떻게 알 수 있을까? 이 경우 '자동차'의 범위를 규정하고 의미를 정확히 정의한다면 상호 간의 의사소통을 원활히 할 수 있을 것이다. 뿐만 아니라 동일 개념을 여러 가지 용어를 사용해서 표현하는 것을 방지하기 위해 합의를 통해서 하나의 통일된 용어를 선택하고, 그 단어가 나타내는 개념을 명확히 정의함으로써 커뮤니케이션 시 발생할 수 있는 오해를 줄일 수가 있을 것이다. 예를 들어 만일 내가 말하는 '강의'와 다른 구성원들이 말하는 '수업'의 의미가 똑같다면 이를 하나의 용어로 통일시킴으로써 의사소통 시에 야기될 수 있는 혼동을 방지할 수 있다.

마찬가지로 온톨로지는 응용 프로그램이나 소프트웨어 에이전트들이 특정 분야의 개념들이 지닌 의미를 정확히 이해할 수 있도록 하여 컴퓨터 간의 커뮤니케이션을 가능하게 한다. 예를 들어 온톨로지는 전자상거래 분야에서 소프트웨어 에이전트 기반의 구매 협상을 위한 커뮤니케이션의 한 수단으로서 자동협상시스템(automated negotiation system)을 구축하는 데 매우 중요한 역할을 한다(Su et al., 2001). 자동협상시스템에서 소프트웨어 에이전트간에 커뮤니케이션을 할 경우, 협상을 위한 커뮤니케이션 어휘뿐만 아니라 협상 프로토콜의 관점에서 각 어휘의 의미를 제공하는 것이 매우 중요하다. 예를 들어 가격에 관한 협상을 할 경우에 '가격'이란 용어가 의미하는 것에 따라 협상의 내용이 달라질 수 있다. 그러면 가격과 관련해서 커뮤니케이션 시 나타날 수 있는 몇 가지 문제점을 알아보자. 우선 가격의 화폐단위이다. 가격이 달러($)인지 일본 엔(¥)인지 아니면 한국 원(₩)인지에 따라 가격이 나타내는 숫자의 의미가 다르다고 볼 수 있다. 또 '달러'라고 하더라도 이것이 미국 달러인지 캐나다 달러인지 아니면 홍콩 달러인지를 명확히 구분할 필요가 있을 것이다. 좀 더 복잡한 문제는 가격이 포함하고 있는 내용이다. 협상 시 소프트웨어 에이전트가 가격의 화폐단위를 알더라도 그 가격이 제품 단가만을 의미하는지 아니면 부가가치세를 포함한 것인지 또는 기타 다른 비용까지도 포함한 가격인지에 따라 가격 협상의 내용이 달라질 수 있다. 이 경우 소프트웨어 에이전트 간에 협상을 시도할 때 온톨로지를 이용하여 가격의 정확한 의미를 파악할 수 있다면 잘못된 커뮤니케이션으로 인한 실수를 방지할 수 있을 것이다. 협상 프로세스를 자동화하기 위해 또 하나 중요한 것은 협상을 수행하는 소프트웨어 에이전트에게 협상에 필요한 지식을 어떻게 제공하는가이다. 온톨로지는 어떤 목적을 달성할 수 있는 문제 해결 방법을 일련의 규칙과 제약조건으로 표현할 수 있기 때문에 인간의 협상과 거래에 대한 지식을 소프트웨어 에이전트에게 제공해서 인간을 대신해서 협상을 효과적이고 지능적으로 수행할 수 있게 한다.

이렇게 온톨로지는 컴퓨터를 포함한 특정 분야의 구성원들에게 공통의 이해를 증진시킴으로써 상호 커뮤니케이션을 활성화시킬 수 있다.

2.4 지식 관리 및 검색

버클리 대학의 한 연구에 의하면 지난 2002년 이전 30만년 동안 인류가 누적한 정보를 디지털화했을 경우의 정보량보다 2002년부터 2005년까지 인류가 생산한 정보의 양이 훨씬 많을 것이라고 한다[18]. 인터넷 등 IT의 발달로 인해 이처럼 방대한 양의 정보에

18. http://www2.sims.berkeley.edu/research/project/how-much-info-2003/

손쉽게 즉각적으로 접근하는 것이 가능하게 되었지만 우리가 최소한의 노력으로 우리 자신이 꼭 필요로 하는 지식을 정확하게 검색하는 것은 갈수록 어려워지고 있다.

뿐만 아니라 많은 개인, 단체나 기업들이 생산해 내는 엄청난 양의 정보는 사내 회보, 기술 사양, 신제품 정보, 회의록 등 그 내용 및 형식이 매우 다양하다. 과거에는 지식이 주로 전형적인 데이터베이스에 구조화된 형태로 저장되고 관리되어 왔지만, 요즘은 이처럼 반구조화(semi-structured) 또는 자유형식(unstructured)의 텍스트나 멀티미디어 형태의 지식이 많아 이를 체계적으로 저장하고 관리하며 여기서 필요한 지식을 추출해 내는 것을 더욱 어렵게 하고 있다.

따라서 짧은 시간 내에 오직 자신이 필요로 하는 지식을 찾는 것이 매우 중요한 문제로 대두되었다. 근본적인 문제는 관련 정보를 어떻게 효율적으로 처리하느냐가 아니라 어떤 정보가 관련이 있고, 그 정보가 어디에 있는지를 정확히 찾아내는 것이다.

온톨로지는 광대한 정보 공간 속에서 우리의 지식관리 및 검색능력을 향상시켜 줄 수 있다. 온톨로지를 이용하여 지식을 검색할 경우 특정 용어와 관련된 다른 지식까지의 검색도 가능하게 해 준다. 예를 들어 '오사마 빈 라덴(Osama Bin Laden)'을 검색할 경우 이 사람에 관한 정보와 함께 이와 관련된 알카에다 조직, 탈레반과의 관계, 그와 관련된 여러 인물들의 검색도 가능하다. 뿐만 아니라 우리는 온톨로지를 이용하여 단순한 검색어 기반의 매칭 기술(keyword matching)이 아닌 보다 지능적인 시맨틱 기반의 검색과 필터링(filtering) 기술로 각 개인이 사용하는 용어의 차이에 관계없이 정확히 필요한 정보만을 검색하는 것이 가능하다. 만일 검색엔진과 사용자가 온톨로지의 도움을 받는다면 사용자들은 동일한 검색어지만 다른 의미를 지닌 정보, 즉 관련이 없는 정보를 검색하는 경우들을 피할 수가 있을 것이다. 예를 들어 내가 소금(salt)에 관한 정보를 검색하고자 할 때 온톨로지를 이용한다면 소금(小金)[19]에 관한 정보까지 추출하는 것을 피할 수가 있다. 왜냐하면 온톨로지는 이 두 개념이 같은 단어를 사용하고 있지만 다른 의미를 지닌다는 것을 알고 있기 때문이다. 물론 이러한 검색이 가능하려면 우선 웹에 있는 정보들의 의미가 무엇인지를 컴퓨터가 이해할 수 있는 형태로 표현되어야 할 뿐만 아니라 온톨로지에 매핑되어 있어야 한다. 이것의 좋은 예가 바로 시맨틱 웹이다. 온톨로지에 기반한 시맨틱 웹의 경우 체계적으로 정보에 의미를 정의할 수 있게 해 주기 때문에 지식 관리와 검색 분야에 새로운 가능성을 보여 준다. 다음 절에서는 차세대 웹인 시맨틱 웹과 온톨로지와의 관계에 관해서 살펴보기로 하자.

19. 대금(大金)보다 조금 작은 국악 타악기의 한 가지

03

온톨로지의 개념구조를 이용한 지식 시스템의 구축은 시맨틱 웹을 통해 잘 실현될 수 있다. 시맨틱 웹(Semantic Web)은 현재 우리가 알고 있는 웹(WWW : World Wide Web)의 확장된 개념으로서 웹 정보에 잘 정의된 의미를 부여하여 인간뿐만 아니라 컴퓨터도 그 정보의 의미를 이해하고 처리할 수 있는 웹을 말한다. 현재의 웹이 HTML에 기반한 웹이라면 시맨틱 웹은 XML(eXtensible Markup Language)과 RDF(Resource Description Framework) 및 RDF Schema에 기반하여 이루어 진 웹이다. 시맨틱 웹은 월드와이드 웹의 창시자로 알려져 있는 팀 버너즈 리(Tim Berners-Lee)의 비전에서 출발하였다. 그는 그의 저서 'Weaving the Web' 에서 다음과 같이 말했다. "…첫 번째 단계는 기계들이 자연스럽게 이해할 수 있는 형태로 된 데이터를 웹에 두든지 아니면 데이터를 그러한 형태로 변환시키는 것이다. 이것이 바로 소위 내가 말하는 시맨틱 웹-기계들에 의해 직접 또는 간접적으로 처리되는 데이터의 웹-이다(Berners-Lee, 2000)." 여기서 '기계'란 웹 상에서 특정한 일들을 처리하는 컴퓨터 프로그램(예를 들어 소프트웨어 에이전트)을 지칭한다.

현재의 웹이 인간의 노동력에 의해 움직이는 웹이라면 시맨틱 웹은 기계의 노동력에 의하여 움직이는 웹이라 할 수 있다. 현재 웹 상에 있는 문서들은 주로 HTML에 기반하여 작성되어 있다. HTML 기반의 문서는 비록 컴퓨터가 읽을 수는 있지만 해석할 수는 없다. 인간만이 해석을 할 수가 있다. 따라서 현재의 웹 상에서는 웹 문서를 컴퓨터가 자동적으로 이해하고, 처리하고, 전달하는 것이 어려운 일이다. 그러나 시맨틱 웹에서는 웹 문서들이 웹 표준 언어인 XML, RDF, RDF Schema를 사용하여 각 정보에 정확한 의미를 부여함으로써 인간이 이해할 수 있을 뿐만 아니라 기계도 해석하고 이해가 가능한 형태로 표현된다. 시맨틱 웹이 지향하는 목표는 다양한 기업들과 커뮤니티뿐만 아니라 여러 응용 프로그램이 정보를 공유하고 재사용할 수 있게 함으로써 인간을 지원하는 정보 중개자로서의 역할을 수행하는 것이다. 시맨틱 웹은 결국 여러 표준과 관련 기술에 기반하여 웹 상에 있는 데이터를 표현하는 추상 모델로서 전세계에 흩어져 있는 컴퓨터 간의 시맨틱 상호운용성을 용이하게 할 것이다. 현재 시맨틱 웹과 관련된 표준과 기술들은 여러 연구기관과 기업들이 참여하는 월드와이드 웹 컨소시엄(W3C)에 의해 공동으로 개발되고 있다.

시맨틱 웹 인프라의 기본 구조는 [그림 2-8]에서 보여지듯이 웹 관련 기술과 표준에 기반하여 여러 계층으로 구현되어 있다. 웹 데이터를 표현하는 가장 기본 계층은 기존의 유니코드와 URI(Uniform Resource Identifier) 및 XML 기반 위에 형성된 RDF (Resource Description Framework)와 RDF Schema로 구성되어 있다. RDF는 웹 자원[20]을 기술하는 데 사용되는 메타데이터(metadata) 작성을 위한 데이터 모델이며, RDF Schema는 RDF에서 사용되는 어휘들 간의 관계를 정의함으로써 각 어휘가 지닌 의미를 표현하는 언어이다(chapter 6 참조). 온톨로지 계층은 OWL(Web Ontology Language)로 구성되어 있으며, OWL은 온톨로지를 표현하는 웹 표준 언어이다(chapter 7 참조). 논리(logic)계층은 논리적 규칙(rule)들로 구성되어 있으며, 소프트웨어 에이전트가 일을 처리하는 데 필요한 논리적 추론을 가능하게 해 준다. 논증(proof) 계층은 이러한 논리적 규칙들이 올바르게 실행되었는지를 증명하는 역할을 담당한다. 신뢰(trust) 계층은 가장 상위 계층으로서 논증 계층에서 증명한 것들의 사실 여부를 평가하는 장치이다. 마지막으로 전자서명 계층은 여러 계층에 걸쳐져 있으며 웹 문서의 무결성을 확인하는 역할을 담당함으로써 신뢰 계층을 지원한다. 논리 계층, 논증 계층, 신뢰 계층은 아직 표준화가 진행 중에 있다.

[20] 웹 자원이란 웹사이트, 웹 문서, 동영상, 이미지 등 웹에 존재하는 모든 객체를 일컫는 기본 단위이다. 모든 웹 자원은 URI를 가지고 있다.

▶ 그림 2-8 시맨틱 웹의 계층 구조[21]

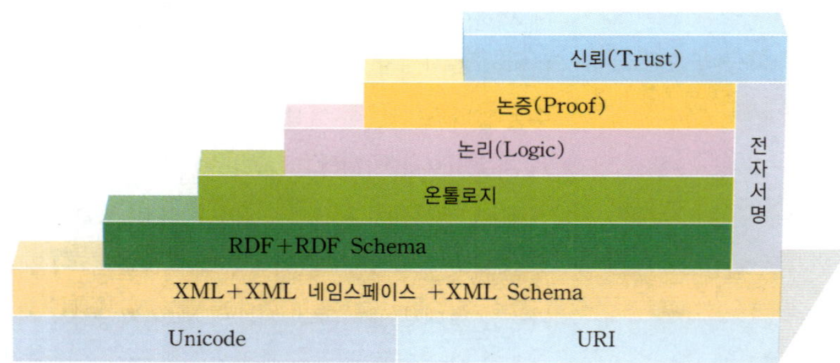

[21] W3C Semantic Web Activity (http://www.w3.org/2001/sw/)

시맨틱 웹의 성공은 주로 컴퓨터 프로그램들이 쉽게 접근할 수 있는 인증된 온톨로지와 다양한 콘텐츠의 확보에 의해 결정될 것이다. 1998년 시맨틱 웹에 대한 본격적인 얘기가 나온 이후 여러 표준 사양 이외에 아직까지도 딱히 일반 사람들의 피부에 와 닿는 성공을 이루지는 못했다. 학계에서는 많은 연구와 논의가 진행되어 왔고 어느 정도 진전도 있었지만, 시맨틱 웹과 관련된 기술에는 일반인들이 이해하기 어려운 개념들이 많다. 기존의 웹에서는 HTML 언어를 일반인들이 잘 알지 못하더라도 간단한 웹사이트

디자인 툴들을 이용해서 홈페이지를 작성할 수 있었다. 그 결과 웹의 사용은 폭발적으로 증가하였고, 현재 수많은 사람과 기업, 단체들이 매일 웹에 접속하여 정보를 제공하고 그 정보를 이용하고 있다. 이처럼 HTML 기반 웹의 성공에서도 알 수 있듯이 시맨틱 웹이 성공하려면 우선 사용자들이 복잡한 논리학을 알지 못하더라도 손쉽게 온톨로지나 RDF 기반의 웹 콘텐츠를 제작할 수 있는 다양한 툴들이 나와야 한다.

시맨틱 웹은 매우 다양한 분야에서 사용될 수 있다. 이러한 분야들 중 대표적인 응용 분야들을 나열한다면, 웹 서비스, 지식관리, 지능형 검색, e-마켓플레이스(e-marketplace), 전자상거래, 유비쿼터스 컴퓨팅, 자연어 처리, 가상 커뮤니티, 지능형 정보통합, 실시간 정보 공유 등을 들 수 있다. 더욱이 온톨로지에 기반한 시맨틱 웹은 다양한 추론 서비스를 제공하는 광범위한 지식 기반 시스템 네트워크의 구성을 촉진 시킬 것이다. 시맨틱 웹에 관한 더 자세한 내용과 활동은 시맨틱 웹 공식 웹사이트(http://www.w3.org/2001/sw)나 Semanticweb.org 또는 시맨틱 웹 관련 SIG(Special Interest Group) 등에서 확인할 수 있다. Semanticweb.org는 시맨틱 웹 커뮤니티 포털(http://semanticweb.org)로 시맨틱 웹에 관련된 여러 기술과 솔루션을 소개하고 있다. 시맨틱 웹 관련 SIG 사이트인 SIG SEMIS(SEMantic Web and Information System Special Interest Group)는 시맨틱 웹에 관심이 있는 경영학자와 그 외 IT관련 전공분야의 학자들이 모여서 만든 포털(http://www.sigsemis.org)로서 주로 시맨틱 웹 관련 학계의 활동 정보와 연구 논문들을 제공한다.

chapter 3

온톨로지 구축 프로젝트

앞에서 우리는 온톨로지가 무엇인지에 대하여 자세하게 살펴보았다. 이번에는 앞서 배운 내용을 바탕으로 온톨로지에 대한 이해를 돕고자 온톨로지 구축 프로젝트에 대해서 구체적으로 알아보도록 하겠다. 본 장에서 말하는 온톨로지 구축 프로젝트란 특정 목적을 가지는 시스템의 핵심 구성 요소로서 온톨로지를 구축한 사례를 의미한다.

온톨로지에 대한 연구는 학계에서 시작되었다. 그렇지만 지금은 학계뿐만 아니라 온톨로지의 상업화를 꿈꾸는 기업, 표준을 이끌어 내려는 공익단체, 그리고 특별한 목적 없이 참여하는 인터넷 개인 사용자 등 다양한 개발자들의 노력으로 1980년대부터 꾸준히 진행되어 오고 있으며, 구축된 온톨로지는 다양한 분야에 적용되어 해당 시스템을 빛내고 있다. 그러므로 시스템의 구축 목적을 먼저 이해한다면 온톨로지의 필요성과 사용 목적이 쉽게 이해될 것이다.

지금까지 구축된 온톨로지는 주로 지식추출, 자연어 검색, 분야별 어휘사전, 분류체계 용도 등으로 사용되고 있다. 지식추출 용도란 인공지능(artificial intelligence)과 같은 분야에서 인간의 지식과 추론엔진을 함께 구축하여 컴퓨터로 하여금 인간과 같은 사고를 할 수 있도록 온톨로지를 구축한 경우를 말한다. 자연어 검색 용도는 웹 또는 응용프로그램에서 일상적으로 우리가 사용하는 문구와 문장을 그대로 입력하여 우리가 원하는 결과를 얻을 수 있도록 흔히 사용되는 구문 정보 등을 온톨로지에 담아 사용하는 것을 의미한다. 어휘사전 용도란 온톨로지를 사전으로 구축하여 특수 분야에서 사용하는 용어와 그 용어들 간의 관계를 저장해 놓은 것으로, 가장 많이 사용되는 온톨로지의 한 종류이다. 마지막으로 분류체계 용도란 디렉터리 혹은 상품 분류와 같이 내용들이 서로 계층적인 관계를 가지고 있을 때, 그들간의 관계를 표현할 수 있도록 온톨로지를 사용하는 것을 의미한다.

본 장에서는 온톨로지 구축 프로젝트 중에서 가장 널리 알려진 다음과 같은 프로젝트에 대해 자세히 살펴보겠다. 이 밖에도 다양한 프로젝트가 있지만 이들에 대해서는 간단하게 언급만 할 것이다.

- 사이크(Cyc) : 지식추출용
- 워드넷(WordNet) : 어휘사전 및 자연어 검색용
- ebXML과 로제타넷 : 비즈니스 어휘 사전용
- 통합의학언어시스템(UMLS) : 의학분야 어휘사전용
- 개방형 디렉터리 프로젝트(ODP) : 웹 디렉터리 분류체계용
- 국제상품 분류체계(UNSPSC) : 물품 분류체계용

01 사이크(Cyc) [1]

"컴퓨터는 왜 생각할 수 없을까? 그 이유는 사람들이 컴퓨터를 프로그래밍할 때, 컴퓨터로 하여금 지식을 가지도록 만들지 않았기 때문이다. 이러한 문제를 해결하기 위하여 사이크 프로젝트가 진행 중이다."

– 마빈 민스키(Marvin Minsky, 2001) [2]

많은 사람들이 몇 년 전에 신문에 큰 기사로 실렸던 컴퓨터와 인간과의 체스 대결을 기억할 것이다. 하지만 그 컴퓨터가 인공지능의 일부로 사이크를 채택하고 있었다는 사실을 아는 사람은 극히 드물다. 사이크는 다양한 분야에 적용될 수 있지만, 그 중에서도 컴퓨터와 결합하여 컴퓨터가 인간과 비슷한 지식을 가질 수 있도록 도와주는 역할에서 가장 빛을 낸다. 그렇다면 사이크는 무엇을 가능하게 하는 것일까?

사이크는 '생각하는 컴퓨터' [3]를 가능하게 한다. 컴퓨터는 우리가 원하는 일을 스스로 알아서 처리하는 것이 아니라 우리가 내리는 명령에 따라 작업을 수행할 뿐이다. 즉 컴퓨터는 자기 스스로 주어진 정보와 지식으로부터 상황을 판단하고 의사결정을 내릴 수 없다. 예를 들어 '모든 나무는 식물이다'와 '식물은 결국에 죽는다'는 사실을 우리가 알고 있다고 생각해 보자. 우리는 이 두 개의 문장으로 '따라서 모든 나무는 죽는다'라는 사실을 추론해낼 수 있지만, 컴퓨터는 사고능력이 없기 때문에 두 개의 문장을 머모리에 저장하고 있다고 하더라도 두 문장의 관계를 포착할 수 없을 뿐만 아니라, 두 문장을 통한 새로운 지식의 추론이 불가능하다.

[1] 1. http://www.cyc.com
'EnCyclopedia(백과사전)' 라는 단어에서부터 유래했으며, 'psych[saik, 사이크]' 와 발음이 동일하다.

[2] 2. http://www.opencyc.or/

[3] 3. " '인공지능' 로봇 40년안에 탄생 가능", 매일경제(http://www.mk.co.kr), 2001년 7월 2일 기사

이러한 문제를 해결하기 위하여 1983년에 MCC(Microelectronics and Computer Technology Company) 연구 컨소시엄에 참석한 보비 인만(Bobby R. Inman)은 스탠포드 대학교 출신의 유명한 인공지능 학자인 더그 레니트(Doug Lenat)를 스카우트하였고, 1984년도에 '생각하는 기계'를 만드는 사이크 프로젝트를 본격적으로 착수하였다. 그 이후 1994년도에 MCC 연구 컨소시엄의 확장된 형태로서 Cycorp가 창립되어, 지금까지도 인공지능 분야의 대표적인 연구기관으로 자리매김하고 있다. 사이크 프로젝트는 사이크 시스템이 사용자와 자연어(natural language)로 의사소통하고, 기계학습(machine learning)을 통해서 자체적으로 지식을 창출해 낼 수 있으며, 인간이 가지고 있는 일반상식과 전문 지식을 모두 포함하고 있는 지식베이스를 구축하는 것을 목표로 진행되고 있다. 따라서 사이크 프로젝트는 지식베이스의 일부를 온톨로지로 구축하여 컴퓨터가 이해할 수 있도록 연구하는 것이다.

사이크 프로젝트는 초기부터 비밀리에 진행되어 왔기 때문에 그 내부 사항에 대해서는 거의 알려져 있는 것이 없었다. 하지만 2001년에는 오픈사이크(OpenCyc)[4]가, 2005년에는 리서치사이크(ResearchCyc)[5]가 웹사이트에 공개되었다. 오픈사이크는 일

4. http://www.opencyc.org/
5. http://reseach.cyc.com/

▶ 그림 3-1 리서치사이크(ResearchCyc) 웹페이지 화면

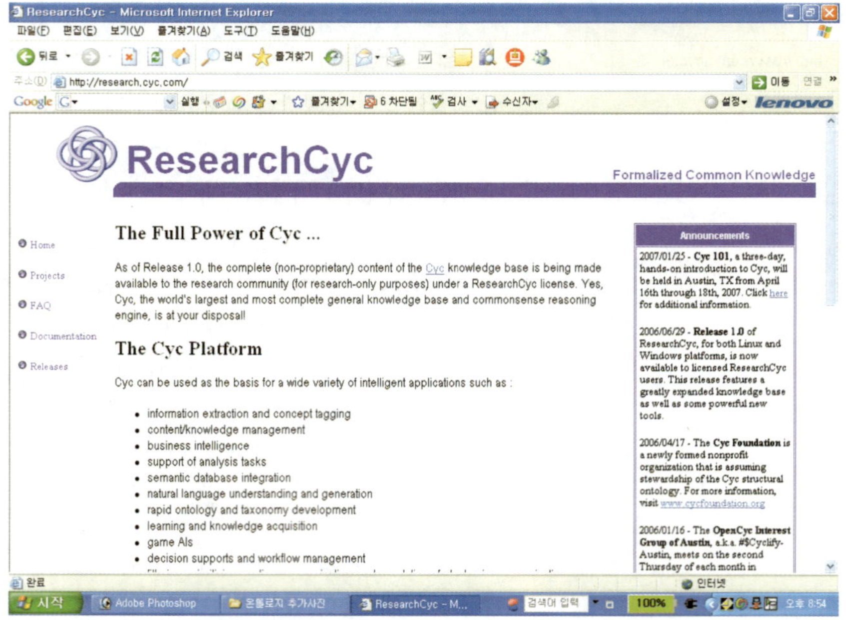

반인에게 무료로 제공되는 사이크 온톨로지의 일부분이며, 리서치사이크([그림 3-1])는 시멘틱 웹의 발전을 위해서 이를 연구하는 단체에게 공개하는 오픈사이크보다 규모가 큰 온톨로지이다. 오픈 사이크에 관해서는 앞에서 설명을 하였기 때문에 여기서는 조금 더 자세하게 사이크의 내부구조가 어떻게 이루어져 있는지에 대해서 살펴보도록 하자. 사이크의 내부구조에 대해서 세세하게 알 필요는 없지만, 전체적인 구조를 알고 있으면 사이크가 왜 다른 일반 컴퓨터와는 다르게 '생각하는 컴퓨터' 라고 불리는지 알 수 있다.

▶ 그림 3-2 사이크 시스템의 구조[6]

6. Siegel et al., (2004) 수정인용

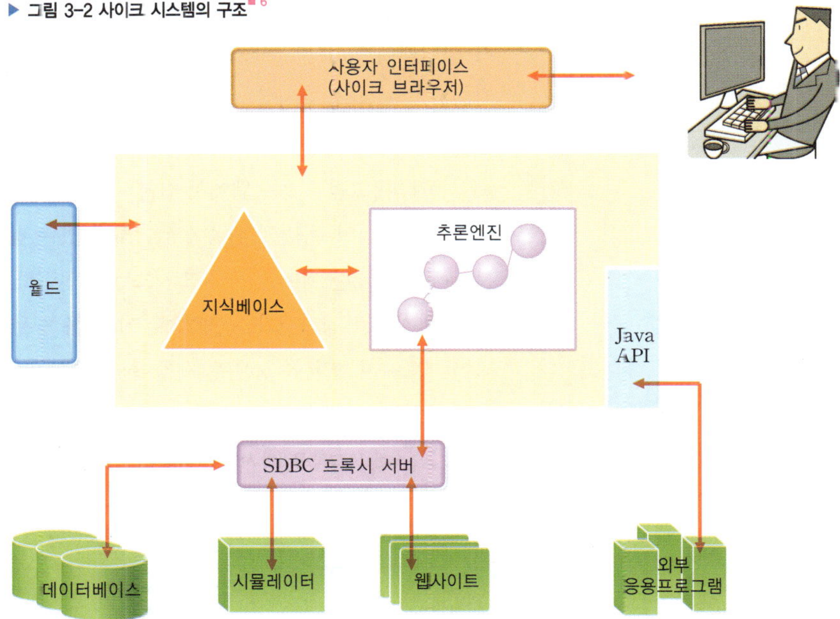

사이크는 위의 [그림 3-2]에서 볼 수 있듯이 크게 네 부분(지식베이스, 추론엔진, 월드, 인터페이스)으로 나뉘어진다(Siegel et al., 2004). 첫 번째는 사이크의 핵심이라고 할 수 있는 2백만 개 이상의 선언적 사실(assertion)과 15만 개 이상의 개념(concept)을 저장하고 있는 지식베이스(knowledge base)이다. 여기서 우리는 이러한 지식베이스를 사이크 시스템의 온톨로지라 부르는데, 그 이유는 이곳에 인간의 지식을 담고 있고 컴퓨터가 이곳에서 지식을 추출할 수 있기 때문이다. 이곳에 저장된 지식은 일상적인 상식부터 화학, 생물학, 군대 등의 전문가가 소유하는 지식을 모두 포함하고 있다. 또한 어휘와 문법적인 내용을 포함하여 사람과 컴퓨터가 자연어를 통해서 의사소통할 수 있도록 돕는다

두 번째 구성 요소는 사이크가 논리적으로 사고할 수 있게 하는 추론엔진(inference engine)이다. 추론엔진은 지식베이스에 저장되어 있는 선언적 사실과 함께 외부의 다른 시스템(데이터베이스, 웹사이트 등)으로부터 얻는 정보를 이용하여 결론에 도달하거나 새로운 추측을 할 수 있으며, 한번에 여러 가지 문제를 동시에 해결할 수 있는 능력을 가진다. 세 번째는 월드(world)로서 이전에 사용했던 선언적 사실들을 스냅샷의 형태로 저장한 파일이다. 이 파일의 도움으로 새롭게 사이크가 수행될 때, 이전의 내용들이 무결성 확인 없이 즉시 메인 메모리로 로드될 수 있다. 마지막 구성 요소는 사용자 인터페이스(user interface)이다. 사이크 브라우저는 사용자가 지식베이스의 내용을 질의하거나 탐색, 수정할 수 있도록 한다. 사이크 브라우저는 다운로드 받거나 웹에서 접근 가능하다.

아래의 [그림 3-3]는 웹에서 접근 가능한 오픈사이크(OpenCyc)의 인터페이스를 나타내는 그림이며, 화면의 위쪽에 위치하고 있는 검색창에 'needles used for sewing' 이라는 문구를 입력한 예이다. 사이크 시스템은 입력한 검색어 혹은 검색문구를 분석한 후에 두 개의 창으로 검색결과를 출력하는데, 왼쪽 창은 검색결과를 계층적으로 표현한 전체적인 개요이며, 오른쪽 창은 왼쪽 창에서 선택한 카테고리에 대한 검색결과와 관련된 선언적 사실들을 보여 준다.

▶ 그림 3-3 오픈사이크의 온라인 사용자 인터페이스[7]

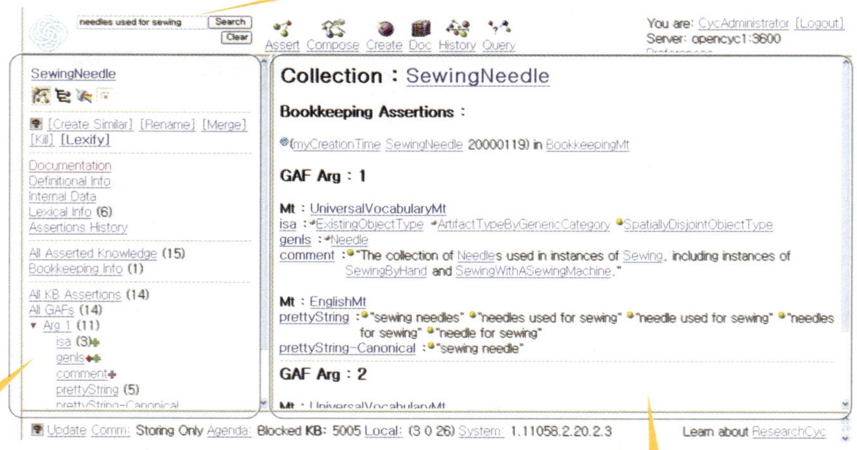

7. http://opencyc1.cyc.com:3602/cgibin/cyccgi/cg?cb-start

사이크가 적용된 사례에는 미 국방부의 해커 탐지용 시스템, 검색 효율성을 향상시키기 위하여 사이크를 도입한 인터넷 검색엔진 라이코스(Lycos), 그리고 미 국방부와 제약회사인 글락소스미스클라인(GlaxoSmithKline), 마이크로소프트의 공동창업주 폴 알런(Paul Allen)이 합작하여 만든 음성인식기능을 갖추고 질문에 문자로 대답하는 사이크 등이 있다.

02 워드넷 (WordNet)[8]

[8] 8. http://wordnet.princeton.edu/

"언어심리학 분야에서 개발한 온라인 어휘추천 시스템"

우리는 거의 매일 컴퓨터를 통해서 문서를 작성하게 된다. 이때 같은 단어를 여러 번 반복하여 사용하는 것을 피하기 위하여 동의어 혹은 반의어를 찾는 경우가 자주 있다. 마이크로소프트 오피스와 같은 프로그램을 사용하면 내장된 사전을 통해서 도움을 받을 수 있기도 하지만, 문맥상에서 적합하지 않은 단어를 추천하는 경우가 있어 난감했던 경험이 누구나 한번은 있었을 것이다. 이러한 문제가 발생하는 이유는 문맥에서의 의미를 중심으로 작성된 사전을 사용하는 것이 아니라 단어 자체를 중심으로 작성된 사전을 사용하기 때문이다. 이런 문제를 해결하기 위한 하나의 시도가 '워드넷(WordNet)' 이다.

워드넷은 1985년에 프린스턴 대학교의 심리학자 조지 밀러(George A. Miller) 교수의 주도하에 다양한 분야의 전문가(심리학자, 언어학자, 전산학자 등)들이 모여서 만든 사전이다. 단어를 중심으로 접근하는 일반 사전과는 달리 보다 효율적으로 검색이 이루어지도록 개념을 통한 접근을 시도한 것으로, 초반에는 언어심리학을 위한 사전으로 개발되었지만 점차 규모가 커져 일반 사전으로까지 그 범위가 확장되었다.

워드넷의 목적은 크게 두 가지로 나누어 볼 수 있다. 첫 번째 목적은 의미를 중심으로 접근할 수 있는 일반 사전의 기능과 동의어, 반의어를 제시할 수 있는 시소러스(thesaurus)의 조합을 만들어 내는 것이다. 그 결과 우리와 같은 일반 사용자들까지도 워드넷을 쉽게 사용할 수 있게 되었다. 두 번째 목적은 자동 텍스트 분석과 인공지능을 지원하는 것이다. 이것은 일반 사용자가 보다 편하게 웹사이트를 이용할 수 있도록 하기 위하여 기존의 웹사이트 등에서 워드넷을 적용하는 경우인데, 뒤에서 예를 살펴보는 것으로 설명을 대신하겠다. 위의 두 가지 목적 때문에 워드넷은 어휘사전 온톨로지와 자연어 검색용 온톨로지 두 부류에 동시에 포함시킬 수 있는 것이다.

현재 워드넷은 웹사이트에서 온라인 검색으로 사용할 수 있는 방법과 프로그램을 다운로드 받아서 설치한 후 사용할 수 있는 방법 등이 있는데, 본 절에서는 다운로드 받은 프로그램을 이용하여 설명하겠다. 워드넷의 데이터베이스와 소프트웨어 툴은 BSD 라이센스[9] 로 작성되어 유포되었기 때문에 사용자는 무료로 다운로드 받을 수 있다.

그렇다면 워드넷은 어떻게 단어를 찾아주는 것일까? 워드넷은 단어들을 Synset이라고 불리는 인지적 동의어들의 집합으로 분류하고 이 집합들을 의미관계로 엮어 놓았다. 이러한 관련된 단어와 개념의 네트워크는 브라우저로 검색이 가능하다. 워드넷에서 사용자가 찾고자 하는 단어를 직접 입력하면 우리가 일반 사전을 이용했을 때 볼 수 있는 결과와 거의 동일하다. 하지만 워드넷은 사용자가 선택하는 세부 메뉴를 통하여 그 단어의 자주 사용되는 동의어(synonyms), 동의어의 더 구체적인 동의어(coordinate terms), 해당 단어의 일부 혹은 전체가 포함된 다른 단어의 정의(hypernyms), 해당 단어와 관련된 다른 형태의 단어, 그리고 해당 단어가 사용되는 일반적인 문장 구조 등과 같은 정보를 얻을 수 있다[10].

■ 9. 자유소프트웨어를 보호하기 위한 저작권의 한 종류. http://en.wikipedia. org/wiki/BSD_license

■ 10. http://wordnet.princeton.edu/man/wngloss.7WN

조금 더 이해를 돕기 위하여 'article' 이라는 단어를 워드넷에서 검색하는 예를 살펴보자. 'article' 이라는 단어는 '(1) 기사, (2) 한 개의 품목, (3) 물품, (4) 문법의 관사' 등의 여러 개의 뜻을 가진 다의어인데, 여기서 우리가 원하는 'article' 의 의미는 '(2) 한 개의 품목' 이고, 여기에 해당하는 동의어를 찾고자 한다고 가정해 보자. 워드넷 브라우저를 실행시켜 검색창에 'article' 이라는 단어를 입력하면 [그림 3-4]와 같은 결과가 출력되는데, 우리는 일단 여기서 우리가 원하는 단어의 의미는 두 번째 임을 알 수 있고, 이것의 동의어를 알기 위하여 'Noun' 이라는 메뉴를 클릭하여 세부메뉴 중에서 'Synonyms, ordered by estimated frequency' 를 선택하면([그림 3-5]), '한 개의 품목' 이라는 뜻을 가지고 있는 'article' 의 동의어로서 'artifact' 와 'artefact' 등이 있다는 사실을 알게 된다([그림 3-6]). 이와 같이 다의어의 경우에 우리는 워드넷으로부터 많은 도움을 받을 수 있다는 것을 알 수 있다. 왜냐하면 앞에서도 언급했듯이, 기존의 사전이 가나다순으로 제작된 것과는 달리 워드넷은 의미를 기반으로 구축된 대용량 지식베이스를 기반으로 하기 때문이다.

▶ 그림 3-4 워드넷의 검색화면(1) – 'article'의 다양한 뜻을 보여주는 결과가 출력됨

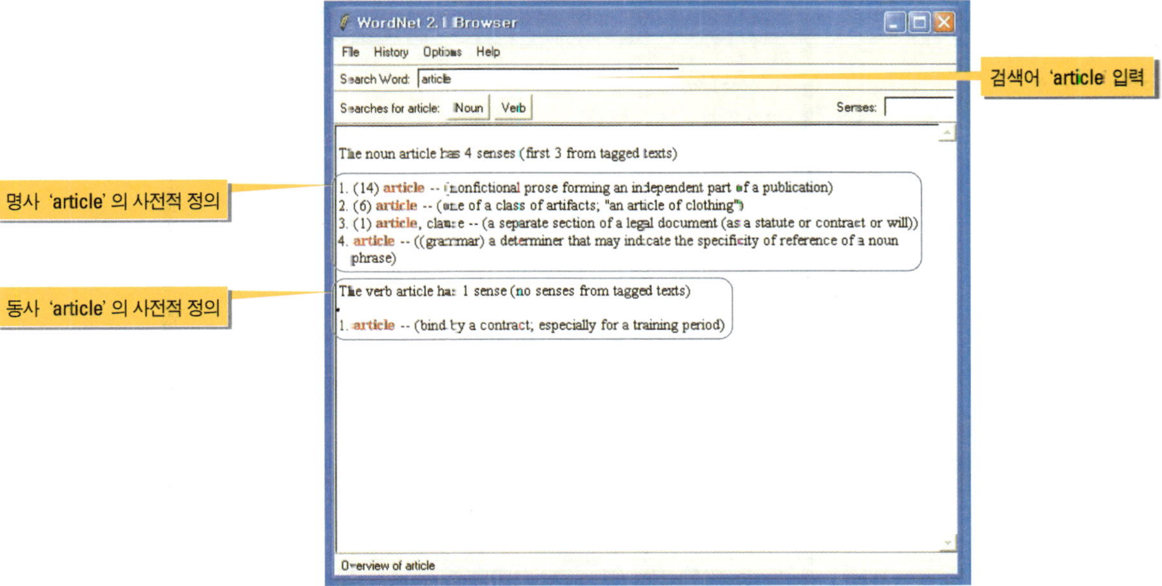

▶ 그림 3-5 워드넷의 검색화면(2) – 서브메뉴(동의어) 선택하기

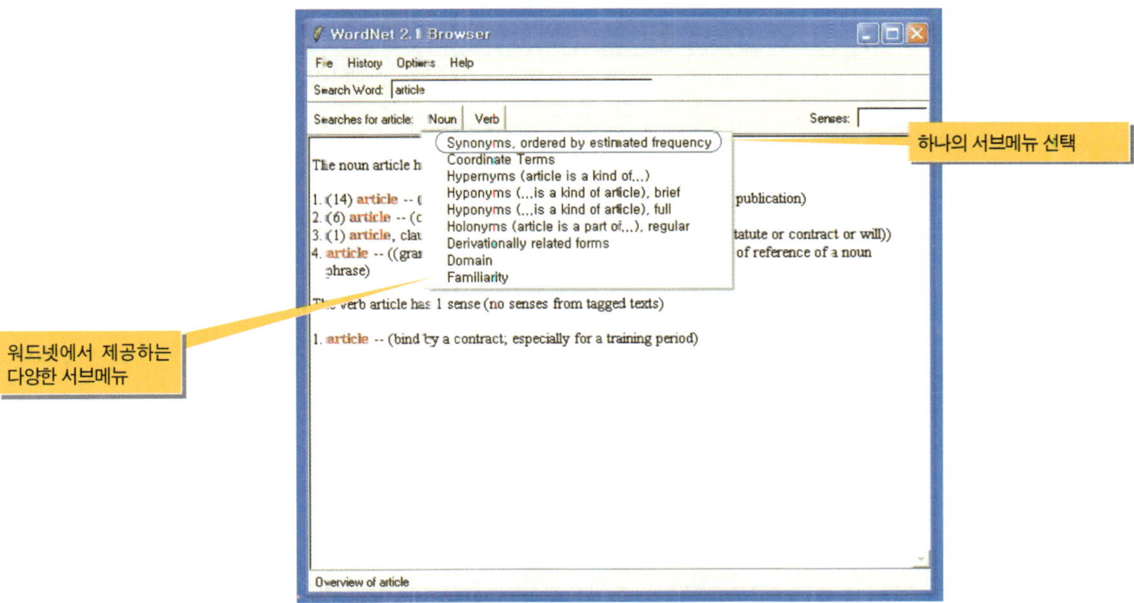

▶ 그림 3-6 워드넷의 검색화면(3) – '한 개의 품목'이라는 'article'의 동의어 결과 출력됨

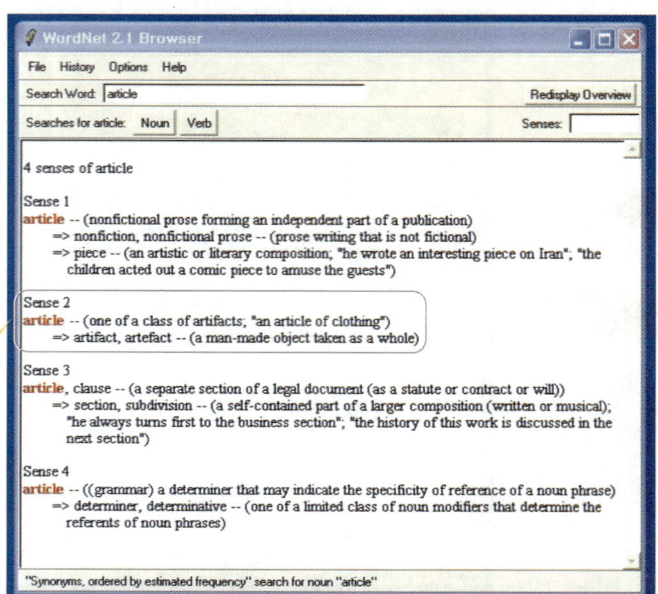

현재 워드넷과 관련된 여러 가지 연구 및 프로젝트가 진행 중이며, 대부분은 영어로 구축된 워드넷을 자국 언어의 어휘 데이터베이스로 구축하기 위한 프로젝트들이다. 예를 들어 우리나라의 코렉스(KorLex)와 알렉스코(AlexKor)를 비롯하여, 독일의 저마넷(GermaNet), 중국어를 위한 아카데미카 시니카(Academica Sinica), 유럽 8개국이 모여 통합된 언어의 데이터베이스를 구축하기 위한 유로워드넷(EuroWordNet) 등이 있다[11]. 이 외에 기존의 옥스포드 영어 사전을 온라인으로 구축하기 위한 글로벌워드넷(GlobalWordNet), 웹스터 영어 사전을 온라인으로 구축하기 위한 GCIDE(GNU version of the Collaborative International Dictionary of English)와 현재 구축되어 있는 워드넷의 문제점을 해결하고 한 단계 발전한 툴을 구축하기 위한 익스텐디드 워드넷(eXtended WordNet)과 프레임넷(FrameNet) 등도 있다.

11. http://www.globalwordnet.org/gwa/wordnet_table.htm

지금까지 살펴본 워드넷을 도입하여 적용한 사례에는 어떠한 것이 있을까? 누구나 한번쯤은 인터넷 상에서 노래를 찾을 때 제목이 떠오르지 않는 경험을 해 보았을 것이다. 소니 뮤직사이트에서는 노래 제목을 몰라도 기억나는 가사의 일부분, 혹은 기억나는 노랫말의 뜻을 이용해서 노래를 검색할 수 있는 서비스를 제공하고 있다. 이러한 서

12. http://www.thinkmap.com/

비스는 씽크맵(Thinkmap)[12]의 비주얼인터액티브(Visual Interactive) 툴의 도움으로 가능하다(ThinkMap, 2005). 비주얼인터액티브 툴은 계속 변화하는 정보를 실시간으로 분석하고 검색하는 프로그램으로, 워드넷을 내부에 포함하고 있기 때문에 복잡한 언어체계의 정보를 제대로 분석할 수 있다. 이러한 툴을 소니 뮤직의 검색 브라우저에서 사용함으로써 사용자가 입력한 검색어의 동의어 혹은 가장 유사한 단어를 이용하여 원하는 노래를 찾는 것이 가능하게 되었다.

03 전자거래문서

13. 건전한 전자거래 질서 확립과 전자거래 촉진을 목적으로 1999년 제정한 법률, http://www.ebxml.or.kr/edstandard/edocument1.asp

컴퓨터와 통신의 발달로 기업간의 비즈니스 거래에서 전자문서가 종이문서를 대체해 가고 있다. 전자거래기본법[13]에 따르면 전자문서는 "컴퓨터 등 정보처리능력을 가진 장치에 의하여 전자적인 형태로 작성, 송수신 또는 저장된 문서"라고 정의되어 있다. 오늘날과 같은 이질적인 e-비즈니스 환경에서 원활한 거래가 이루어지기 위해서는 국제적으로 통용될 수 있는 표준이 필요하다. 그렇지만 모든 비즈니스 영역의 통합적인 표준화가 아니라 e-비즈니스의 ebXML과 로제타넷, 무역업계의 볼레로(Bolero), 전자공시 부문의 XBRL(eXtensible Business Reporting Language), 의료업계의 HL7(Health Level Seven) 등과 같이 분야별로 표준화가 이루어지고 있다. 이 중에서 가장 폭넓게 사용되는 두 가지 전자거래문서의 국제표준인 ebXML과 로제타넷(RosettaNet)에 대해 중점적으로 살펴보고자 한다.

ebXML과 로제타넷은 전자문서의 표준화 방법을 제시하지만, 여러가지 면에서 차이점을 가진다. ebXML은 UN의 전자거래, 무역촉진포럼(UN/CEFACT : United Nations Center for Trade Facilitation and Electronic Business)과 민간표준화기구인 OASIS(Organization for the Advancement of Structured Information Standards)가 같이 추진하고 있는 XML 기반의 국제표준으로서, 국제기구 차원의 지원을 받고 있기 때문에 범용성을 앞세워 세력을 넓혀가고 있는 중이다. 반면에 로제타넷은 전세계적으로 정보기술, 전자부품, 반도체 분야의 500여 개 업체가 참여하여 개발한 기업간 전자상거래 표준으로, 기업이 직접 적용하고 있기 때문에 실용적이라는 평가를 받고 있다. 하지만 최근 업계의 관심사는 ebXML과 로제타넷의 상호연동을 위한 표준화이다. 지금부터 ebXML과 로제타넷 각각에 대해서 조금 더 자세하게 살펴본 후, 이들의 표준화 노력에 대해서 알아보도록 하겠다.

14. http://www.ebxml.org/

3.1 ebXML (Electronic Business eXtensible Markup Language) [14]

"XML 및 인터넷 기반 개방형 전자상거래 표준"

과거에는 전자상거래를 위한 여러 가지 표준이 존재했다. ebXML은 1998년에 전자상거래 단체와 IT업체 등에서 다양한 표준 때문에 야기되는 혼란을 해결하기 위한 방법으로 UN/CEFACT와 OASIS에서 제시한 전세계적으로 단일한 XML 기반의 개방형 전자상거래 표준이다.

먼저 ebXML을 설명하기 위해서는 ebXML이 어떻게 구성되어 있는지에 대해서 살펴볼 필요가 있다. ebXML은 크게 다섯 가지의 구성 요소(거래당사자, 핵심요소, 등록저장소, 비즈니스 프로세스, 전송/교환 및 패키징)로 이루어져 있다. 우선 비즈니스 거래를 하기 위해서는 거래당사자가 필요한데, 이는 비즈니스를 수행하는 기업이라고 할 수 있다. 두 번째는 핵심 요소로서 거래당사자간에 교환될 전자문서(메시지)를 구성하는 항목을 미리 정의해 놓고 표준화하여 재사용이 가능하도록 한다. 대표적인 핵심 요소에는 비즈니스 시나리오와 비즈니스 프로파일 등을 포함하는 비즈니스 상세항목이 있다. 거래당사자끼리는 정보의 공유와 협업을 위하여 비즈니스 시나리오와 비즈니스 프로파일을 통일된 규칙으로 사용하여야 한다. 세 번째는 등록저장소(ebXML 레지스트리)이다. 이곳에는 거래 당사자들에게서 제공 받은 정보와 이러한 정보의 메타데이터 등이 저장되어 있으므로 비즈니스를 위한 사전형 온톨로지라고 할 수 있다. 이러한 온톨로지를 사용함으로써 기업 간에 서로가 이해할 수 있는 비즈니스 방식을 공유하게 되므로 용어와 서류형식 등과 같은 이질적인 데이터를 사용할 때 발생할 수 있는 문제들의 해결이 가능해진다. 네 번째는 비즈니스 프로세스로서 다양한 비즈니스 거래 절차를 표준화된 방법으로 정의해 놓은 것이다. 마지막 구성 요소는 전송/교환 및 패키징으로서 어떻게 ebXML 메시지가 상호운용성과 보안성을 유지하면서 전달될 수 있는지를 표준으로 정립하여 메시지 서비스(ebMS : e-business Messaging Service)를 가능하게 한다.

그렇다면 실제로 두 기업이 비즈니스 거래를 할 때 이러한 구성 요소를 기반으로 한 ebXML이 어떻게 사용되고 있는 것일까? [그림3-7]을 통해서 이해해 보도록 하자.

회사 A가 ebXML등록저장소에 표준화된 방법으로 저장되어 있는 비즈니스 시나리오와 비즈니스 프로파일을 포함한 비즈니스 상세항목을 요청하면(1-1), ebXML 등록저장소에서는 요청한 정보를 회사 A에게 전송시킨다(1-2). 그러면 회사 A는 등록저장소로부터 전송 받은 ebXML의 표준에 맞추어 회사A의 로컬 시스템을 구현하고(2), 회사 A가 구축한 자사의 비즈니스 상세항목을 XML 문서의 형태로 ebXML등록저장소에 등록한다(3). 이제 회사 B가 회사 A와 비즈니스 파트너 관계를 맺고 싶어한다고 가정해 보자. 그러면 회사 B(회사 B는 아직 ebXML 등록저장소에 등록되어있지 않다고 가정함)는 ebXML 등록저장소에 회사 A가 포함되어 있는지를 확인하게 되고, 회사 A가 있음을 확인한 후에 거래제의에 앞서 회사 A가 했듯이 비즈니스 상세항목을 ebXML 등록저장소에 요청하여(4-1), ebXML 등록저장소로부터 비즈니스 상세항목을 다운로드 받는다(4-2). 회사 B는 ebXML등록저장소로부터 다운 받은 ebXML의 표준에 맞추어 자신들의 로컬 시스템을 구현하고(5), 자신들의 비즈니스 상세항목을 XML 문서의 형태로 ebXML등록저장소에 등록한다(6). 그리고 난 후 회사 B가 회사 A에게 비즈니스 거래를

▶ 그림 3-7 ebXML개념도

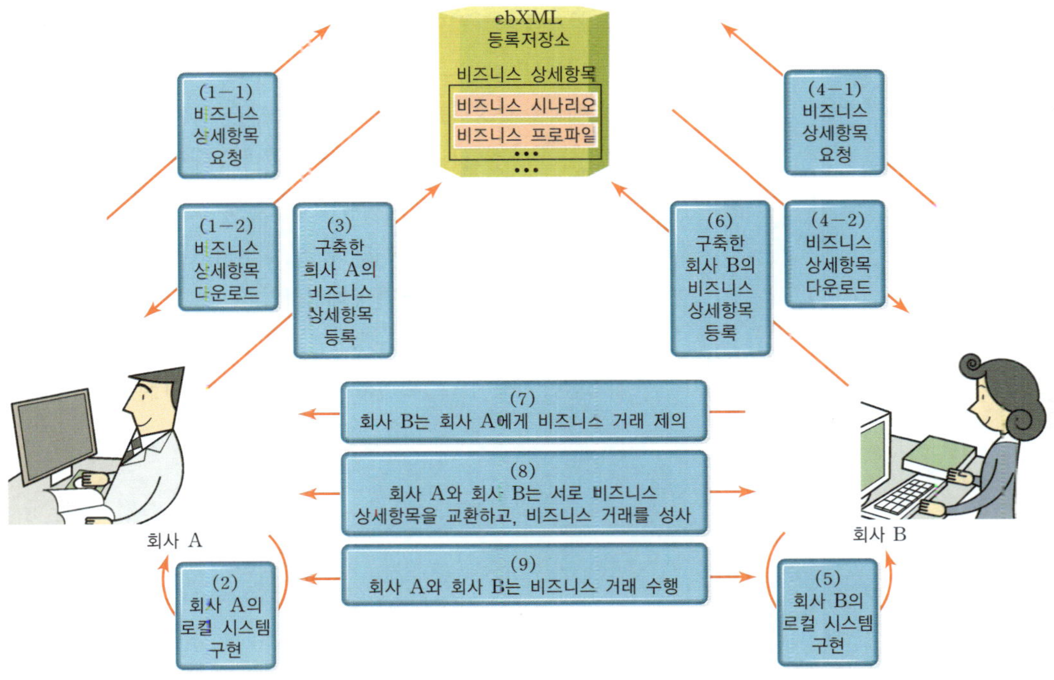

제의하고(7), 서로의 비즈니스 상세항목을 교환하면(8), 최종적으로 회사 A와 회사 B는 서로 간의 비즈니스를 수행할 수 있게 되는 것이다(9).

[그림 3-7]의 ebXML 개념도 사례에서도 볼 수 있듯이 ebXML 등록저장소는 온톨로지의 역할을 수행하고 있다는 것을 알 수 있다. 여러 기업 간에 비즈니스 거래가 이루어지기 위한 표준화된 비즈니스 시나리오와 비즈니스 프로파일을 제공하는 것이 등록저장소의 주된 역할이다. 하지만 이러한 표준에 맞추어 여러 기업에서 작성된 정보에 사용되는 용어는 컴퓨터가 지능을 가지고 있지 않으므로 동의어일지라도 서로 관련 없는 다른 단어로 인식될 수도 있고, 다의어일 경우에는 서로 다른 의미를 내포하고 있어도 같은 의미의 단어로 간주될 수도 있기 때문에 사전형 온톨로지를 필요로 한다. 이러한 역할 또한 등록저장소에서 제공하고 있는 것이다.

이처럼 ebXML을 이용한 전자문서 교환은 특정 회사의 특정 솔루션(solution)이나 플랫폼에 의존하지 않고 ebXML 등록저장소의 표준에 맞추기만 하면 누구나 무료로 전자문서를 교환할 수 있다는 장점을 가진다. 하지만 ebXML이 모든 산업에 골고루 적용 가능한 범용모델이라는 목표 아래 개발되었음에도 불구하고 아직까지는 일부 산업에만 적용되었기에 여러 분야에서의 포괄적인 적용은 더 지켜보아야 한다.

국내에서는 포스코와 그 공급사들이 ebXML 기반 전자상거래시스템을 구축하여 업무효율성을 향상시켰다. ebXML 시스템은 직접 표준전자문서를 포스코에서 공급사로 발주시키고, 공급사는 이 데이터를 곧바로 내부시스템에 적용함으로써 효율성을 극대화시킬 수 있었다. 뿐만 아니라 삼성카드에서는 여행상품을 예약한 고객이 예약한 상품을 실시간으로 확인할 수 없다는 문제가 야기되었는데, ebXML 시스템의 구축을 통해서 이러한 문제들을 깔끔하게 해결하였다. 여행상품을 제공하는 공급업체와 여행상품에 대한 정보가 ebXML 시스템과 연동되어 고객의 계약 정보 및 예약 결과를 상담원 대신 시스템이 자동적으로 확인해 줄 수 있게 되었기 때문이다.

3.2 로제타넷 (RosettaNet) [15]

ROSETTANET
eBusiness Standards for the Global Supply Chain

"전세계 고객들에게 그들이 필요로 하는 제품을, 필요할 때에, 필요한 곳에, 저렴한 비용으로 공급하도록 지원하는 세계 표준" - 로제타넷의 EC Supply Chain Board 멤버 FCI [16]

로제타넷의 명칭은 1799년 나폴레옹이 지휘하는 이집트 원정군의 장병이 발견한 검정색 현무암 비석(Rosetta Stone)에서 유래된다. 이 비석에는 동일한 내용의 글이 세 종류의 언어로 새겨져 있었다. 이 비석을 로제타 비석이라 하는데, 비석에 새겨진 내용 때문이 아니라 이집트 문자와 상형 문자의 표기법을 알아내게 된 것 때문에 로제타 비석은 지금까지도 그 가치를 인정 받고 있다. 이와 같이 로제타넷의 명칭은 지역적인 경계를 넘어 언어의 장벽을 무너뜨리고 새로운 역사를 창조하겠다는 의미에서 유래되었다[17].

로제타넷은 정보기술, 전자부품, 반도체 제조 분야에 종사하는 전 세계 500개 이상의 기업체(HP, 인텔, 소니, 노키아, 삼성전자, LG전자 등)로 구성된 하나의 컨소시엄으로서 자체 기금으로 설립된 비영리 조직이 제안한 전자거래문서 표준이다. 로제타넷의 장점은 위에서 언급한 전자 및 통신업계의 오프라인 기업들이 현장에서의 필요성 때문에 앞장서서 개발하여 사용하고 있다는 것이다. 로제타넷은 1998년 40여 개의 정보기술 회사들에 의해서 설립되었으며, 1999년에는 전자부품 회사들이, 2000년도에는 반도체 제조 회사들이 가담하여 그 범위가 지금까지도 계속 확장되고 있는 중이다. 이러한 로제타넷은 세계적으로 공통적인 전자상거래 표준을 제정하고, 보완하며, 보급하고자 하는 목표 아래 전세계 거래당사자들 사이에서 발생하고 있는 전자상거래상의 프로세스를 정의하는 등의 노력을 기울이고 있다.

기술적 측면에서 로제타넷은 특정 표준 요소나 독점적인 솔루션에 치중하는 다른 분야의 표준화 노력과는 다르게 비즈니스 사전과 기술 사전, 구현 프레임워크, 비즈니스 메시지 관리체계, 프로세스 정의를 지원하는 개방형 표준을 제공함으로써 완벽한 비즈니스 프로세스 아키텍처를 구축하는 것을 목표로 한다. 로제타넷의 구성 요소는 ebXML과는 달리 상당히 복잡하다. 여기에서는 로제타넷의 핵심 구성 요소라고 할 수 있는 용어사전(비즈니스사전, 기술사전), RNIF(RosettaNet Implementation Framework) 그리고 PIP(Partner Interface Process)에 대해서만 간략히 소개하고자 한다. 우선 용어사전은 비

15. http://www.rosettanet.org/

16. http://www.rosettanet.or.kr/korea/rosettanet.asp

17. http://www.rosettanet.or.kr/

즈니스 거래를 하는 데 필요한 기반으로, 여러 회사에서 다양하게 사용되는 용어들을 정의해 놓은 곳이다. 이는 다시 크게 비즈니스 관련 데이터를 정의하는 비즈니스사전(RNBD : RosettaNet Business Dictionary)과 전자 부품과 정보기술 제품들의 속성을 포함하는 기술사전(RNTD : RosettaNet Technical Dictionary)으로 나뉘어진다. 이러한 용어사전은 앞서 살펴본 ebXML등록저장소와 마찬가지로 비즈니스 거래에서 사용되는 용어의 공유를 돕는 사전형 온톨로지라고 할 수 있다. 두 번째로 RNIF는 로제타넷 표준을 신속하고 효율적으로 채택하고, 보완되도록 개발 가이드라인, 통신 프로토콜, 보안 방법 등을 제공한다. 마지막으로 PIP는 거래당사자간의 비즈니스 프로세스를 XML 문서로 정의하며, 로제타넷이 규정한 기업 간 비즈니스 프로세스의 최소 단위라고 할 수 있다.

그러면 실제 로제타넷을 사용하는 기업 간의 전자문서 교환은 어떻게 이루어지는 것일까? 표준화된 ebXML을 이용하는 것과는 다르게 로제타넷을 사용하는 기업 간의 거래는 그들 간에 합의한 PIP만 통일시켜 문서를 교환하는 방식을 따르며, 이때 발생할 수 있는 용어 의미의 혼란은 앞서 언급했듯이 사전형 온톨로지라고 할 수 있는 비즈니스사전(RNBD)과 기술사전(RNTD)를 통해서 해결할 수 있다. [그림 3-8]에서도 볼 수 있듯이 회사 A와 회사 B의 내부 프로세스는 각기 다르지만, 외부 프로세스의 경우에는 합의된 프로세스(PIP)를 사용하여 메시지를 생성, 처리, 전송하는 방식을 따른다. 이러한

▶ **그림 3-8 로제타넷의 개념도**

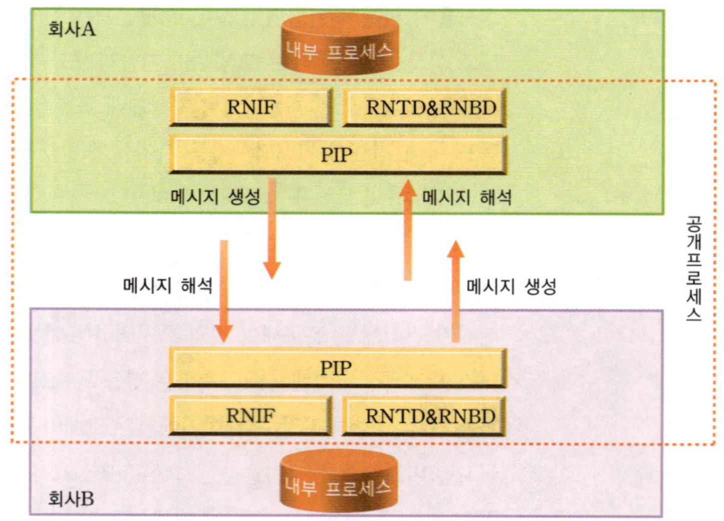

프로세스는 기업의 필요에 의해서 생성되고, 공유되므로 현실적인 검증을 마쳤다는 장점이 있지만, 정보기술, 전자부품, 반도체라는 특정 산업을 이끌고 있는 일부 업체가 개발한 표준이기 때문에 향후에 로열티 문제가 발생할 가능성과 여러 분야의 산업에 적용이 불가능하다는 단점도 있다.

로제타넷을 사용하여 업무의 효율성을 높인 사례로 HP의 예를 살펴보자. HP는 로제타넷의 PIP를 사용함으로써 HP, HP제품 판매 회사, 대리점 사이의 프로세스 운영에 소요되는 시간을 며칠 단위에서 몇 분 단위로 단축했다고 한다. 이는 빠른 속도, 원활한 정보의 흐름, 전송 데이터의 정확성, 불필요한 부가 정보의 유입 차단, 치밀한 계획 및 예측 등이 가능했기 때문이며, 결과적으로는 로제타넷이 제공하는 PIP의 덕택이라고 할 수 있다.

3.3 ebXML과 로제타넷의 표준화 방안

최근 ebXML과 로제타넷은 전체적인 제휴는 아니지만, 데이터(메시지) 전송 표준 분야에서의 제휴를 선언하였다[18]. ebXML과 로제타넷은 모두 개방적 구조를 가지고 있으며, 통합적이고 범용적인 접근방식이라는 공통점을 갖고 있기 때문에 이들의 제휴 노력은 기업에게 절감된 비용으로 상호운용성이 뛰어난 솔루션을 제공할 것이다.

[18] "ebXML-로제타넷 상호연동 추진 의미," 전자신문(http://www.etnews. co.kr), 2003년 5월 19일 기사

[그림 3-9]에서와 같이 ebXML을 채택하고 있는 기업과 로제타넷을 채택하고 있는

▶ 그림 3-9 ebXML과 로제타넷의 상호 운용

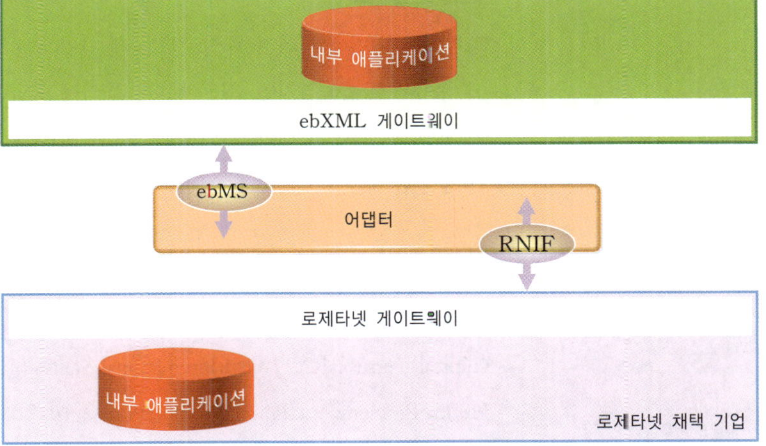

기업은 그대로 각자의 독립된 구조를 유지하지만, 상호 연동을 가능하게 하는 어댑터를 사용하여 이질적인 ebXML과 로제타넷의 교류를 가능하게 할 수 있다. 즉, ebXML을 사용하는 기업에서는 ebMS(e-business Messaging Service)를 지원하는 어댑터를, 로제타넷을 사용하는 기업은 앞서 언급했던 RNIF(RosettaNet Implementation Framework)를 지원하는 어댑터를 인터페이스에 배치시켜 이질적인 메시지를 주고받을 수 있도록 한다. 그러므로 ebXML을 이용하는 회사 A는 내부 거래 및 같은 ebXML을 이용하는 기업들과는 그대로 ebXML 표준을 따르지만, 로제타넷을 이용하는 회사 B와 거래할 때에는 자신들의 ebXML형 메시지를 미리 배치해 놓은 어댑터를 통해서 로제타넷에서도 받아들일 수 있는 메시지의 형태로 변환하여 전송시킨다. 뿐만 아니라 표준화된 방식은 아니지만 ebXML과 로제타넷 등이 상호 연동되지 않는 문제를 해결하기 위하여 SCROL(Semantic Conflict Resolution Ontology) 등을 이용할 수도 있다(Ram and Park, 2004).

04 통합의학언어시스템 (Unified Medical Language System)[19]

19. http://www.nlm.nih.gov&http://www.nlm.nih.gov/pubs/factsheets/umls.html

"의학 및 의료분야에서 사용되는 표준화된 용어체계"

과거에는 병원에서 환자를 진료하는 데 사용되는 의료기록은 의사가 펜을 사용하여 직접 종이에 기록하였지만, 최근에는 컴퓨터를 도입하여 의료기록을 남기고 있다. 하지만 이러한 의료기록의 양이 방대해지고, 병원 간에 의료기록이 오고 가면서 같은 질병과 같은 증상임에도 불구하고 의사마다, 병원마다 이를 표현하는 용어와 코드가 다르기 때문에 문제가 발생하게 되었다. 이것을 해결하기 위하여 국제적으로 인증된 질병과 증상 등의 용어 통일을 위한 몇 가지 표준화된 의학용어체계가 연구되었다. 대표적인 것들로는 통합의학언어시스템(UMLS), SNOMED-CT(Systematized Nomenclature of Medicine Clinical Terms), ICD9-CM(International Statistical Classification of Diseases and Related Health Problems 9 Clinical Modification) 등이 있다. 2006년 3월, 우리나라 의료정책을 담당하는 보건의료정보 표준화 위원회에서는 UMLS를 표준으로 도입하되SNOMED-

CT를 접목해서 UMLS의 문제점을 보완하는 방식으로 우리나라 의료 용어의 표준을 정립하겠다고 발표하였다. 이러한 결정을 하게 된 이유는 성능 면에서는 SNOMED-CT가 조금 앞선 것으로 알려져 있지만 유료인 반면에 UMLS는 무료이기 때문이라 한다[20]. 따라서 여기에서는 미래 우리나라의 의료표준으로 자리잡게 될UMLS에 대해서 설명하고자 한다.

[20] "EMR 용어 표준화 어디로 가나", 일간보사 의학신문(http://www.bosa.co.kr), 2006년 3월 10일 기사

UMLS는 1986년 미국 NLM(National Library of Medicine)이 생의학분야에서 사용하는 언어의 의미를 이해하는 의학어휘용 온톨로지를 포함한 컴퓨터 시스템을 개발하기 위하여 진행한 프로젝트이다. UMLS는 표준화된 용어체계를 바탕으로 각기 다른 시스템과 데이터베이스간에 호환성을 보장함으로써 전자의료기록 시스템이 널리 사용될 수 있는 기반을 마련해 준다는 의의를 가진다. UMLS의 목적은 컴퓨터 스스로가 의학용어를 이해함으로써 사용자가 의료진료기록에 보다 쉽게 접근하게 하려는 것이다. 즉, UMLS는 여러 사람에 의해서 여러 가지 방법으로 표현되는 같은 개념, 그리고 다양한 시스템과 데이터베이스에 분포되어 있는 유용한 정보를 공유하기 위해서 사용된다.

▶ 그림 3-10 UMLS의 구조

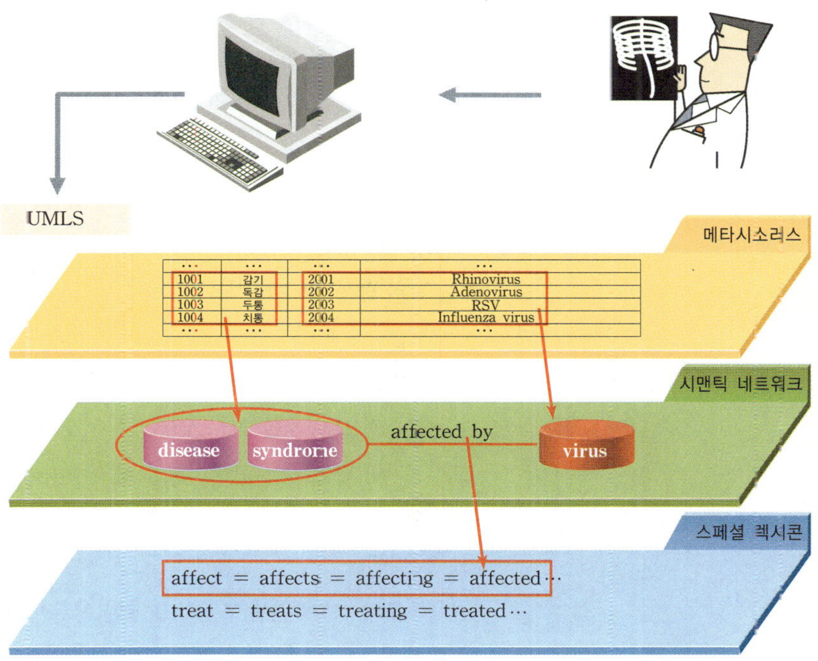

21. http://www.snu-dhpm.ac.kr/

전체적인 UMLS 개념도는 [그림 3-10]과 같다[21]. UMLS는 크게 메타시소러스(Metathesaurus), 시맨틱 네트워크(Semantic Network), 스페셜 렉시콘(Special Lexicon)이라고 하는 세 가지 지식 구성 요소로 이루어져 있다. 간단하게 메타시소러스는 개념(concept), 시맨틱 네트워크는 분류체계(category), 스페셜 렉시콘은 부가적인 정보라고 생각하면 이해가 쉬울 것이다. 메타시소러스는 UMLS를 구성하는 출발점으로서 환자기록, 도서목록(bibliography), 관리자용 건강/치료 데이터(administrator health data) 등에 사용되는 100개 이상의 의학 용어와 단일화된 분류방법으로 구성된 100만개 이상의 생의학 개념과 500만개 이상의 개념 이름을 가지고 있다. 이를 위하여 메타시소러스는 개념 또는 의미로 구성되고, 각각의 개념은 이에 할당된 의미를 정의해 주는 속성을 가지며, 동의어/유사어/변형형 등을 그룹화시켜서 동일한 개념으로 조직화시켜 준다. 즉, 비슷하거나 완전히 같은 개념은 다른 단어를 사용하더라도 서로 계층적으로 연결되어 관계를 가지게 된다. 따라서 이러한 구조를 바탕으로 메타시소러스는 다양한 코딩 시스템에서 단어 간의 관계를 이해시키고, 다양한 시스템과 데이터베이스 간에 정보의 공유를 가능하게 한다. 예를 들어서 'disease'와 'syndrome', 'virus'라는 개념이 있을 때, 메타시소러스는 'disease'와 'syndrome'을 같은 뜻으로 그룹화시키고 'virus'는 단독으로 저장시킨다.

시맨틱 네트워크는 노드와 링크로 이루어진 지식표현스키마(knowledge representation schema)이다. 노드는 객체 혹은 개념을, 링크는 노드 간의 관계를 나타낸다. 시맨틱 네트워크는 135개의 시맨틱 타입(semantic type)과 54개의 관계를 통해서 메타시소러스에 있는 개념을 분류하고, 개념 간의 관계를 나타낸다. 위의 예에 이어서 설명하면, 메타시소러스에 'disease', 'syndrome', 'virus'가 있다면, 시맨틱 네트워크에는 이들 간의 관계에 대한 정보, 즉 'virus'는 'disease' 혹은 'syndrome'을 발생시킨다'는 내용을 포함하게 된다.

스페셜 렉시콘에는 메타시소러스에 포함되지 않지만 필요한 용어와 자연어 처리를 위한 구문정보(syntactic information)를 가진다. 예를 들어 'affect,' 'affects,' 'affecting,' 'affected' 와 같이 같은 단어이지만 경우에 따라 사용되는 형태가 달라질 수 있는데, 이들이 모두 같은 단어를 지칭하고 있다는 사실은 스페셜 렉시콘의 도움을 통해서 인지 가능한 것이다.

UMLS는 1990년에 초판이 발행된 이후에 매년 주기적으로 업데이트가 되고 있으며, 전세계적으로 라이센스 협정을 맺은 개인과 기관에서 무료로 사용되고 있다. 한 가지 특이한 점은 사용 권한이 부여된 후 해당 기관이 일정기간 내에 UMLS의 유용성에 대한 보고서를 제출해야 한다는 것인데, 사용자는 제출한 보고서의 내용을 기반으로 수정된 UMLS를 제공 받을 수 있게 된다(김혜선, 2001). UMLS는 영어, 프랑스어, 독일어 등의 다양한 언어를 지원하며, 현재 한국어도 지원할 수 있도록 연구 중에 있다.

05 오픈 디렉터리 프로젝트 (Open Directory Project)[22]

dmoz open directory project

"자발적인 인터넷 사용자가 참여하여 만든 WWW의 공개 디렉터리"

[22] http://www.dmoz.org/

인터넷의 급속한 성장으로 인해 넘쳐나는 정보 때문에 검색엔진이나 웹 디렉터리는 더 이상 사용자가 만족할 만한 결과를 제공하지 못하게 되었다. 이러한 이유로 인터넷 자체를 정리할 수 있는 방법이 필요하게 되었고, 그 결과 오픈 디렉터리 프로젝트(ODP, dmoz)가 등장하게 되었다. ODP는 1998년도에 썬마이크로시스템즈(Sun Microsystems)에서 일했던 리치 스크렌타(Rich Skrenta)와 밥 트루엘(Bob Truel)의 주도하에 진행된 프로젝트이다. 이들은 그 당시 널리 사용되고 있었던 야후(Yahoo)가 점차 디렉터리 서비스보다는 다른 서비스에 치중하게 되자, 이에 대항함과 동시에 자유 소프트웨어를 지향하며 그누후(GnuHoo) 디렉터리 서비스를 시작하게 된 것이다. 그누후는 이후에 넷스케이프(Netcape)에 의해 인수되면서 오픈 디렉터리 프로젝트라는 이름으로 변경되었다. 그 당시에 사용하던 URL은 'http://directory.mozilla.org/' 였지만 URL이 너무 길어 입력하기 힘들다는 항의 때문에 'http://www.dmoz.org' 라는 URL로 변경되었다.

ODP는 웹 디렉터리, 즉 웹 컨텐츠 분류체계용 온톨로지를 구축하는 것을 목표로 하고 있다. ODP의 가장 큰 특징은 옥스퍼드 영어 사전의 편찬방법과 유사하게 자발적 참여자들에 의해 구축되었다는 것이다[23]. 60만개에 이르는 카테고리로 분류된 400만 개 이상의 웹사이트 디렉터리 정보로 구성된 ODP 온톨로지는 2006년도 현재 전세계적으로 7만 명이 넘는 자발적 참여자들에 의해서 꾸준히 업데이트되고 있다[24]. 가입한 사용자 누구든지 직접 디렉터리를 수정할 수 있으며, 구축된 디렉터리 정보는 누구나 100% 무료로 사용 가능하다. 현재 많은 관심을 받고 있는 위키피디아(Wikipedia)[25] 도

[23] http://www.dmoz.org/about.html

[24] http://www.dmoz.org

[25] http://wikipedia.org

이와 비슷한 형태로 구축되고 있다고 생각하면 될 것이다.

이와 같은 ODP가 실제로는 어떻게 사용되고 있을까? ODP는 넷스케이프, AOL, 구글, 라이코스(Lycos), 핫봇(HotBot), 디렉트히트(DirectHit) 등과 같은 유수의 검색엔진과 포털 사이트에 디렉터리 서비스를 제공하고 있다. 예전에는 검색엔진 및 포털 사이트가 자체적으로 개발한 디렉터리를 사용하는 것이 흔한 일이었지만, 이러한 사이트들이 공통적으로 ODP를 도입함으로써 일반 사용자가 해당 사이트를 처음 방문하더라도 익숙한 분류 카테고리를 통하여 손쉽게 원하는 곳에 접근할 수 있게 되었다.

ODP를 통해서 서울에 위치하고 있는 대학교의 리스트를 알아보자. 먼저 'Education' 이라는 서브메뉴가 포함되어있는 'Reference' 의 'Education' 을 클릭하고, 그 중에서 'Colleges and Universities' 라는 서브메뉴를 다시 선택한 후, 지역에서는 'Asia' 와 'South Korea' 그리고 'Seoul' 을 순서대로 선택하면, 우리는 몇 번의 클릭만으로 서울에 있는 대학교의 리스트를 볼 수 있다. 이렇게 찾으면 [그림 3-11]과 같이 URL(http://www.dmoz.com/Regional/Asia/South_Korea/Seoul/Education/Colleges_and_Universities)만으로도 우리가 어떠한 순서, 그리고 어떠한 서브메뉴를 통해서 결과를

▶ 그림 3-11 ODP의 검색화면

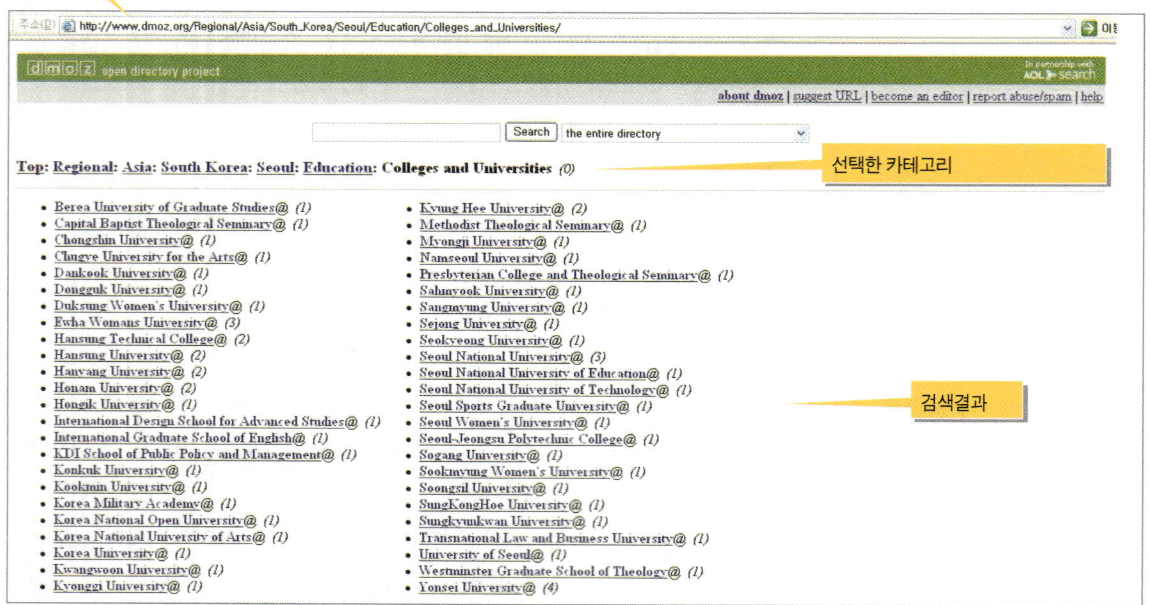

얻어냈는지를 간단하게 알 수 있다. 따라서 ODP는 디렉터리 간의 관계를 계층적으로 담고 있는 웹 컨텐츠 분류체계용 온톨로지라고 할 수 있는 것이다.

단어 혹은 문장을 직접 검색하면 시간을 더 절약할 수도 있다. 그런데 왜 ODP와 같은 사이트에서 많은 시간과 클릭을 필요로 하는 디렉터리 서비스를 제공하는 것일까? 디렉터리 서비스는 넓은 카테고리로부터 어떻게 검색을 좁혀나가야 하는지를 고를 때 유용하게 쓰여질 수 있다. 이는 디렉터리가 특정 영역 내의 토픽들이 서로 어떻게 연관되어 있는지를 이해하는 데 도움을 줄 뿐만 아니라, 검색에 유용한 용어들을 제안해 주기 때문이다[26]. 따라서 위의 예에서도 알 수 있듯이 우리는 디렉터리 서비스를 통하여 우리가 원하는 카테고리 내에서 원하는 답을 얻어낼 수 있다.

26. http://www.google.com/dirhelp.html#about

국제상품분류코드 (UNSPSC)[27]

27. http://www.unspsc.org

"전세계적으로 가장 널리 알려지고 활용되고 있는 전 산업대상의 전자상거래용 상품분류체계"

유통분야에서는 이미 오래 전부터 보다 효율적으로 상품 및 물품을 관리하기 위하여 전자화를 추진하였다. 그 결과 오늘날 판매자는 바코드를 이용해서 재고를 관리하는 것에 익숙하고, 우리와 같은 소비자는 상점에서 바코드를 이용해서 물건을 계산하는 것에 익숙해져 있다. 하지만 바코드는 컴퓨터에 판독시키기 위해 부호화된 라벨로서 상품식별코드(product identification code)로서의 의미가 강하다. 상품식별코드는 상품을 명확하게 식별하기 위한 일종의 코드이지만 다른 상품과의 관련성을 표현하지는 못한다는 단점이 있으므로, 보다 효율적으로 상품을 검색하고 관리하기 위한 방법인 국제상품분류코드(UNSPSC : United Nations Standard Products and Services Code), SIC/NAIC(Standard Industrial Classification/North American Industry Classification), UCC/EAN(United States' Standard Industrial Classification/European Article Number), HS(Harmonized System), eClass 등과 같은 다양한 상품분류코드가 등장하게 되었다. 이들은 상품이라는 개념을 나름대로의 관점을 통해서 계층관계로 정의한 단순한 형태의 온톨로지라 할 수 있다. 이들 모두 전자카탈로그의 구축을 위하여 시작된 프로젝트지만 이후에 상품분류체계로 그 영역이 확장되었다. 이 중에서 UNSPSC는 그 필요성 및 중요성을 인지한 다양한 분야의 기업에서 채택되고 있을 뿐만 아니라, 얼마 전 우리나라의 조달청에서 세계 최초로 국가종합전자조달시스템인 UNSPSC 기반의 G2B시스템[28]을 구축하였으므로 본 절에서는 UNSPSC에 대해서 소개하고자 한다.

UNSPSC는 1998년에 UNDP(United Nations Development Programmes)의 UNCCS(United Nations' Common Coding System)와 D&B(Dun & Bradstreet Corporation)의 SPSC(DUN & Bradstreet's Standard Products and Services Codes)가 공동으로 개발한 물품분류체계용 온톨로지이다. UNSPSC는 전세계에서 개방적으로 사용될 수 있는 정확하고 효율적인 상품 및 서비스 분류체계의 표준이므로 UNSPSC를 사용하는 것은 전자상거래를 더욱 활성화시킬 수 있는 필수적인 기반작업이 된다. 개방적인 표준이라는 UNSPSC의 특성 때문에 UNSPSC의 수정은 사용자에 의해서 이루어지므로 코드의 수정 주기가 짧다는 장점을 가진다. 과거에 Uniform Code Council(UCC)이라고 불리던 GS1(Global Standard No. 1) US[29]가 UNSPSC를 관리하고 개발하고 있으며, UNSPSC는 한국어를 포함하여 영어, 독일어, 프랑스어, 스페인어, 이탈리아어, 일본어, 중국어 등의 다양한 언어로 제공되고 있다.

UNSPSC는 세그먼트(segment), 패밀리(family), 클래스(class), 커머디티(commodity)의 4개의 계층화된 레벨로 구분되어 8자리의 숫자 값으로 표현된다. 우선 세그먼트는 분석을 목적으로 하는 패밀리의 논리적인 집합(aggregation)이다. 패밀리는 일반적으로 인정되는 상호관련성 있는 상품 분류이며, 클래스는 사용 혹은 기능을 공유하는 상품 그룹이다. 그리고 커머디티는 대체 가능한 상품 혹은 서비스의 그룹이다.

[그림 3-12] '펜심'을 나타내는 UNSPSC 코드(44-12-19-03)의 예이다. 즉, '펜심'은 '사무기기&용품'이라는 44번 세그먼트의 '사무용품'을 나타내는 12번 패밀리, 그리고 '잉크 및 펜/샤프심 리필'을 의미하는 19번 클래스 아래, '펜심 리필'이라는 03번 커머디티에 속한다. 따라서 이러한 UNSPSC 코드만 봐도 '펜심'이 어느 분류에 속하는지에서부터 이것의 대체품까지 한눈에 '펜심'과 관련된 전반적인 내용을 파악할 수 있다(UNSPSC, 1998). 이와 같은 예에서 볼 수 있듯이 UNSPSC는 물품의 분류체계를 담고 있는 물품분류체계용 온톨로지인 것이다.

28. "전자상거래 활성화를 위한 온톨로지 구축 시연", 연합뉴스(http://yonhapnews.co.kr), 2005년 1월 12일 기사

29. 과거에는 GS1 US를 Uniform Code Council(UCC)이라 불렀다. 유통, 물류, 전자상거래 등의 표준을 관장하는 단체 http://www.gs1.org/

▶ 그림 3-12 UNSPSC의 예

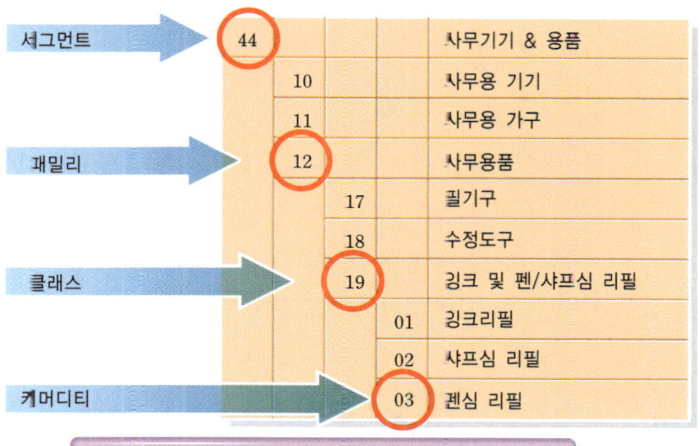

그렇다면 UNSPSC와 같은 분류체계는 왜 필요한 것일까? 우선 구매자와 판매자가 모두 표준화된 상품과 서비스의 계층적인 분류체계를 사용함으로써 전자상거래가 활성화될 수 있고, 사용자는 보다 정확한 상품의 검색과 구매가 가능하게 된다. 또 한 기업 내의 여러 부서에서 같은 물건을 중복 구매하는 등과 같은 문제가 발생하는 것을 방지시켜줄 뿐만 아니라, 부서별, 업체별, 업종 간에 공통 코드를 사용함으로써 상호 비교분석을 위한 통계도 제공할 수 있다. 이 밖에도 많은 이유가 있지만, 실제 UNSPSC가 많이 사용되는 이유는 간단하게도 누구나 표준화된 상품분류코드를 무료로 쉽게 이용할 수 있기 때문이다.

지금까지 살펴본 온톨로지 프로젝트 외에도 다양한 분야에서 온톨로지가 개발되고 있다. 여기에서 살펴 본 것 이외에도 비즈니스 분야에서는 대표적인 것으로 EO(Enterprise Ontology)[30]와 TOVE(TOronto Virtual Enterprise)[31]가 있다. 이들은 기업에서 비즈니스를 수행함에 있어서 공유 가능한 용어의 제공, 용어에 대한 의미의 정의 등을 담은 온톨로지로서 기업에게 재사용이 가능한 지식을 제공하고자 하는 목적을 가지고 있다. 특히 TOVE는 프로젝트를 진행함과 동시에 가상 기업을 구현하여 시범적으로 프로젝트를 활용, 운영하고 있는데, 그 목적은 기업 통합과 관련된 연구를 진행하기 위해서이다. 또 화학분야에서 개발한 Chemical Ontology(Fernandez-Lopez et al., 1999), 생물분야의 Gene Ontology[32], 약품분야의 DOPE[33](Drug Ontology Project

30. http://www.aiai.ed.ac.uk/project/enterprise/enterprise/Ontology.html
31. http://www.eil.utoronto.ca/enterprise-modelling/tove/index.html
32. http://www.geneOntology.org
33. http://www.aduna.biz/dope

for Elsevier), 지리분야의 Spatial and Thematic Ontology 등도 널리 알려진 온톨로지 프로젝트에 속한다[34]. 이 밖에도 앞서 chapter 2에서 살펴보았던 소와 온톨로지(Sowa's Ontology)와 일반화된 상위 온톨로지(GUM : Generalized Upper Ontology) 등도 실제 프로젝트의 형태로 구축되었다.

여기에서 우리는 다양한 분야에서 연구가 진행되었거나, 현재 진행 중인 온톨로지 프로젝트에 대해서 살펴 보았다. 각각의 프로젝트는 해당 분야에서 눈에 띄는 성과를 보여주고 있을 뿐만 아니라, 프로젝트의 결실을 실제로 다양한 분야에 적용시킴으로써 온톨로지의 진가를 더욱 빛내고 있다. 이러한 결과는 온톨로지 연구를 가속화시키고, 더욱 발전시킬 수 있는 계기를 마련해 주고 있다.

34. http://www.fb10.uni-bremen.de/anglistik/langpro/webspace/jb/info-pages/Ontology/Ontology-root.html#why

chapter 4

온톨로지 적용 분야

지금까지 우리는 온톨로지에 대한 개념적인 내용과 함께 실제 구축된 프로젝트에 대해서 살펴보았다. 여기에서는 앞서 살펴본 내용을 바탕으로 실제 온톨로지 기반의 다양한 애플리케이션들을 개발하여 활용하고 있는 다음의 다섯 분야에 대해 자세히 살펴보겠다.

- 전자상거래 분야 : 상품정보의 표준화를 위해 온톨로지를 적용하고 있다.
- 의료 분야 : 진료 시 사용되는 언어의 통일 및 호환을 위해 적극적으로 온톨로지를 적용하고 있다.
- 법률 분야 : 법률 용어의 표준화를 통해 판례나 법률 정보를 효율적으로 검색하기 위해 온톨로지를 개발하고 있다.
- 검색 서비스 분야 : 온톨로지를 통해 의미를 기반으로 한 검색이 가능하다.
- 문화콘텐츠 분야 : 이미지나 음악 자료에 대한 검색의 효율을 높이고, 자료 자체의 메타데이터 표현을 위해 온톨로지를 적용하고 있다.

01 전자상거래 분야

국내 전자상거래 규모는 2004년 314조 원에서 2005년 358조 원으로 14.1% 성장했다[1]. 이처럼 전자상거래의 규모가 점차 커지고 있음에도 불구하고, 상품정보, 서비스 표현정보 등은 통일된 기준이 없이 업종이나 기관의 특성에 따라 제각각 운영되어 왔다. 이러한 상황은 공공과 민간의 상호연계는 물론이고 민간 업종 간에도 정보연계를 어렵게 하여 전자상거래 발전의 걸림돌이 되어왔다. 이에 따라 다양한 상품 및 서비스 표현정보, 거래 표현정보 및 기술 표현정보 등의 통합에 대한 필요성이 제기되었으며, 온톨로지가 그 해결책으로 제시되고 있다.

1. 통계청 http://www.nso.go.kr/

전자상거래 분야에 온톨로지가 적용되면 찾고자 하는 상품명을 정확히 모르더라도 사용 용도, 별칭, 제조회사 등의 일부 정보만을 입력해도 컴퓨터가 입력된 단어의 의미뿐 아니라 상품의 연관 관계를 파악하여 원하는 정보를 빠르고 정확하게 제공할 수 있게 된다. 예를 들어 일반적으로 많이 사용되는 핸드폰이라는 단어는 휴대폰, 휴대용 전화기를 대신하여 사용되는 단어라고 할 수 있다. 그런데 핸드폰과 유의어로 휴대폰, 휴대용 전화기라는 용어가 사용될 수 있다고 미리 정의되어 있다면 핸드폰으로 검색을 해도 휴대폰, 휴대용 전화기에 대한 자료까지 검색될 수 있고, 더 나아가 핸드폰과 관련된 다양한 서비스 및 관련 업체 정보까지도 제공받을 수 있다.

온톨로지는 쇼핑 에이전트 분야에도 활용할 수 있다. 쇼핑 에이전트는 현재의 가격 비교를 위한 검색엔진 이상의 지능형 쇼핑 도우미 역할을 수행한다. 에이전트는 추론 등 학습을 통해 간단한 문제를 해결해 왔지만[2] 각각의 에이전트들이 혼자서 해결할 수 없는 복잡한 문제를 해결하기 위해서는 여러 에이전트들이 서로 협력하여 작업을 수행하여야 한다. 이때 여러 시스템에 분산되어 존재하는 에이전트들 스스로가 자신들이 처리해야 하는 일에 대한 의미를 파악하고, 그 의미를 다른 에이전트들과 공유하여야 한다. 이 문제는 에이전트 간의 협력과 협상을 위해 기본이 되는 개념 및 개념 간의 관계를 온톨로지로 명확히 정의함으로써 해결할 수 있다.

2. IEEE Internet Computing 편집장이었던 찰스 페트리(Charles Petrie)는 "특별한 인공지능 기술이 없고 단지 문자열 비교(string match)에 의한 시스템들은 에이전트라고 부르기 보다는 일회용 검색서비스라고 부르는 것이 적합하다"고 말했다. 이에 근거하여 쇼핑 에이전트들은 기본적으로 인공지능 기술을 기반으로 한 학습 알고리즘이 적용되었다고 가정한다.

그러면 온톨로지가 에이전트들의 협업을 어떻게 도울 수 있는지 간단한 예를 통해 이해해 보도록 하자. "이번에 새로 나온 비너스 어때?"라고 동건씨가 태희씨에게 묻는 경우, 동건씨는 비너스를 클래식 오토바이로 의미했으나 태희씨는 이를 속옷과 연관시킴으로써 잘못된 의사소통을 할 수 있다. 이는 chapter 1에서 설명된 의미의 삼각관계에 기인한 문제로서 이러한 상황은 쇼핑 에이전트에게도 마찬가지로 발생할 수 있다. 쇼핑 에이전트들 역시 협력을 위해서는 서로 커뮤니케이션을 하게 되는데, 이때 서로 다른 지식표현 모델을 가진 에이전트들 간에 의사소통을 한다면 다음의 [그림 4-1]에서처럼 동일한 용어를 서로 다르게 해석하는 문제가 생길 수 있다. 하지만 이들이 합의를 통해 만든 온톨로지를 기반으로 커뮤니케이션을 한다면 추론과 의미적 해석을 통해 뜻하는 바를 명확히 할 수 있다.

이상과 같이 전자상거래 분야에서는 상품정보에 대한 온톨로지 구축을 통해 상품정보를 표준화하고자 하는 노력을 하고 있으며, 이와 함께 쇼핑 에이전트들 간의 원활한 커뮤니케이션을 위한 온톨로지 구축에 관심을 가지고 있다. 현재 전자상거래 분야와 관

▶ 그림 4-1 다른 지식 표현 모델을 가진 쇼핑 에이전트 간 커뮤니케이션

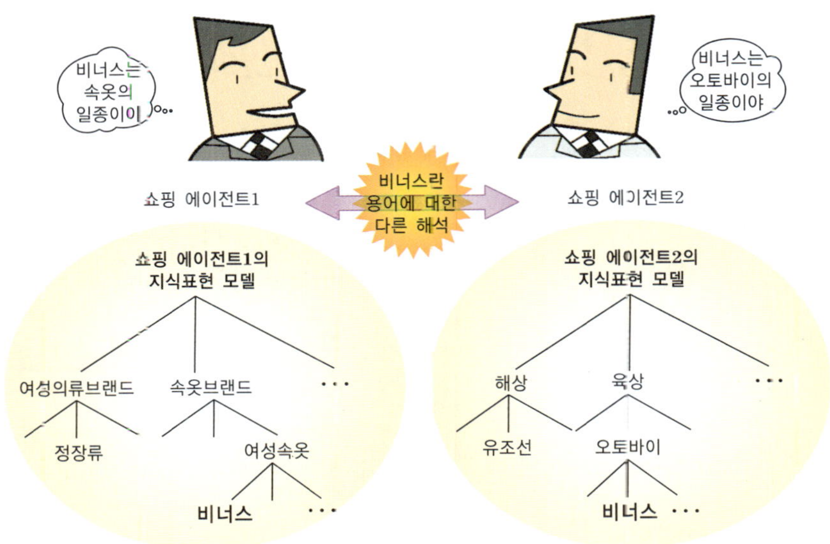

련된 온톨로지 표준으로는 ebXML, 로제타넷, UNSPSC 등이 있으며, 이에 대해서는 앞의 chapter 3에서 자세히 다루었으므로 참고하기 바란다.

■ 3. http://www.g2b.go.kr:8100/

■ 4. "전자상거래 국제표준 선도... '세계 브랜드'로 육성", 조달뉴스(http://pps.news.go.kr/), 2006년 3월 2일 기사

조달청의 지능형 상품정보시스템[3]

조달청은 7조원 규모의 정부보유 물품관리와 43조원 규모의 공공부문 전자상거래를 총괄하는 기관으로서 지금까지 62만여 품목의 상품정보를 축적해 3만여 공공기관 및 15만 조달업체에 상품정보를 제공하고 있다. 조달청은 공공과 민간 부문 간의 상품정보 상호 연계로 전자상거래를 활성화할 수 있는 지능형 상품정보시스템을 세계 최초로 구축했다[4]. 기존에는 공공과 민간부문에서 표준화된 틀이 없이 전자카탈로그를 각각 제작해 왔다. 이로 인해 공공과 민간 간의 상호연계가 어려워 전자상거래의 걸림돌로 작용해 왔던 점을 개선하기 위해 공공과 민간, 그리고 민간 업체들 간에도 서로 통용될 수 있는 표준화된 시스템을 개발했다. 이 시스템은 세계 최초로 상품정보시스템에 온톨로지 기술을 적용하여 찾고자 하는 상품정보를 빠르고 정확하게 검색할 수 있도록 하였다. 또 조달청과 민간업체가 보유하고 있는 상품정보의 상호 연계를 통하여 향후 공공과 민간 간에 전자상거래가 가능하도록 구축되었다. 특히 공공기관이나 민간업체에서 상품정보의 일부를 온라인으로 입력하면 전자카탈로그가 자동으로 생성

[5] 5. 조달청에서 운영하고 있는 국가종합전자조달 쇼핑몰(http://www.g2b.go.kr/)

되고, 나라장터 쇼핑몰[5]과 연계해 상품정보시스템에서도 상품을 검색하면서 바로 구매할 수 있는 부가 서비스도 제공된다.

[그림 4-2]는 조달청의 상품정보시스템을 이용하여 '네비게이터'를 검색한 결과를 보여준다. 조달청은 현재 사용자가 찾고자 하는 것을 '차량용항법장치'라는 정식명칭을 사용하여 분류하고 있다. 그러나 이 시스템은 일반인들이 차량용항법장치라는 어려운 말 대신에 '네비게이션'이나 '네비'라는 명칭으로 많이 사용하고 있다는 정보를 가지고 있다. 따라서 사용자가 '네비게이터'를 입력하여도 단어분석 및 연관관계를 통해 적합한 결과를 제공할 수 있다.

▶ **그림 4-2 지능형 상품정보시스템 검색 결과**

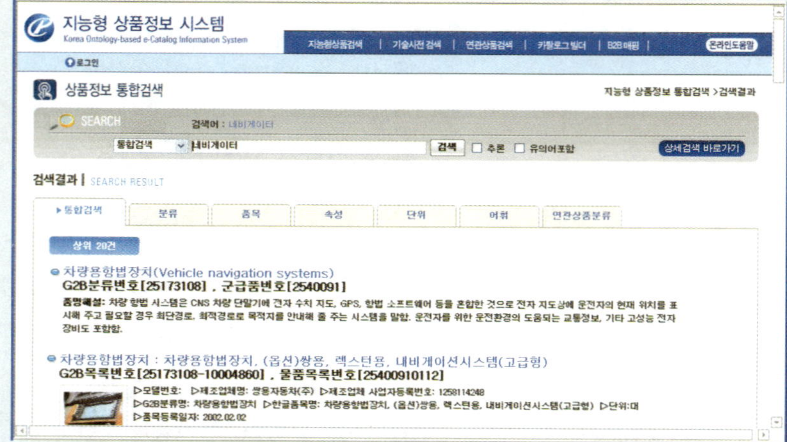

이 시스템 구축으로 부문 간, 업종 간 전자상거래 제약요인이 사라지게 되어 연간 300조원 규모의 국내 전자상거래 시장이 더욱 활성화될 것으로 조달청은 전망하고 있다. 뿐만 아니라 상품정보에 대한 체계적인 정리가 어렵고, 상대적으로 작은 상품 규모 등으로 인해 상품정보시스템 구축에 어려움이 있는 많은 중소 전자상거래 업체들이 조달청의 상품정보를 활용하면 쇼핑몰 구축비용 및 구축 후의 유지보수 비용을 크게 절감할 수 있게 된다.

이 밖에도 공공기관 사용자 측면에서는 상품정보 검색과 등록이 용이해져서 물품관리 및 정부조달업무가 훨씬 편리해진다. 이런 효과를 극대화하기 위해서는 민간에서 사용되는 상품정보와의 연계가 필수적이다. 이를 위해 조달청은 한국전자거래협회, 공공기관, 민간기관 사이의 협력사업으로 추진하고 있는 B2B-G2B 연계사업에 더 많은 업종들이 참여할 수 있도록 유도하고 있다.

02 의료 분야

의료 분야는 여러 학문 및 산업 분야 중에서 정보의 양과 복잡성 면에서 높은 수준의 정보관리 기술이 필요하다. 의학의 발전으로 많은 의학지식이 새롭게 만들어지고 있으며 병원에서는 매일 엄청난 양의 의무기록이 생겨나고 있다. 또 다른 분야에 비해 의학 용어와 코드 체계가 복잡하고, 사용하는 용어에 대한 의료진들의 합의 도출이 힘들다.

이에 의료 분야에서는 표준화된 용어 시스템을 통해서 병원의 의료정보 및 문헌 정보의 공유, 정리, 조직화를 효율적으로 처리하고자 하였다. 이러한 의료 분야에서의 자발적인 요구는 자연스럽게 의료 영역에서 온톨로지 관련 연구가 활성화되도록 이끌었으며, 그 결과 온톨로지 연구의 수많은 성과들이 의료 분야를 중심으로 이루어지고 있다.

학계를 중심으로 진행되어 온 온톨로지 개발 및 구축 시도가 현재는 병원으로 확산되고 있다. 이는 종이에 기록되어 오던 의료기록을 전자적으로 업그레이드 시킨 형태인 전자의무기록(EMR : Electronic Medical Record) 시스템의 도입이 큰 동기를 부여했다고 할 수 있다. EMR은 병원들을 네트워크로 연결하여 각 병원의 환자정보를 병원 간에 공유할 수 있도록 하였다. 한 병원에서 받은 검사나 진료 기록을 다른 병원에서도 이용할 수 있게 됨으로써 환자는 병원을 옮길 때마다 검사와 진료를 처음부터 받아야 하는 불편함과 경제적 부담을 줄일 수 있다.

그런데 이런 EMR을 구축할 경우 환자의 진료정보를 병원 내 외부에서 여러 사람이 공유하기 때문에 데이터의 내용 및 용어 등의 표준화가 반드시 필요하다. 간단한 예를 통해 이해해 보자. 동건씨가 두통으로 서울완쾌병원에서 진단받은 결과가 '#123' 의 '신경성 두통' 이고, 태희씨가 동건씨와 같은 증상으로 부산완쾌병원에서 진단받은 결과가 '#321' 의 '과긴성 두통' 이었다고 가정하자. 동건씨가 부산으로 이사해서 부산완쾌병원을 갔을 경우, 서울완쾌병원의 진료기록이 부산병원으로 전송되게 된다. 이 경우, 동건씨와 태희씨는 같은 질병을 가지고 있음에도 불구하고 다른 질병코드 및 명칭을 가지게 된다. 이처럼 병원 내 그리고 병원 간에 사용되는 질병 및 증상 용어가 표준화되지 않으면 의료 정보의 공유가 힘들다. 따라서 이러한 문제를 해결하기 위해서는 반드시 질병 및 증상의 용어를 통일하는 온톨로지가 구축되어야 하며, 이에 병원에서는 EMR 도입과 함께 온톨로지 개발에 적극적으로 힘쓰고 있다.

위에서 살펴본 내용을 그림으로 종합하면 [그림4-3]과 같다. EMR, OCS(Order

[6] 처방전달 시스템이라고도 불리며, 의사가 컴퓨터 입력을 통해 처방을 내리면, 약, 주사, 처치 등의 내용을 담은 처방전이 전송되는 시스템

Communication System)[6] 등의 시스템에서 개별적으로 사용된 용어체계는 통일된 표준 없이 사용되어 여러 시스템들 간에 호환되지 못한다는 문제점이 있다. 그러나 의료 온톨로지 시스템의 구축으로 여러 의료기관에서 사용되는 다양한 시스템들의 용어체계가 호환이 되어 의료정보의 효율적인 관리가 가능해지며, 환자 중심의 협동적 의료서비스가 이루어 질 수 있게 된다.

▶ 그림 4-3 온톨로지 기반 의료 정보 시스템으로의 변화(이재일, 2005)

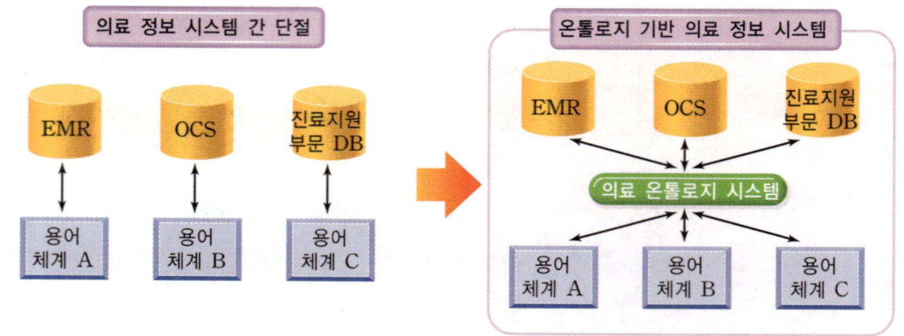

현재 국제적으로 인증된 의료정보 분야의 표준 온톨로지로는 SNOMED-CT(Systematized Nomenclature of Medicine Clinical Terms), UMLS(Unified Medical Language System) 등을 꼽을 수 있다. SNOMED-CT는 전자의무기록을 위한 용어 시스템으로 ACP(American College of Pathologist)에서 개발 판매되고 있으며, UMLS는 NLM(National Library of Medicine)에서 개발되었으며 많은 응용이 시도되고 있다. 국내에서 EMR을 구축한 병원 중, 분당 서울대병원, 세브란스병원 등이 의료용어 표준 온톨로지로서 SNOMED-CT를 선택했고, 인하대병원의 경우 UMLS를 표준 온톨로지로 사용 중이다[7]. UMLS에 대한 구체적인 설명은 chapter 3에서 다루고 있다.

[7] "EMR 표준으로 SNOMED-CT 채택 늘어", E-헬스통신 기사 (http://www.e-healthnews.com), 2006년 3월 3일 기사

03 법률 분야

의료 분야와 더불어 정보기술, 특히 인공지능에 대해 적극적인 관심을 가진 분야로 법률 분야가 있다. 법률 분야는 과거의 데이터, 특히 판례에 대한 의존도가 높고, 의사결정에 대한 복잡성이 높은 분야이기 때문에 정보기술 도입 및 활용에 적극적이다.

법률 분야에서 정보기술은 어렵고 복잡한 법률지식 및 법률문제를 시스템이 자동

화된 룰을 통해 해결책을 제시하는 전문가 시스템을 중심으로 발전되어 왔다. 법률전문가 시스템(legal expert system)은 전문지식을 시스템에 반영하기 위해서 전문가가 알고 있는 지식을 명확하게 구조화된 언어나 체계로 표현해야 한다. 그러나 과거에는 체계화된 틀이 존재하지 않았기 때문에 법률 전문가들은 본인들이 가진 지식을 적절히 표현하는데 어려움이 있었다. 예를 들어 다음과 같은 법률전문지식을 생각해 보자. 이곳 저곳에 채무를 많이 진 남자가 부인과 합의이혼을 하는 경우, 현재 가지고 있는 집을 다른 채무자에게 주지 않고 부인에게 양도할 수 있다. 이혼을 하게 되는 경우, 남자가 부인에게 재산을 분할해야 하고 위자료, 양육비 등을 줘야 하는 채무가 생겼기 때문에 부인 역시 다른 채무자와 같은 입장이기 때문이다. 이런 복잡한 상황 정보를 포함한 법률 정보는 체계적인 틀 없이는 표현하기 어렵다. 온톨로지의 구축으로 전문가의 지식을 구조화된 언어로 체계적으로 표현할 수 있으며, 더 나아가 법률전문가 시스템을 통해 제시된 결론에 대한 설명까지 제공할 수 있다.

법률전문가 시스템 외에도 법률검색 시스템 등에도 온톨로지가 적용되어 사용되어 왔다. 법률 분야는 판례에 근거한 의사결정이 주를 이루다 보니 판례가 체계적이어야 한다. 그러나 판례 정보는 자연어로 표현되는 경우가 대부분이기 대문에 판례의 구성 및 내용이 모호할 수 있다. 따라서 판례에서 나타내고 있는 의미에 대한 명확한 해석을 위해 온톨로지가 적용될 수 있다.

그렇다면 구체적으로 법률 검색의 효율을 위해 온톨로지가 어떻게 적용될 수 있을지 다음의 예로 이해해 보도록 하자. 우리말에 '청원' 이라는 단어는 '불만사항을 시정하거나 이익의 허가를 요청하기 위해 국회나 법원 등에 서면으로 희망을 진술하는 것' 이라는 의미를 가지고 있으며, 이것이 경찰이라는 용어와 함께 쓰이면 공공단체나 주요 기관에서 사업주가 비용을 부담하고 배치하는 '청원(請願) 경찰' 이라는 또 다른 개념으로 사용된다. 이외에도 충청북도 청원군(淸原郡) 이라는 지명과도 동일하다. 그런데 법률검색 시스템에서 청원지방의 경찰 실종 사건에 대해 검색하고자 하는 경우 '청원 경찰 실종 사건' 으로 검색하게 되면 다음의 [그림4-4]에서처럼 의미하는 바가 청원(淸原) 경찰인지 청원(請願) 경찰인지에 대한 구분이 명확하지 않게 된다. 따라서 '청원' 이라는 단어가 어떤 의미를 가지고 사용되는지에 대해 명확한 구분이 필요하게 되는데, 이때 온톨로지를 이용하여 각 법령이나 판례에서 사용되는 단어의 의미를 구분하고, 단어와 단어의 관계를 체계화함으로써 법률 데이터 검색의 효과를 높일 수 있다.

▶ 그림 4-4 '청원'에 대한 다양한 이해

법률 분야 표준화의 대표적인 노력으로 이탈리아의 쥬워드넷(JurWordNet)이 있다. 이것 외에도 FOLaw(Functional Ontology of Law)와 프레임 기반 온톨로지 등이 법률 온톨로지로서 개발되었으며, 이들은 모두 유럽에서 구축된 것이다. 유럽의 경우 국가 간의 경계를 허물고 통합의 방향으로 나아감에 따라 법률 분야에 있어서도 각국에 존재하는 법률에 대한 이해와 해석을 위해 각 국가의 법률 정보와 판례 정보에 대한 공유가 필요하게 되었다. 이에 따라 다양한 언어로 표현된 법률 및 판례 정보를 언어적 장벽 없이 공유하고 이해하기 위해 온톨로지 구축에 적극적인 노력을 해 왔다. 대표적인 프로젝트로 LOIS(Lexical Ontologies for Legal Information Sharing)가 있으며, 이 프로젝트에는 현재 이탈리아, 영국, 독일, 체코, 포르투갈, 네덜란드의 6개 나라가 참여하고 있다[8].

8. http://www.itting.cnr.it/

04 검색 서비스 분야

오늘날의 사회는 정보화 사회, 지식 사회라 일컬어지지만 정보의 홍수로 말미암아 넘쳐나는 정보 중에서 적절한 정보를 찾고, 찾은 정보를 지식으로 활용하는 데 많은 어려움이 있다. 이런 문제는 유비쿼터스 컴퓨팅 환경이 구현된다면 더욱 심각해 질 것이다. 그렇다면 이러한 정보의 과부하 문제를 해결할 수 있는 가장 좋은 방법은 무엇일까? 그것은 정보자체를 컴퓨터가 이해할 수 있어서, 컴퓨터 스스로가 알아서 사용자가 필요로 하는 정보만을 찾아내그 이를 분석하여 사용자의 사용 의도에 맞게 가공하여 제공하는 것이다.

현재 대부분의 검색 시스템은 해당하는 문서를 찾기 위해 적절한 키워드를 입력하거나 사용자가 직접 디렉터리 서비스를 통해 원하는 자료에 접근하는 방식을 취하고 있다. 그러나 디렉터리 서비스나 키워드 기반 검색 방법은 문서의 의미를 판단할 수 있는 기술이 아니기 때문에 사용자의 요구에 맞는 적절한 문서를 제공하지는 못한다. 따라서 사용자가 입력한 키워드 확장을 위해 시소러스를 이용하는 기술이 적용되었다. 또 형태소 및 구문 분석을 통해 자연어로 된 질문을 처리하여 검색결과를 제시하는 기술도 이용되고 있다. 그러나 이러한 정보검색 기술 역시 사용자가 제시한 질의를 분석하는 데 있어서의 오류, 문서에서의 정확한 의미 분석의 문제, 단어의 의미에 있어서의 중의성 문제 등 해결해야 할 여러 과제를 가지고 있다.

온톨로지는 이런 문제들에 대한 해결책을 제시할 수 있다. 단순히 키워드 매칭을 통해 검색하는 경우에도 사용자가 입력한 키워드를 의미기반으로 확장하기 위해 온톨로지를 이용할 수 있다. 더 나아가 문서의 내용 자체에 의미 있는 태그를 붙이고, 각 태그가 의미하는 개념들을 온톨로지로 구축해 놓으면 컴퓨터는 각 문서의 내용을 정확히 파악하고 추론할 수 있다. 그 결과 입력된 키워드의 매칭을 통해서가 아니라 문서 자체가 가지고 있는 의미를 통해 더욱 효과적인 검색 결과를 제시할 수 있다.

그렇다면 구체적으로 검색 서비스 분야에 온톨로지가 어떻게 활용될 수 있을지 예를 통해 이해해 보자. "비잔틴 양식의 건축물을 볼 수 있는 터키의 여행 상품은 무엇인가?"라는 질문을 한 경우, 검색된 결과는 성소피아 성당을 포함하고 있는 여행상품들이 제시되어야 한다. 그러나 기존의 검색 시스템에서는 비잔틴 양식과 성소피아 성당 사이의 관계를 알 수 없기 때문에 정확한 답변을 얻기 힘들다. 그러나 성소피아 성당이 비잔틴 건축 양식에 속한다는 사실을 담고 있는 온톨로지를 이용한다면, 이 사실을 이용하여 원하는 정보를 검색할 수 있다.

이처럼 온톨로지 기반의 정보검색 기술은 관련된 정보를 빠르게 찾아 사용할 수 있게 해 줄 뿐만 아니라, 정보를 찾는 정확도를 향상시킬 수 있다는 장점을 가지고 있다. 또한 검색엔진이 온톨로지에 정의된 개념과 규칙을 활용하여 추론을 수행하므로 단순히 사용자가 제시한 질의와 일치되는 문서만 보여 주는 것이 아니라, 질의 자체의 의미를 분석하여 관련 문서도 보여 줄 수 있다.

한국전자통신연구원의 지식 검색 시스템 AnyQuestion[9]

[9] http://anyq.etri.re.kr/

한국전자통신연구원은 백과사전을 기반으로 지식베이스를 구축하고 이 지식베이스와 온톨로지를 유기적으로 연결시켜 사용자가 입력한 질문에 응답해 주는 AnyQuestion을 개발했다. 이 시스템은 온톨로지를 적용하여 자연어로 입력된 질의의 구문 분석을 통해, 의미를 기반으로 사용자가 요청한 질의에 적절한 답을 제시해 준다(최호섭과 옥철영, 2004).

구체적인 사용 예를 통해 이해해 보자. 다음과 같이 "주몽은 누구의 아들인가요"라는 문장을 입력하고, 정답찾기를 실행하면 [그림4-5]와 같은 화면이 나타난다. 또한 이 질문을 변형하여 "주몽의 엄마는 누구인가요"나 "주몽의 어머니는 누구인가요"라고 입력을 해도 같은 정답을 제시한다. 이것은 AnyQuestion 이라는 시스템이 온톨로지를 기반으로 자연어로 입력된 문장의 의미를 파악하고, 그 의미를 바탕으로 지식베이스에서 정답을 추출하여 사용자에게 정답을 제시하여 주기 때문에 가능한 것이다.

▶ 그림 4-5 지식 검색 시스템 AnyQuestion 화면

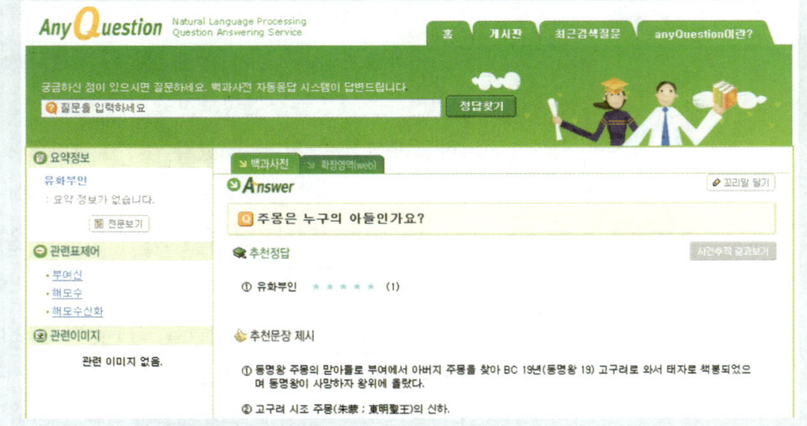

05 문화콘텐츠 분야

문화콘텐츠 분야는 텍스트에서 동영상까지 자료의 형식이 매우 다양하다. 뿐만 아니라 자료 자체가 가진 내용을 표현하는 것이 쉽지 않다. 예를 들어 '돌사진.jpg'라는 이미지 파일이 하나 있다고 하자. 우리가 이 파일을 가지고 유추할 수 있는 것은 '돌(stone)을 찍은 사진' 혹은 '돌(birthday)을 맞은 아기의 사진' 정도 이다. 구체적으로 이 이미지 파일

이 담고 있는 내용이 무엇인지를 알기 어렵다. 만약 '돌(birthday)을 맞은 아기의 사진' 이라면 아기는 옷을 입고 있는지, 입고 있다면 어떤 옷을 입고 있는지 그리고 여자 아기인지, 남자 아기인지에 대한 정보를 함축하여 담기 힘들다. 이처럼 이미지나 음악 자료의 경우 그 자료가 담고 있는 내용이 무엇인지 표현하기 힘들 뿐 아니라 표현하는 방식을 표준화하기도 힘들다. 따라서 다양한 유형의 자료를 가진 정보문화콘텐츠 분야에서는 내용에 기반하여 이미지나 음악 자료를 검색하기 위하여 온톨로지를 적용하고 있으며, 이 외에도 문화콘텐츠 자료 자체의 메타데이터 표현을 위해서 온톨로지를 활용하고 있다.

우선 내용기반 검색을 위해 이미지나 음악 자료에 온톨로지를 적용한 예를 살펴보자. 기존에는 이미지나 음악을 검색할 때 주로 파일명을 기반으로 검색이 이루어지는 경우가 대부분이었다. 그러나 만일 각각의 이미지나 음악의 내용에 대한 설명을 제공해 준다면 의미를 기반으로 하는 검색이 가능할 것이다. 이것을 가능하게 해 주는 기술이 온톨로지에 기반한 시맨틱 주석기법(semantic annotation)이다. 주석기법은 그림이나 음악뿐만 아니라 웹페이지의 내용에 추가적인 설명을 덧붙임으로써 정보 검색의 정확도를 높이고자 하는 방법이다.

다음의 예를 통해 이해해 보도록 하자. 잡지사나 방송국 등과 같이 사진 자료를 많이 이용하는 분야는 이미지 자료를 데이터베이스화하여 체계적으로 관리하고 있으며, 앞서 언급했듯이 대부분이 파일명을 통해서 자료를 검색하고 있다. 그러나 현재의 이미지 자료 파일명에 포함된 정보는 매우 제한적이기 때문에 단순히 파일명을 통해 검색하는 것은 효과적이지 않을 수 있다. 그런데 만약 데이터베이스에 있는 이미지가 무엇에 대한 이미지이고 누가 만든 이미지이며, 이미지의 세부 내용이 어떤 것인지에 대한 정보까지 담고 있다면 사용자는 더욱 쉽고 효율적으로 원하는 이미지 자료를 찾을 수 있을 것이다.

예를 들어 원숭이에 대한 이미지를 찾고 있는 경우를 생각해 보자(Schreber et al., 2001). 수천 개의 원숭이 사진 중에 '머리를 긁고 있는 오렌지 색깔의 털을 가진 젊은 원숭이 사진' 을 찾아야 하는 경우 기존에는 일일이 모든 원숭이 사진을 열어보고 사용자가 찾고자 하는 이미지인지 확인하는 과정을 통해 이미지에 대한 검색이 이루어졌다. 그러나 [그림4-6]과 같이 모든 원숭이 사진에 각 원숭이의 색깔은 어떤 색이며, 누가 어떤 이유로 찍었는지, 원숭이의 나이는 어느 정도인지, 그리고 원숭이가 어떤 포즈인지에 대한 정보가 포함되어 있다면 검색이 훨씬 효율적으로 이루어질 것이다.

▶ 그림 4-6 이미지 파일의 주석기법 적용 예시 화면(Schreber et al., 2001)

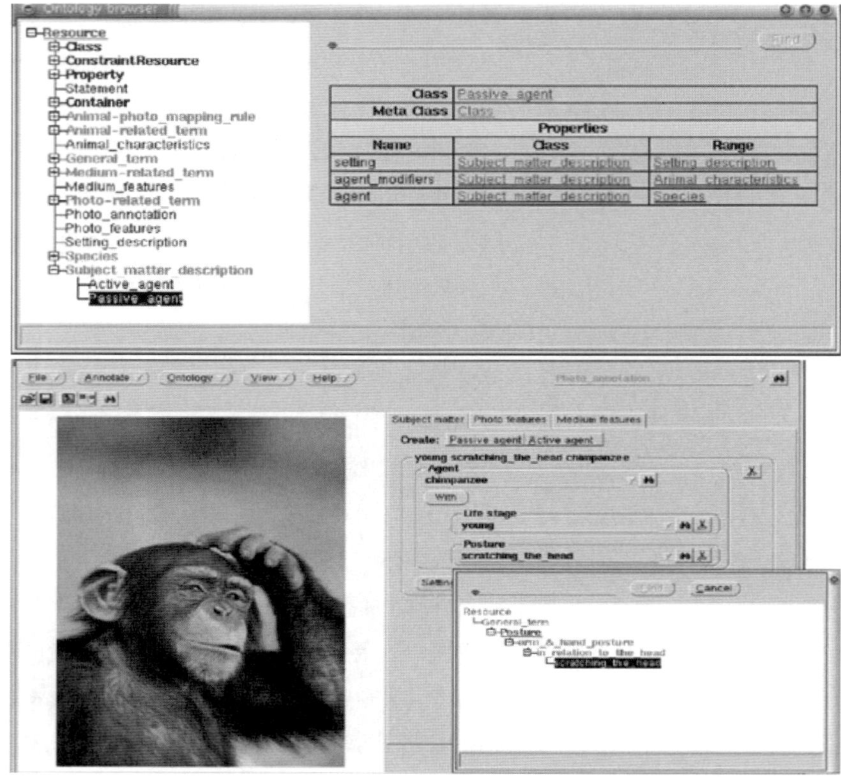

또 만약 워드넷 등과 같이 표준화된 온톨로지를 이용한다면 동일한 내용에 대해 여러 가지 다른 표현을 사용하여 주석을 단 경우에도 효과적으로 검색할 수 있다. 예를 들어 원숭이를 의미하는 단어에는 'simian', 'ape', 'monkey' 등 여러 표현들이 있다. 만약 어떤 데이터베이스에서 원숭이 이미지를 'simian'이라는 용어를 사용하여 주석기법을 적용하였다고 하자. 그런데 이 데이터베이스에서 주석기법에 사용되는 용어를 워드넷에서 제공하는 표준화된 온톨로지를 이용하여 체계화하였다면, 'ape'이나 'monkey'라는 단어로도 'simian'이란 용어를 사용한 이미지를 검색할 수 있다. 이는 워드넷에서 'simian'이 'ape'이나 'monkey'와 유의어로 사용될 수 있다고 미리 정의해 놓았기 때문에 가능하다.

이미지 파일과 마찬가지로 음악 파일 역시, 제목과 아티스트 정보만을 제공하는 기존 방식에서 더 나아가 주석기법을 적용함으로써 각 음악 파일의 작곡자와 작사자가 누구이며, 어떤 장르의 음악인지, 그리고 음반사 등에 관한 정보를 제공하여 더 풍부한 의미 기반의 정보제공 및 검색 서비스를 제공할 수가 있다.

현재는 이미지나 음악 파일에만 주석기법을 적용하는 단계이지만, 향후에는 동영상 파일 역시 내용기반 검색을 위해 주석이 삽입될 것으로 예상된다. 따라서 각각의 콘텐츠에 온톨로지 기반 주석기법을 적용하면 멀티미디어 자료의 검색 등이 더욱 효과적으로 이루어질 것으로 기대된다.

주석기법 외에도 음악 자료에 대한 메타데이터를 제공하고, 메타데이터를 통합하기 위해 온톨로지를 적용하고자 하는 노력도 있다. 음악 데이터에 대한 메타데이터라고 하면 곡명, 아티스트 이름, 앨범 이름, 음반사, 트랙 번호, 연주 시간 등의 데이터를 말하는데, 음악 CD에는 곡명이나 아티스트에 대한 정보가 들어있지 않은 것이 일반적이다.

그렇다면 음악 자료의 메타데이터의 표준화는 왜 필요한가? 오늘날의 사용자들은 P2P 방식을 통해 많은 음악파일들을 공유하여 사용하고 있으며, 세계 각지의 다양한 음반 회사들로부터 음악 파일을 구매한다. 이처럼 음악 자료는 다양한 방식으로, 다양한 원천을 통해 수집될 수 있는데, 음악에 대한 메타데이터는 음악 파일의 일부가 아니므로 파일 소유자가 각자의 방식대로 메타데이터를 작성해 왔다. 이는 메타데이터를 교환하고 처리할 때 표준화 문제를 야기하게 되었다. 이 문제를 해결하기 위해 1996년 CDDB(Compact Disc DataBase)가 만들어졌으나, 의미 정보를 표현하는 데 한계가 있고 메타데이터에 잘못된 철자가 포함되는 등의 문제가 발생하였다. 또 CDDB는 2001년 그레이스노트(Gracenote)에 소유권이 넘어가면서 유료화되었으며, 이후 라이센스를 받지 않은 CD에 대해서는 접근을 차단하는 등 사용상의 불편함이 제기되었다.

이런 문제에 대한 해결책으로 음악 자료의 메타데이터를 간단한 온톨로지를 통해 체계적으로 관리하고자 하는 여러 프로젝트가 등장했다. 대표적인 프로젝트로 뮤직브레인즈(MusicBrainz)가 있다.

뮤직브레인즈(MusicBrainz)의 음악 메타데이터 정보의 관리[10]

뮤직브레인즈는 2006년 9월 현재 26만여명의 아티스트와 42만여개의 앨범, 506만개 이상의 트랙 정보를 가지고 있는 음악 분야의 대표적인 온톨로지 기반 메타데이터 서비스를 제공하는 시스템이다. 이 시스템은 사용자들이 데이터베이스에 음악 메타데이터를 저장하고, 또 이 데이터를 다른 사용자가 검색할 수 있도록 해 준다.

뮤직브레인즈가 어떻게 음악 자료의 메타데이터를 제공하는지 살펴보자. 우선 뮤직브레인즈 서버에는 곡명, 아티스트, 앨범 정보 등이 [코드 4-1]처럼 RDF[11]로 저장되어 있다. 또 뮤직브레인즈가 제공

▶ 코드 4-1 뮤직브레인즈에서 제공하는 앨범정보에 대한 RDF 구문 예[12]

```
<?Xml version= “1.0” =encoding= “UTF-8” ?>
<rdf : RDF xmins : rdf= “http://www.w3.org/1990/02/22-rdf-syntax-ns#”
          xmlns= “http://purl.org/dc/elements/1.1/”
          xmlns : mg= “http://musicbrainz.org/mm/mg-1.1#”
          xmlns : mm= “http://musicbrainz.org/mm/mm-2.1#” >
<mq : Result>
   <mq : status>OK<mq : status>
   <mm : albumList>
          <rdf : Bag>
                 <rdf : li rdf : resource= “http://musicbrainz.org/album/1d16698f-elfc-
                 48b3-ab4a-941c2ecec5bb” /
          <rdf : Bag>
   </mm : albumList>

</mq : Result>
<mm : Albm rdf : about= “http://musicbrainz.org/album/1d16698f-elfc-48b3-ab4a-
931c2ecec5bb” >
   <dc : title>Rubycon</dc : title>
   <dc : creator rdf : resource= “http://musicbrainz.org/artist/23dB426c-18c7-46e6-
   a51d-7395bd43c641” />
   <mm : cdindexidList>
          <rdf : Bag>
                 <rdf : li rdf : resource= “ http://musicbrainz.org/cdindex
                 /borOdvYNUkc2S F8GrzPepad0H3M-” />
          <rdf : Bag>
   <mm : cdindexidList>
   <mm : releaseType rdf : resource= “http://musicbrainz.org/mm/mm-2.1#TypeAlbum” />
```

10. http://www.musicbrains.org/

11. RDF에 대한 자세한 내용은 6장을 살펴보기 바란다.

12. http://musicbrains.org/MM/mm_examples.html

하는 오디오 재생기 안에는 뮤직브레인즈 서버로부터 CD에 있는 곡들의 정보를 받아서 화면에 표시하기 위한 기능이 RDF 구문으로 내장되어 있다. 그 결과 오디오 재생기에 음악 CD를 넣고 실행시키면 곡에 대한 메타데이터 정보가 표시된다.

구체적으로 뮤직브레인즈가 어떻게 메타데이터를 제공하는지 새로 구입한 '노트르담 드 파리(Notre Dame de Paris)' CD를 오디오 재생기에 넣고 연주를 시작하는 경우를 가정해 보자. 많은 경우 오디오 재생기의 정보 표시창에는 [그림4-7]에서처럼 track01, track02 등으로 트랙 번호만 표시된다. 그러나 뮤직브레인즈를 사용하여 새롭게 메타데이터를 삽입할 수 있다. 우선 뮤직브레인즈의 메타데이터 검색 및 생성을 쉽게 하는 애플리케이션인 Picard를 실행시키고 음악 CD를 연 후, 뮤직브레인즈 서버에 곡명과 아티스트에 대한 메타데이터를 요청한다. 만약 뮤직브레인즈 서버에 해당 CD에 대한 정보가 있으면, 그것에 대한 메타데이터를 전송 받아 곡명, 아티스트 이름, 앨범 이름 등을 표시할 수 있다. 반면 해당 정보가 존재하지 않는다면 사용자가 직접 곡명, 아티스트 이름, 앨범 이름을 입력할 수 있다. 더 나아가 이 정보를 뮤직브레인즈 서버에 저장하여 다른 사람들과 공유하는 것도 가능하다(Swartz, 2002). 뮤직브레인즈의 메타데이터 생성에 대한 구체적인 과정은 [그림 4-9]에 나타나 있으며, [그림 4-8]은 [그림 4-7]의 재생기에서 실행 중인 'track01' 곡에 메타데이터가 삽입되어 '대성당의 시대(Le Temps des Cathedrales)' 라고 곡명을 표시하고 있는 오디오 재생기를 보여 준다.

▶ **그림 4-7 메타데이터 삽입 전 오디오 재생기 화면**

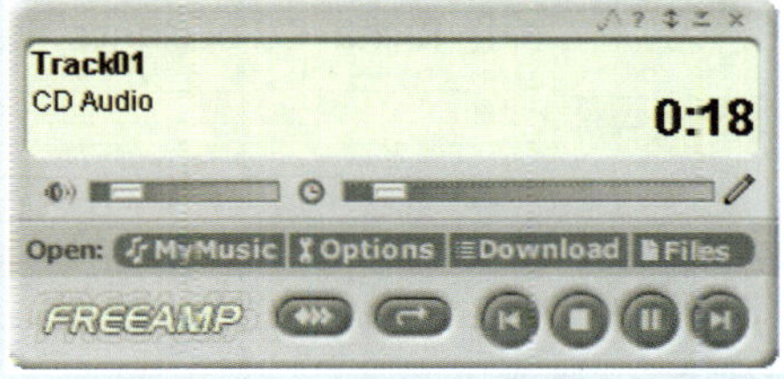

▶ **그림 4-8 메타데이터 삽입 후 오디오 재생기 화면**

▶ 그림 4-9 뮤직브레인즈 Picard를 이용한 메타데이터 삽입

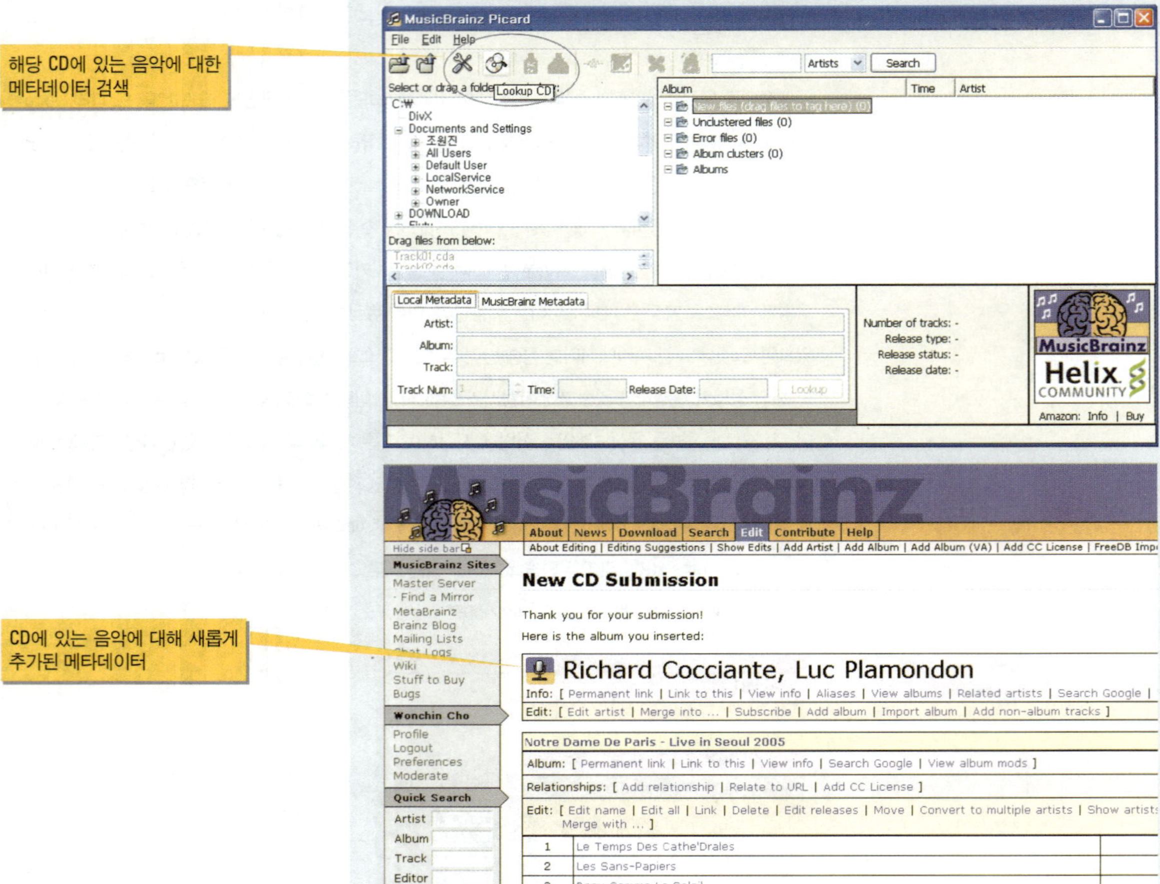

뮤직브레인즈는 오픈 프로젝트이기 때문에 음악과 관련된 메타데이터를 구축하는 데 누구나 참여할 수 있다. 또 이러한 메타데이터 정보를 간단한 온톨로지 표준화를 통해 체계적으로 관리함으로써 외부 다른 응용 프로그램들이 RDF로 기술된 정보를 해석하고 이를 이용할 수 있다. 더불어 아티스트, 앨범, 곡명 등을 유일하게 결정할 수 있도록 하는 URI(Uniform Resource Identifier)를 부여하여 메타데이터가 중복되는 것을 피할 수 있게 한다.

이상과 같이 전자상거래, 의료, 법률, 검색 서비스, 그리고 문화콘텐츠 분야에 있어서 온톨로지가 어떻게 적용될 수 있고, 실제 어떻게 활용되고 있는지에 대해 살펴보았다. 대학의 연구기관을 중심으로 출발한 온톨로지에 관한 연구는 3장의 구축 프로젝트에서 살펴본 것처럼 현재 여러 기관 및 단체에서 진행되고 있다. 그 결과 분야마다, 그리고 기관마다 다양한 온톨로지가 구축되었다. 따라서 이제는 개별적으로 구축된 각각의 온톨로지들에 대한 병합(merging) 및 매핑(mapping) 문제, 그리고 표준화에 대한 문제가 온톨로지의 보다 광범위한 적용을 위한 이슈로 제기되고 있다.

module 2 온톨로지 언어와 구축도구

지식은 정보를 보다 쉽게 이해하고 응용할 수 있도록 체계화하고 구조화한 것이며, 지식표현은 이러한 지식을 사람과 컴퓨터가 함께 이해할 수 있는 형태로 나타내는 것이라고 할 수 있다. 지식을 표현하는 방법은 사람이 일상생활에서 사용하는 언어와 컴퓨터 언어 사이의 어느 지점에서 타협점을 찾아 결정된다. 만일 사람이 사용하는 언어로만 지식을 표현한다면 아직 자연어 처리가 완벽하지 못한 컴퓨터가 이해하기 어려울 것이고, 컴퓨터 언어로만 표현하면 사람이 이해하기가 어려울 것이다. 또한 같은 지식을 표현하는 경우에 이것을 그래프를 그려 나타낼 수도 있고 글로 써서 기록할 수도 있는 것처럼, 지식표현의 접근방법에 근본적인 영향을 주는 지식표현 패러다임에도 여러 가지가 있다.

5 온톨로지 언어

6 RDF(S) : RDF와 RDF Schema

7 OWL(Web Ontology Language)

8 토픽맵(Topic Maps)과 XTM(XML Topic Maps)

9 온톨로지 툴

chapter 5

온톨로지 언어

chapter 1에서 설명한 바와 같이 온톨로지는 인간이 인지하고 있는 개념구조를 인간뿐만 아니라 컴퓨터가 이해할 수 있는 형태로 제공하기 때문에, 사람과 컴퓨터, 컴퓨터와 컴퓨터, 또는 사람과 사람 사이의 의사소통을 보다 정확하고 효율적으로 지원할 수 있다. 이러한 온톨로지를 표현하는 데 사용되는 기본 어휘와 추론 메커니즘을 제공하는 것이 바로 온톨로지 언어다.

'사과' 라는 단어를 예로 들어 보자. 한국어를 아는 사람은 이 말을 접하자마자 '먹음직스런 빨간 사과' 를 떠올리거나 '내가 잘못한 게 뭐가 있을까?' 라고 생각할 수 있을 것이다. 하지만 지금까지의 컴퓨터는 '사과' 를 그저 문자, 즉 이에 해당되는 비트 열로만 저장했으므로 '사과' 가 과연 무엇을 의미하는지, 그리고 '사과' 에 서로 다른 개념이 존재하는지에 대해 전혀 알 도리가 없었다.

그렇다면 우리가 꿈꾸고 있는 컴퓨터는 어떻게 사람처럼 생각할 수 있을까? 먼저, '사과' 에 대한 온톨로지에는 사과에 대해 일반적으로 사람들이 인지하고 있는 정보들이 저장된다. 예를 들어, '사과(apple)' 의 개념을 기술한 온톨로지에는 사과가 과일의 한 종류라든가, 사과에는 어떠한 영양소가 있다든가, 사람이 먹을 수 있는 것이라든가 하는 것들이 애플리케이션의 용도에 따라 선택적으로 저장될 것이다. 그리고 또 다른 '사과(apology)' 의 개념을 정의한 온톨로지에는 '용서', '화해', '죄송합니다' 등과의 관계 등이 정의될 것이다. 이렇게 한 후, 임의의 프로그램에서 '사과' 라는 단어를 사용하게 되면 이것이 어떤 사과를 의미하는지 그 프로그램이 사용하는 해당 온톨로지가 그 의미를 명시해 준다[1]. 대부분의 사람들은 '모든 과일은 건강에 좋다' 와 '사과는 과일이다' 라는 사실을 알면 '사과는 건강에 좋다' 라는 결론을 유추할 수 있다. 컴퓨터는 온톨로지 언어에 포함된 여러 가지 논리[2]를 이용하여 이러한 추론과정을 수행하게 된다.

온톨로지 언어는 이처럼 컴퓨터가 세상의 사물에 대한 개념과 개념간의 상호관계

[1] 1. 예를 들어 RDF/XML의 경우 먹는 사과(apple)에 대한 XML 네임스페이스가 xmlns : ontfr= "http://Ontology.snu.ac.kr/ont-book/plant/fruits/#" 이고, 언어의 사과(apology)에 대한 네임스페이스가 xmlns : ontln= "http://Ontology.snu.ac.kr/ont-book/language#" 라면 먹는 사과는 <ontfr : 사과>로, 언어의 사과는 <ontln : 사과>로 표기하여 어떤 사과를 가리키는지 명시하게 된다. 앞에서 'xmlns' 는 'XML namespace' 를 의미하고 네임스페이스(namepace)는 일종의 어휘집이라고 생각하면 된다. 서로 다른 내용을 담고 있는 어휘집의 이름이 같아지는 일이 발생하지 않도록 하기 위해 XML 네임스페이스는 URL(Uniform Resource Locator) 형식으로 나타낸다. 그런데 이 URL이 대부분 길기 때문에 앞의 'ontfr' 이나 'ontln' 과 같이 임의의 짧은 용어로 대체해서 표현하는 경우가 많다. RDF에서의 네임스페이스는 대개 해당 자원이 실제로 정의되어 있는 문서를 가리키며 다른 문서에서 이 문서를 불러들일(import) 때나 다른 네임스페이스에서 정의된 용어를 언급할 때 사용된다. 이와 관련된 정확한 신택스는 해당 언어에 대한 자료를 참고하기 바란다.

[2] 2. 본 chapter 1.1절에서 간략하게 소개된다.

를 이해하고 새로운 사실을 추론하며 예측할 수 있도록 해주기 때문에, 보다 정확하게 묘사하고, 보다 빨리 결론을 찾아내는 성능이 중요시 된다. 그러므로 온톨로지를 실제로 구축하는 과정에서는 응용 프로그램에서 요구되는 표현력(expressiveness)과 결정가능성(decidability) 및 계산 속도 등을 고려하여 이에 적합한 지식표현 모델과 추론 메커니즘을 제공하는 온톨로지 언어를 선택해야 할 것이다. 그러나 실제로는 개발자의 개인적인 취향에 따라 쉽게 결정되는 경우가 많다. 온톨로지 언어를 잘못 선택하면 애플리케이션의 서비스 품질이 저하될 뿐만 아니라 실행과정에서 여러 가지 문제가 발생할 수 있다.

본 chapter에서는 온톨로지 언어의 이해에 필수적인 지식표현 모델과 추론 메커니즘에 대해 설명하고, 다양한 온톨로지 언어에 대해 간단히 살펴보고자 한다. 본 chapter의 1절에서는 온톨로지 언어의 지식표현 패러다임과 발전 과정 및 각 언어의 전반적인 사항을 요약 · 정리하고 2절과 3절에서는 각 언어의 기능적인 특징들에 대해 조금 더 구체적으로 살펴보기로 한다. 이 중 W3C(World Wide Web Consortium)의 권고안(Recommendation)[3]이면서 나날이 중요해져 가는 RDF(Resource Description Framework)와 OWL(Web Ontology Language or Ontology Web Language)은 각각 chapter 6과 chapter 7에서, 그리고 2000년에 ISO/IEC[4] 13250 국제 표준으로 채택된 온톨로지 구축 모델인 토픽맵의 표준 스펙인 XTM(XML Topic Maps)은 chapter 8에서 더욱 자세히 설명되므로 관심 있는 독자는 이를 참고하기 바란다.

[3] W3C권고안(Recommendation)은 ① 작업 초안(Working Draft, '일단 봐주세요.') ② 권고안 후보(Candidate Recommendation, '기술요구사항은 어느 정도 만족시키네요. 실제로 구현해 보세요.') ③ 권고안 추천(Proposed Recommendation, 'W3C가 W3C Advisory Committee에 최종심사의뢰') ④ 권고안(Recommendation, '안심하고 널리 사용하세요!')의 단계로 확정된다.

[4] 국제전기표준회의(IEC : International Electrotechnical Commission) : 전기에 관련된 국제 표준을 제정할 목적으로 설립된 국제단체로서 전문 분야별로 기술 위원회(TC), 분과 위원회(SC) 또는 작업 그룹(WG)을 설치하고, IEC 국제 표준을 발표하여 각국이 통일된 표준을 준거하도록 권고하고 있다. ISO와 TC 97(컴퓨터와 정보 처리)의 활동 분야가 중복되어, ISO와 두 TC를 합병한 ISO/IEC JTC 1을 설치하여 ISO와 합동으로 정보 기술 분야의 표준화를 추진하고 있다.

01 온톨로지 언어의 발전 과정

1.1 온톨로지 언어의 기초가 되는 지식표현 패러다임

지식은 정보를 보다 쉽게 이해하고 응용할 수 있도록 체계화하고 구조화한 것이며, 지식표현은 이러한 지식을 사람과 컴퓨터가 함께 이해할 수 있는 형태로 나타내는 것이라고 할 수 있다. 지식을 표현하는 방법은 사람이 일상생활에서 사용하는 언어와 컴퓨터 언어 사이의 어느 지점에서 타협점을 찾아 결정된다. 만일 사람이 사용하는 언어로만 지식을 표현한다면 아직 자연어 처리가 완벽하지 못한 컴퓨터가 이해하기 어려울 것이고, 컴퓨터 언어로만 표현하면 사람이 이해하기가 어려울 것이다. 또한 같은 지식을 표현하는 경우에 이것을 그래프를 그려 나타낼 수도 있고 글로 써서 기록할 수도 있는 것처럼, 지식표현의 접근방법에 근본적인 영향을 주는 지식표현 패러다임에도 여러 가지가 있다.

여기에서 소개될 지식표현 패러다임은 시맨틱 네트워크, 프레임, 규칙, 일차논리, 기술논리이다. 어떤 온톨로지 언어가 하나의 지식표현 패러다임에 기초하고 있다면, 이 온톨로지 언어의 어휘, 지식표현 모델, 추론 메커니즘 등은 모두 해당 패러다임의 영향을 받는다고 할 수 있다. 그러므로 온톨로지 언어를 제대로 알기 위해서는 지식표현 패러다임에 대한 이해가 선행되어야 한다. 그런데 지식표현 패러다임에 대한 심층적인 분석은 본 책의 범위를 벗어나므로 여기에서는 온톨로지 언어를 이해하는데 도움이 되는 핵심적인 내용만을 서술하기로 한다.

1.1.1 시맨틱 네트워크(Semantic Network)

시맨틱 네트워크는 특정 객체(object)나 개념(concept)을 나타내는 노드와, 노드간의 관계를 보여주는 링크로 구성된 네트워크 구조로 지식을 표현한다. 링크는 화살표가 하위 개념에서 상위 개념으로 향하거나 객체에서 속성으로 향하는 방향성을 가지고 있으며, 두 노드 사이의 관계는 링크 옆에 라벨을 붙여 명시한다.

다음 [그림 5-1]은 '컬러 레이저 프린터'가 '삼성 Lightning'의 상위 개념이고 '삼성 Lightning001'은 '삼성 Lightning'의 인스턴스이며, '삼성 Lightning001'의 해상도는 600×600dpi, CPU는 300MHz, 제조회사는 삼성, 프린트 속도는 16ppm, 메모리는 2MB임을 시맨틱 네트워크로 표현한 것이다.

▶ 그림 5-1 시맨틱 네트워크 예

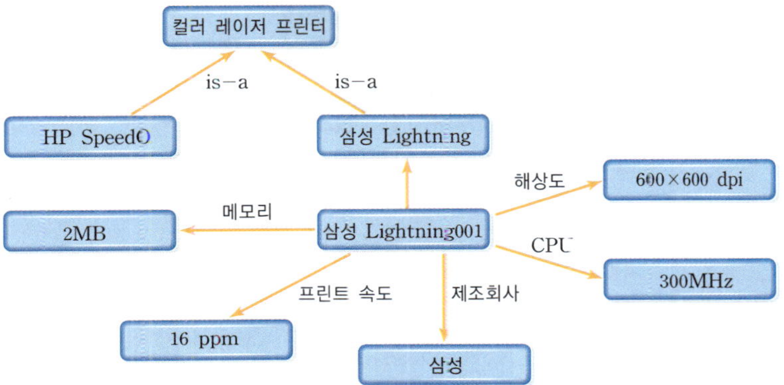

이렇듯 시맨틱 네트워크는 어떤 관계든 이해하기 쉬운 기본 방식으로 나타내기 때문에 표현이 유연하다는 장점이 있다. 그러나 동일한 객체에 서로 다른 개념을 링크시키

고자 할 때 각각의 개념은 속성이 다른 독립된 노드로 표현하여야 하므로 조금만 문제가 복잡해져도 노드와 링크의 수가 대폭 증가하여 검색시간이 길어지는 단점이 있다.

1.1.2 프레임(Frame)

프레임은 노드와 링크로 구성되는 시맨틱 네트워크와 비슷한 구조를 가지고 있다. 하지만 프레임에서는 시맨틱 네트워크의 노드 대신에 프레임을 사용한다는 것이 다르다. 프레임은 시맨틱 네트워크에서 복잡한 내용을 표현하는 경우 노드 수가 엄청나게 늘어난다는 단점을 보완하기 위해 노드의 구조를 체계화하여, 특정 개념에 대한 정보를 보다 밀도 높게 표현하는 방식이다. 하나의 프레임은 여러 개의 슬롯(slot)으로 이루어져 있고 각 슬롯에는 대상의 속성을 나타내는 슬롯 값이 저장된다.

▶ 그림 5-2 프레임 예

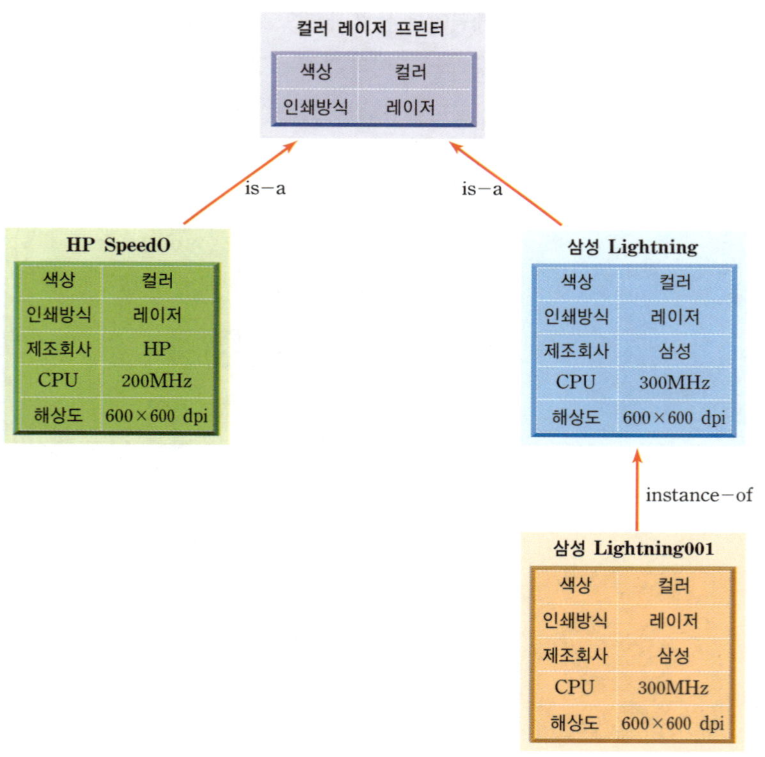

[그림 5-2]에서 '컬러 레이저 프린터' 라는 프레임은 '색상', '인쇄방식' 이라는 슬롯

으로 이루어져 있고 '컬러'와 '레이저'를 슬롯 값으로 가지며 'HP SpeedO'와 '삼성 Lightning'의 상위 개념이다. 그리고 '삼성 Lightning'이라는 프레임은 '색상', '인쇄방식', '제조회사', 'CPU', '해상도'라는 슬롯으로 이루어져 있고 '컬러', '레이저', '삼성', '300 MHz', '600×600 dpi'을 슬롯 값으로 가진다. 그리고 '삼성 Lightning001'은 '삼성 Lightning'의 인스턴스이며 각 슬롯 값은 '컬러', '레이저', '삼성', '300 MHz', '600×600 dpi'이다. 이렇게 프레임이 여러 개 모이면 프레임의 상속을 수반하는 계층적 구조 및 기타 관계가 링크로 정의된다. 슬롯 값으로 다른 프레임 이름도 사용할 수 있으며, 각 슬롯에는 슬롯 값의 추가, 삭제, 변경 요구 등이 일어날 때 어떠한 행위가 이루어져야 할지를 규정한 절차(procedure)가 정의될 수 있다.

1.1.3 규칙(Rules)

규칙은 가장 널리 알려진 지식표현 방법 중의 하나로 IF 문장과 THEN 문장이 연결된 형태를 갖는다. IF 구문의 조건이 만족되면 THEN 구문이 수행되거나 논리적으로 참이 되며, 이를 생성규칙(Production Rule)이라고도 한다. 대부분의 규칙은 비슷한 형태를 가지고 있지만 규칙이 의미하는 실제 지식의 내용은 대략 다음과 같이 분류될 수 있다.

- 절차적 지식(상황-행동) : IF 기온이 30도 이상이면, THEN 에어컨을 켜라.
- 가설의 설정(증거-가설) : IF 성적이 우수한 학생이면, THEN 공부하는 것을 좋아할 것이다.
- 논리적인 암시(조건-결과) : IF 그녀가 살아있으면, THEN 숨을 쉴 것이다.
- 인과관계 (원인-결과) : IF 자동차 수가 증가하면, THEN 공기 오염도가 높아진다.

위에서 논리적인 암시와 인과관계의 차이점 중 하나는 논리적인 암시일 때는 대우명제가 성립하지만 인과관계에서는 성립하지 않는다는 것이다. 즉, '숨을 쉬지 않으면, 그녀는 살아있지 않다'는 성립하지만 '공기 오염도가 낮아지면, 자동차 수는 감소한다'는 항상 그렇다고 할 수 없다.

1.1.4 일차논리(FOL : First Order Logic)

참이나 거짓을 판별할 수 있는 문장인 명제를 기본 단위로 하는 명제논리(Propositional Logic)[5]는 비슷하게 반복되는 많은 문장을 효율적으로 표현하기 어려우며, 문장의 각 성

[5] 5. 명제논리의 대표적인 예를 하나 들어보면, p와 q라는 문장의 명제가 있을 때, 'p→q'와 '~p V q'의 진리값이 같은지를 p와 q의 진리값이 참이나 거짓일 때를 가정한 진리표를 이용하여 찾는 것이다.

분을 분리하여 이용할 수 없다는 단점을 안고 있다. 예를 들면, 본 chapter의 서문에서 제시된 '모든 과일은 건강에 좋다' 와 '사과는 과일이다' 라는 문장으로부터 '사과는 건강에 좋다' 라는 결론을 유도할 수 없다. 왜냐하면 명제논리에서는 명제인 문장 자체가 단위가 되므로 문장의 각 성분을 분리하여 다른 문장의 성분과 조합할 수 없기 때문이다.

술어논리(Predicate Logic)에서는 문장의 각 성분을 자유로이 분리하여 사용할 수 있으며, 변수와 정량자(quantifier)를 이용하여 불특정 다수의 개념도 표현할 수 있다. 예를 들어, '베토벤이 월광을 작곡했다' 라는 문장을 술어논리에서는 '작곡하다(베토벤, 월광)' 과 같은 형식으로 표현할 수 있으며, 베토벤이 작곡한 모든 음악은 '$\forall x$ (작곡하다(베토벤, x))' 와 같이 나타낸다. 여기에서 x는 베토벤이 작곡한 음악을 나타내는 변수이며, $\forall x$는 전체를 의미하는 정량자로 모든 x를 뜻한다. 이처럼 '모두' 를 의미하는 $\forall$나 '어떤' 을 의미하는 $\exists$와 같은 정량자가 변수에만 붙고 '작곡하다' 와 같은 술어 등에는 허용되지 않는 술어논리를 일차술어논리(First Order Predicate Logic) 또는 일차논리(FOL : First Order Logic)라고 한다. 일차논리로 '모든 과일은 건강에 좋다' 와 '사과는 과일이다' 를 표현해 보면 다음과 같다.

($\forall x$)(과일이다(x) → 건강에 좋다(x))

과일이다(사과)

첫 번째 판명문의 x 대신에 사과를 대입해보면 '과일이다(사과) → 건강에 좋다(사과)' 와 같은 진술문이 도출되고, 두 번째 문장에 의해 이 진술문의 전제에 해당되는 '과일이다(사과)' 란 사실이 만족되므로 긍정식(Modus Ponens)[6] 이란 추론방식에 의해 '건강에 좋다(사과)' 가 참임을 얻을 수 있다. 긍정식은 규칙형 지식베이스에서 가장 기본이 되는 추론방식으로 'A → B' 란 규칙이 있고, 이 규칙의 전제가 되는 A가 사실일 때 B라고 결론짓는 것을 말한다.

6. '긍정식' 이란 명칭은 라틴어의 'Modus Ponens' (긍정의 식 : modus=mode, ponens=to affirm)라는 말에서 유래한다.

일차논리는 표현력이 뛰어나 논리적인 내용의 대부분을 나타낼 수 있지만, 계산 속도가 느리고 결과를 예상할 수 없는 경우가 발생한다는 문제점을 안고 있다.

1.1.5 기술논리(DL : Description Logic)

기술논리는 기본적인 개념을 표현하는 기호(symbol)와 개념들을 연결하는 구성자(constructor)를 사용하여 용어적 지식(terminological knowledge)을 주로 다루는 지식표현 체계이다. 기호에는 기본 개념(atomic concept)과 개념들 간의 기본 역할(atomic role)

7. 변수유형 중 변수 값이 숫자나 문자가 아니라 참 또는 거짓의 값을 가지는 경우 이를 부울값이라 한다. 부울 연산자에는 관계 연산자(같다(==)), (같지않다(!=))와 논리 연산자(부정(!), AND(&&), OR(||)) 그리고 비트별 논리 연산자(AND)(&), OR(|)) 등이 있다.

8. 이러한 기본 기호들의 의미는 이미 공통적으로 인식되고 있다고 전제한다.

을 표현하기 위한 것이 있고, 구성자는 논리학의 부울(Boolean) 연산자[7]와 각종 제약을 표현하는 한정자들로 이루어진다(Baader, 2003). 예를 들어, '백만장자와 결혼한 여자로 2명 이상의 자식이 있으며 자식들은 모두 의사' 라는 개념을 기술논리로 표현하면 다음과 같다.

$$\text{Human} \cap \text{Female} \cap \exists \text{married.Millionaire} \cap (\geq 2\text{hasChild}) \cap \forall \text{hasChild.Doctor}$$

위에서 사용된 기본 개념은 Human, Female, Millionaire, Doctor이고, 기본 역할은 married, hasChild이며[8], 이 예를 이해하기 위해 필요한 구성자에 대한 설명은 [표 5-1]에 있다.

▶ **표 5-1 예에서 사용된 기술논리 구성자**

구성자 (constructor)	신택스 (syntax)	시맨틱스 (semantics)	보충 설명
개념 이름 (concept name)	C	$\{x \mid C(x)\}$	'$C(x)$' 는 'x가 C이다 라는 의미이다. '$C(x)$를 만족하는 x' 를 그냥 'C' 로 표기한다. 예를 들어 'C' 가 'Human' 이라면, 'Human인 x' 를 뜻한다.
결합 (conjunction)	$C \cap D$	$\{x \mid C(x) \wedge D(x)\}$	'$C \cap D$' 는 'C이면서 동시에 D인 x' 를 나타낸다.
값 제한 (value restriction	$\forall R.C$	$\{x \mid \forall y, R(x,y) \rightarrow C(y)\}$	'$R(x,y)$' 는 '관계를 나타내는 R의 주어가 x이고 목적어가 y이다' 를 나타낸다. 예를 들어 'married(x,y)' 는 'x married y' 라는 뜻이다. 또, '$\forall$' 는 '모든' 을, '$\rightarrow$' 는 조건과 결과를 나타내는 기호이다. 그러므로 '$\forall R.C$' 는 '모든 y에 대해 x가 y와 R의 관계에 있다면, 그 y는 $C(y)$를 만족하는 x' 를 가리킨다. '$\forall$ hasChild.Doctor' 는 'x와 hasChild 관계에 있는 모든 y, 쉽게 말해 x의 모든 자식 y가 Doctor인 조건을 만족하는 x' 를 뜻한다.
존재 정량 (existential quantification)	$\exists R.C$	$\{x \mid \exists y, R(x,y) \wedge C(y)\}$	'$\exists$' 는 '어떤' 을 의미하는 기호이다. '$\exists R.C$' 는 'x와 R의 관계에 있으면서 $C(y)$를 만족하는 어떤 y를 갖는 x' 라는 뜻이다. '$\exists$ married.Millionaire' 는 x가 married한 어떤 y는 Millionaire인 x' 를 가리킨다. 다시 말하면 'x가 결혼한 사람 중에 한 사람 이상은 백만장자인 조건을 만족하는 x' 를 가리킨다.
수 제한 (number restriction)	$(\geq nR)$	$\{x \mid \lvert\{y \mid R(x,y)\}\rvert \geq n\}$	'$\lvert\{y \mid R(x,y)\}\rvert$' 는 '$x$와 R의 관계에 있는 y의 개수' 를 의미한다. 그러므로 '$(\geq nR)$' 는 'x와 R의 관계에 있는 y의 개수가 n이상인 조건을 만족하는 x' 라는 뜻이다. '($\geq$2hasChild)' 는 'x와 hasChild 관계에 있는 y, 즉 x가 가진 자식 y의 수가 2 이상인 조건을 만족하는 x' 를 나타낸다.

기술논리는 이러한 기호와 구성자 외에도 기본 개념을 이용하여 더욱 복잡한 개념을 만들고 이것에 새로운 이름을 부여하도록 하는 용어 공리(terminological axiom)와 특정 개체의 속성을 설명하는 선언적 공리(assertional axiom) 형식을 제공한다. 용어 공리 형식을 사용하여 위에서 제시된 사람을 HappyWoman이라고 정의하면 다음과 같다.

HappyWoman ≡

Human ∩ Female ∩ ∃married.Millionaire ∩ (≥2hasChild) ∩ ∀hasChild.Doctor

또, 선언적 공리 형식을 사용하여 영희가 HappyWoman에 해당된다거나 영희가 철수라는 자식을 가지고 있다는 사실을 표현해 보면 다음과 같다.

HappyWoman(영희)

hasChild(영희, 철수)

기본 개념과 기본 역할 및 구성자, 그리고 용어적 공리 형식으로 용어(terminology)에 관한 지식을 저장하는 지식베이스를 TBox, 특정 개념에 속하는 인스턴스들에 대한 속성을 설명하는 선언적(assertional) 지식을 저장하는 지식베이스를 ABox라 한다. 기술논리의 지식베이스는 크게 이 두 부분으로 이루어져 있으며 각각은 해당 지식의 첫 글자를 따서 명명된 것이다.

지식베이스에 저장된 도메인 지식들을 다양하게 활용할 수 있도록 지원해 주는 추론 기능에는 개념의 계층구조를 결정하는 포함 확인(subsumption check), 임의의 개체가 어떤 개념의 인스턴스인지를 검사하는 인스턴스 확인(instance check)[9], 용어적 공리와 선언적 공리 형식으로 이루어진 지식베이스에 모순이 있는지를 검사하는 일관성 확인(consistency check) 등이 있다.

[9] 위의 예에서는 영희가 HappyWoman이므로 영희의 자식인 철수는 'Doctor'라는 개념의 인스턴스임을 확인할 수 있다.

기술논리는 일차논리(FOL)의 부분집합으로 일차논리의 두 가지 문제점을 해결해준다. 첫째, 고급 계산 알고리즘으로 함축적인 관계를 미리 계산하여 빠른 응답을 제공하며, 둘째, 항상 해를 찾는다는 장점을 가지고 있다. 표현력과 결정가능성 사이에는 상충하는 관계가 있는데, 기술논리는 일반적인 일차논리 보다 표현력은 떨어지지만 결정가능성은 뛰어나다고 할 수 있으며, 실용적인 비즈니스 솔루션을 위해서는 기술논리가 최적의 표현력과 결정가능성을 제공한다고 인식되고 있다.

1.2 온톨로지 언어의 역사

온톨로지 언어는 1990년대 전반에 많이 사용된 인공지능에 기반한 온톨로지 언어와

1990년대 후반에 웹의 성장으로 탄생한 온톨로지 마크업(markup) 언어로 구분할 수 있다(Gómez-Pérez et al., 2003). 먼저 1990년대 초반의 인공지능에 기반한 온톨로지 언어의 흐름에 대해 살펴보면 [그림 5-3]과 같다. 사이크(Cyc) 온톨로지의 구축에 사용된 CycL이 1990년에 개발되었고 다양한 정보시스템 간의 지식교환을 위한 KIF (Knowledge Interchange Format)가 1992년에 개발되었다. KIF로는 직접적으로 온톨로지를 구축하는 것이 쉽지 않기 때문에, 스탠포드 대학교의 KSL(Knowledge Systems Laboratory)이 프레임 온톨로지(Frame Ontology)를 개발했고, 연속적으로 KIF와 프레임 온톨로지를 기반으로 하는 Ontolingua를 발표했다. Ontolingua는 Ontolingua 서버에 의해 지원되며, 1990년대에 온톨로지 커뮤니티에 의해 사실상의 표준으로 간주되었다. 이와 비슷한 시기에 온톨로지 구축보다는 일반적인 지식베이스를 위한 LOOM이 개발되었다. 그 후 1993년에 실행 가능한 온톨로지와 문제해결을 위한 모델링을 제공하는 '운영(operational) Ontolingua' 로서의 OCML(Operational Conceptual Modeling Language)이 발표되었다. 대부분의 OCML 정의는 Ontolingua에서의 정의와 비슷하다. 1995년에는 프레임과 일차논리를 결합하는 F-Logic(Frame Logic)이 개발되었다. 1997년 봄에, 대규모 지식베이스를 다룰 때 흔히 나타나는 문제점들을 해결하기 위해 DARPA(Defense Advanced Research Projects Agency)의 후원으로 HPKB(High Performance Knowledge Base) 프로그램이 시작되었고, 그 결과물로 OKBC(Open Knowledge Base Connectivity) 프로토콜이 탄생했다. OKBC는 서로 다른 언어로 구현된 지식베이스에 액세스하는 프로토콜이며 CycL, Ontolingua, LOOM을 지원한다. [그림 5-3]에서 점선 화살표로 표시된 것은 OKBC 프로토콜이 이들 언어와 호환됨을 나타낸다.

▶ 그림 5-3 인공지능기반 온톨로지 언어

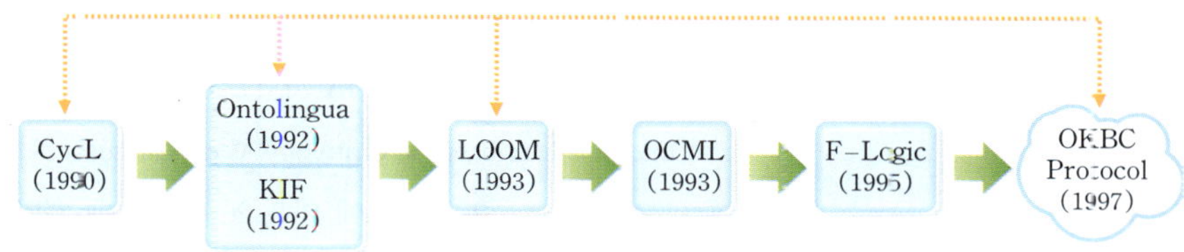

다음으로 1990년대 후반에 인터넷이 놀라운 속도로 성장하면서 탄생한 온톨로지 마크업 언어의 역사에 대해 살펴보도록 하자. 웹의 특성을 최대한 이용하도록 개발된 온톨로지 마크업 언어는 '웹 기반 온톨로지 언어' 라고도 불리는데, 이들 언어는 온톨로지

구축을 위한 것이 아니라 데이터 표현을 목적으로 하는 HTML(Hypertext Markup Language)이나 데이터 교환을 목적으로 하는 XML(eXtensible Markup Language)과 같은 기존 마크업 언어를 기반으로 한다.

[그림 5-4]에서 보는 바와 같이 1996년에 발표된 최초의 온톨로지 마크업 언어인 SHOE(Simple HTML Ontology Extension)는 프레임과 규칙을 결합한 언어이며, 컴퓨터가 이해할 수 있는 의미 정보를 웹 문서에 기록할 목적으로 HTML을 확장하여 만든 것이다. SHOE에서는 온톨로지를 표현할 수 있는 특수한 태그들이 제공된다. 이러한 태그를 이용하여 HTML 문서에 온톨로지를 삽입할 수 있다. XML과의 호환을 위해 약간 변형된 SHOE 신택스도 후에 개발되었다.

10. Gomez-Perez et al.(2003) 수정 인용

▶ **그림 5-4 온톨로지 마크업 언어**[10]

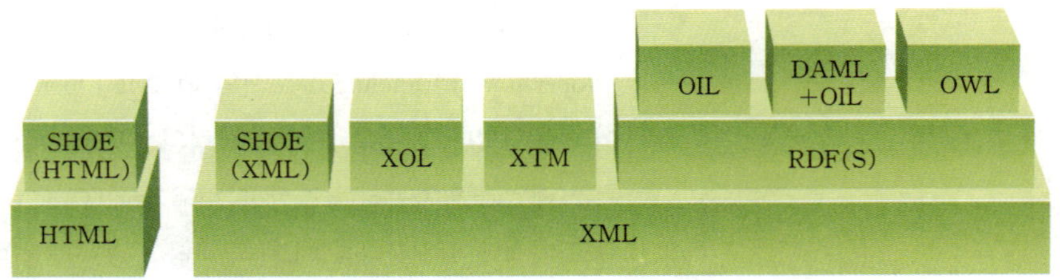

XOL(XML-based Ontology exchange Language)은 OKBC-Lite라고 불리는 OKBC 프로토콜의 어휘 일부분을 XML화하여 개발하였다. 웹 자원을 기술하기 위한 RDF(Resource Description Framework)는 시맨틱 네트워크 기반 언어로 1999년에 W3C 권고안이 되었다. RDF Schema는 RDF를 프레임 기반 어휘들로 확장하였고 2004년에 W3C 권고안이 되었다. 흔히 RDF와 RDF Schema를 함께 일컬어 RDF(S)라고 한다.

이 후 RDF(S)의 확장으로 OIL(Ontology Inference Layer 또는 Ontology Interchange Language), DAML(DARPA Agent Markup Language)+OIL, OWL(Web Ontology Language or Ontology Web Language)이 계속 발표되었다. OIL은 유럽 On-To-Knowledge 프로젝트에 의해 2000년 초에 개발되었는데 RDF(S)에 프레임 기반 지식표현 어휘를 추가하였고, 시맨틱스(semantics)는 기술논리에 기반을 두고 있다. 그 후에 DAML-ONT와 OIL을 기반으로 하는 DAML+OIL이 미국과 유럽의 공동노력으로 개발되었다. DAML+OIL은 RDF(S)에 기술논리기반 지식표현 어휘를 추가하였다. W3C는 2001년에 새로운 온톨로지 마크업 언어의 개발을 목표로 하는 웹 온톨로지 워

킹 그룹(Web Ontology Working Group)을 결성하였고 그 결과물로 OWL이 탄생했다. OWL은 DAML+OIL이 갖는 특징의 대부분을 포함하며 2004년에 W3C 권고안이 되었다.

온톨로지에 대한 대표적인 표준 연구에는 이상에서 살펴 본 RDF, RDF Schema, OWL 등의 W3C를 주축으로 하는 연구 외에 ISO(International Organization for Standardization)의 토픽맵이 있다. 토픽맵은 지식 정보를 의미적 연관성에 따라 구조화하여 대용량의 지식정보를 효율적으로 검색하고 관리해 주는 것을 목적으로 제시되었으며, 2000년에 온톨로지 구축에 대한 국제 표준(ISO/IEC 13250)으로 채택되었다. 처음에 제안된 토픽맵 표준 스펙은 SGML(Standard Generalized Markup Language) 구조의 HyTM(HyTime Topic Maps) 언어였는데, 2001년에 Topicmaps.org에서 XTM(XML Topic Maps)을 발표하면서 지금은 XTM 1.0과 HyTM이 토픽맵 구문을 제공하는 표준으로 연구되고 있다. 그런데 HyTM보다는 XTM이 훨씬 더 많은 문제에 실질적으로 활용되고 있다.

[표 5-2]는 이상에서 살펴본 여러 온톨로지 언어들의 특징과 각각의 언어가 토대로 하는 지식표현 패러다임 및 개발 기관 등을 요약, 정리하여 보여준다.

▶ 표 5-2 온톨로지 언어

대분류	온톨로지 언어	개발 기관	발표 시기	지식표현 패러다임	설명
인공지능기반 온톨로지언어	CycL	Cyc	1990	Frames, FOL	• Cyc 온톨로지 구축에 사용됨 • OKBC와 호환
	KIF	ARPA	1992	FOL	• 지식표현언어의 이질성 문제를 해결하고 다양한 정보시스템 간에 지식교환을 가능하게 하는 것을 목표로 개발 • 직접적으로 온톨로지를 표현하기는 어려움
	Ontolingua	스탠포드대 KSL	1992	Frames, FOL	• 온톨로지 표현을 위해 KIF 위에 올려짐 • Ontolingua 서버에 의해 지원되는 온톨로지 언어 • LISP과 비슷한 문법을 가지고 있음 • 1990년대 사실상의 온톨로지 표준으로 간주됨 • OKBC와 호환
	LOOM	USC ISI	1993	DL	• 온톨로지 구축이 아닌 일반적인 지식베이스를 위해 개발 • 생성규칙 및 자동 개념분류 기능 등을 지원 • OKBC와 호환

인공지능기반 온톨로지언어	OCML	영국 KMI	1993	Frames, FOL	•실행가능한 온톨로지와 문제해결을 위한 모델링을 제공하는 '운영(operational) Ontolingua'로 개발 •대부분의 정의가 Ontolingua와 비슷
	F-Logic	뉴욕주립대 컴퓨터학과	1995	Frames, FOL	•일차논리에 대한 객체지향 접근법으로 개발 •객체지향 연역 데이터베이스를 위해 사용됨 •온톨로지 구현을 위해 수정된 후 이용됨 •LISP과 비슷한 문법은 아님
온톨로지 마크업언어	SHOE	메릴랜드대	1996	Frames, Rules	•최초의 온톨로지 마크업 언어 •HTML의 확장으로 개발 •HTML과 다른 태그를 사용하여 HTML 문서에 온톨로지를 삽입할 수 있도록 했으며 SHOE문법은 후에 XML에 맞춰짐 •프레임과 규칙이 통합된 형태
	XOL	Pangea Systems Inc. & SRI International	1999	Frames	•온톨로지 구축이 아닌, 서로 다른 시스템 사이에서 온톨로지를 교환하기 위한 매개(intermediate) 언어로 개발됨 •OKBC-Lite(OKBC 프로토콜의 어휘 일부분)를 XML화 하여 개발 •XOL 온톨로지를 위한 전문 툴이 없음
	RDF	W3C	1999 (권고안)	Semantic Nets	•주로 웹 자원을 기술하는 외부 메타데이터를 트리플 구조로 표현 •이미지, 오디오, 비디오 파일 같은 자원을 기술하는데 특히 유용
	RDF Schema	W3C	2004 (권고안)	Semantic Nets, Frames	•객체지향 프로그래밍 언어의 데이터모델과 유사 •객체지향과의 차이점 : 메소드(method)가 속성과 합쳐진 형태, 상향식의 클래스 모델링, 속성의 계층구조를 지원
	OIL	유럽 On-To-Knowledge	2000	Semantic Nets, Frames, DL	•웹 자원의 의미를 표현하는 웹기반 지식표현 언어 •XML 문법, 프레임 기반 모델링어휘, DL의 형식적 시맨틱스와 추론지원을 결합
	DAML+OIL	US & EU Joint Committee	2000	Semantic Nets, Frames, DL	•DAML+OIL 온톨로지는 XML이나 RDF 트리플 표기로 작성될 수 있음 •RDF(S)에 프레임과 기술논리기반 지식표현 어휘가 추가됨
	OWL	W3C	2004 (권고안)	Semantic Nets, Frames, DL	•표현력이 가장 뛰어난 시맨틱 웹 온톨로지 언어 •OWL Lite, OWL DL, OWL Full 순으로 표현력이 증가함
	XTM	Topicmaps. Org	2001	Semantic Nets	•서로 연결된 토픽의 형태로 웹 문서의 내용에 따른 인덱스를 제공

온톨로지 언어의 발전과정을 지식표현 패러다임의 영향과 시간 축을 기준으로 살펴보면 [그림 5-5]와 같다. [그림 5-5]에 나타난 다섯 가지 지식표현 패러다임 중 시맨틱 네트워크와 프레임은 서로 유사한 기본 구조를 가지고 있고, 규칙, 일차논리 그리고 기술논리가 서로 비슷한 맥락에서 이해될 수 있다[11]. [그림 5-5]에서 타원형의 바탕이 같은 것은 기초가 되는 지식표현 패러다임이 같은 언어들이다. 예를 들어, CycL, Ontolingua, OCML, F-Logic은 프레임과 일차논리에 기반을 둔 언어들이다. 각각에 대한 구분은 그래프가 복잡해질 것 같아 명시하지 않았으므로 [표 5-2]를 참고하기 바란다. RDF를 확장하여 만들어진 모든 언어들은 RDF의 지식표현 패러다임인 시맨틱 네트워크에 기초를 두고 있으며, 프레임과 일차논리, 또는 프레임과 규칙 등 2개 이상의 패러다임이 조합된 형태가 많음을 알 수 있다. 가장 최근인 2004년에 권고안이 된 OWL은 시맨틱 네트워크, 프레임, 기술논리 등 세 가지 패러다임을 복합적으로 채택하고 있다.

[11] 시맨틱 네크워크와 프레임, 그리고 일차논리와 기술논리의 관계는 본 장 1.1절에서 서술된 바 있다. 일차논리는 규칙을 나타내는 문장에 대상을 명확히 지정해 주는 변수를 사용함으로써 의미를 보다 분명하게 표현하고 독특한 추론 방법을 사용할 수 있다. 그런데 일차논리는 규칙의 내용이 논리적인 암시일 경우만을 주로 다룬다.

▶ 그림 5-5 온톨로지 언어의 발전

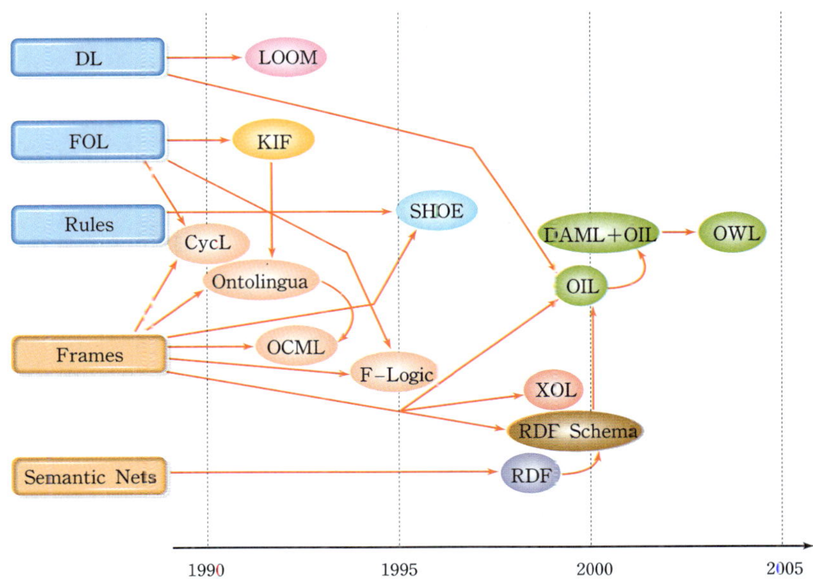

대체적으로 1990년대 전반의 인공지능에 기반한 언어들은 KIF와 Ontolingua, OCML을 제외하면 서로 직접적인 연결 고리가 없이 산발적으로 발표되었고, 이후의 마크업 언어들은 이전에 탄생한 언어를 토대로 개발된 것들이 대부분이다. 그리고 KIF, LOOM, RDF를 제외한 대부분의 온톨로지 언어가 프레임 지식표현 패러다임에 의존하고 있으며, 1990년대 초반에는 대략 프레임과 일차논리가 유행하다가 1990년대 후반부터 최근까지는 프레임 및 시맨틱 네트워크 그리고 기술논리로 발전되어 왔음을 볼 수 있다.

시맨틱 네트워크는 1960년대에 자연어처리를 위한 모형화에 주로 이용되었던 것이 온톨로지 마크업 언어의 지식표현 패러다임으로 응용된 것이다.

02 인공지능 기반의 온톨로지 언어

이 절에서는 앞에서 언급된 온톨로지 언어들 중에서 1990년대 전반에 탄생한 인공지능 기반의 언어들에 대해 조금 더 구체적으로 살펴보기로 한다.

2.1 KIF(Knowledge Interchange Format)와 Ontolingua

1992년 스탠포드 대학교의 KSL(Knowledge Systems Laboratory)은 KIF(Genesereth and Fikes, 1992; NCITS, 1998)와 프레임 온톨로지(Gruber, 1993)를 기반으로 하는 Ontolingua(Gruber, 1992; Farquhar et al., 1997)를 발표했다.

KIF는 ARPA(Advanced Research Projects Agency)가 후원하는 지식공유노력(Knowledge Sharing Effort) 프로젝트의 일환으로 지식표현 언어의 이질성 문제를 해결하고 다양한 정보시스템 간의 지식 교환이 가능하도록 하는 것을 목표로 개발되었다. KIF는 교환형식(interchange format)이므로 온톨로지를 쉽게 다룰 수 있다는 특징이 있다. 그런데 KIF 위에 구축된 프레임 온톨로지를 사용하면 작업은 더욱 쉬워진다.

프레임 온톨로지는 프레임 기반 접근법으로 온톨로지를 모델링하며, 클래스, 이진관계(binary relation), 명명된 공리(named axiom) 등에 관한 어휘를 제공한다. 프레임 온톨로지는 KIF와 KIF의 확장 시리즈를 기반으로 개발되었기 때문에 Ontolingua 서버의 번역기에 의해 KIF로 완벽하게 변환될 수 있다. 프레임 온톨로지는 OKBC 온톨로지가 KIF와 프레임 온톨로지 사이에 추가되면서 1997년에 수정되었다. 표현력은 KIF가 프레임 온톨로지나 OKBC 온톨로지보다 우수하다.

Ontolingua 언어를 사용하면 다음 4가지 방식 중 하나로 온톨로지를 구축할 수 있다.

- 프레임 온톨로지 어휘 사용
- OKBC 온톨로지 어휘 사용
- KIF 표현을 사용
- 프레임 온톨로지 어휘, OKBC 온톨로지 어휘, KIF 표현을 동시에 복합적으로 사용

Ontolingua 온톨로지는 Ontolingua 서버에 보관된다. 사용자들은 Ontolingua 서버에서 제공되는 온톨로지 에디터를 이용해서 Ontolingua 언어로 온톨로지를 구현할 수 있다. Ontolingua 서버는 이미 만들어진 다른 Ontolingua 기반 온톨로지를 불러들여 KIF, OKBC, LOOM, Prolog(Programming in Logic), CORBA(Common Object Request Broker Architecture), IDL(Interface Definition Language) 등으로 변환해 주는 기능도 제공한다.

2.2 LOOM

LOOM(MacGregor, 1991; LOOM, 1995)은 1986년에서 1995년까지 남가주 대학교(University of Southern California)의 ISI(Information Science Institute)에 의해 개발되었으며, 기술논리 패러다임에 기반을 두고 있다. 처음 목적은 온톨로지의 구현보다는 일반적인 용도의 전문가 시스템이나 다른 지능 애플리케이션의 구축 환경을 제공하기 위한 것이었다. 객체와 관계로 도메인 모델을 설명하는 기술언어(description language)와 개체에 대한 사실을 명시하는 선언언어(assertion language)의 두 가지 하위언어로 구성되어 있다. 규칙과 술어논리(predicate calculus), 패턴지향법(pattern-directed methods)에 의한 절차적 프로그래밍을 지원한다.

2.3 OCML(Operational Conceptual Modeling Language)

OCML(Motta, 1999)은 영국 KMI(Knowledge Media Institute)에 의해 VITAL 프로젝트(Domingue et al., 1993)에 대한 오퍼레이션 모델링을 제공하기 위해 개발되었다. 개발

단계에서부터 Ontolingua와의 호환성이 고려되었다. OCML은 정리 증명과 함수 평가 기능을 제공하는 '운영 Ontolingua' 라고 할 수 있다. Ontolingua를 기초로 하고 있기 때문에 LISP(List Processing)과 비슷한 문법을 가진 프레임 기반 언어라고 할 수 있으며, 클래스, 관계, 함수, 공리(axioms), 인스턴스를 정의하는 어휘를 제공한다. 그리고 후방/전방 연결(backward/forward chaining)을 포함하는 규칙과 절차를 정의하는 어휘도 제공한다.

OCML은 KMI에서 진행중인 약 12개의 프로젝트 중에서 지식 경영, 온톨로지 구축, 전자상거래, 지식기반 시스템의 개발과 같은 분야의 애플리케이션 모델링을 지원하기 위해 사용되고 있다. OCML 모델링은 재사용을 가능하게 해주는 대규모 모델 라이브러리에 의해 지원되며, WebOnto 에디터로 편집하고 탐색할 수 있다.

2.4 F-Logic(Frame Logic)

F-Logic(Kifer et al., 1995)은 1995년에 뉴욕주립 대학교(State University of New York) 스토니 브룩(Stony Brook) 캠퍼스의 컴퓨터과학과에서 개발되었다. F-Logic은 처음에 일차논리에 대한 객체지향 접근법으로 개발되었고, 특별히 객체지향 연역 데이터베이스를 위해 사용되었으며, 이후에 온톨로지 구현을 위해 수정되어 이용되었다.

객체지향 접근법의 주요한 문제 중 하나는 논리적인 시맨틱스가 부족하다는 것이다. 반면에 연역 데이터베이스는 데이터 추상화를 지원하지 않는다. 그러므로 이 두 가지 패러다임을 통합하려는 연구가 시도되었고 대부분의 연구는 통합과정에서 발생하는 몇 가지 문제점을 해결하지 못했다. F-Logic은 모델 이론적 시맨틱스(model-theoretic semantics)와 정당하고(sound)[12] 완전한(complete)[13] 증명이론을 제공하는 논리로 모든 문제에 대한 우수한 형식체계(formalism)를 제공한다. 뿐만 아니라 데이터베이스 스키마를 정의하고 질의하고 조작하는데 적합하다.

객체지향 데이터베이스 외에 F-Logic의 중요한 응용분야는 인공지능을 위한 프레임 기반 언어이다. 왜냐하면 프레임 기반 인공지능 언어들도 복잡한 객체(complex objects), 상속(inheritance), 연역법(deduction) 등의 개념을 중심으로 구축되기 때문이다. 그런데 F-Logic은 어휘의 대부분을 인공지능보다는 객체지향 패러다임에서 가지고 왔기 때문에 프레임 기반 인공지능 언어에서 흔히 사용되는 프레임 대신에 객체, 슬롯 대신에 애트리뷰트(attribute)라는 용어를 사용한다.

12. 임의의 정형식(well-formed formulas, wff) 집합 A와 정형식 s에 대해, '추론규칙의 집합 R에 있는 추론규칙을 이용하여 A로부터 s가 증명될 수 있다' 는 사실이 'A가 s를 논리적으로 귀결한다' 는 것을 함의하면(implies), 그 추론규칙의 집합 R은 정당하다(sound)고 한다. 여기에서 s가 집합 A에 있는 모든 정형식을 '참' 으로 하는 해석에 대해 '참' 값을 가지면 'A는 s를 논리적으로 귀결한다(logically entails)' 고 한다.

13. 임의의 정형식 집합 A와 정형식 s에 대해, A가 s를 논리적으로 귀결할 때, 추론 규칙의 집합 R을 이용하여 A로부터 s를 증명할 수 있다면, 그 추론규칙의 집합 R은 완전하다(complete)고 한다.

F-Logic의 가장 뚜렷한 특징은 객체 정체성(object identity), 복잡한 객체(complex objects), 상속(inheritance), 다형적 유형(polymorphic types), 질의 방법(query methods), 캡슐화(encapsulation) 등이며, 하나의 메소드(method)에 대한 값으로 여러 개의 값을 집합 형태로 취할 수 있다. 또한 확장성이 뛰어나 HiLog(Chen et al., 1993), Transaction Logic(Bonner and Kifer, 1995)과 같은 다른 전문 논리체계와 연동될 수 있어 지식 추론 형식을 통합하는 중심적인 역할을 한다. F-Logic 온톨로지는 Protégé, OntoEdit, WebODE와 같은 온톨로지 개발 툴에 의해 구축될 수 있다.

[그림 5-6]은 F-Logic으로 온톨로지를 구축하고 지식베이스에 인스턴스 데이터를 저장하며, 이에 대한 질의를 구성하는 간단한 예를 보여주기 위한 클래스 구성도이다. '컬러 레이저 프린터' 클래스는 '프린터' 클래스의 하위 클래스이면서 'HP SpeedO'의 상위 클래스이며, 'Hp SpeedO001'은 'HP SpeedO' 클래스에 속하는 하나의 인스턴스이다. 다른 부분에 대한 설명은 이와 비슷하므로 생략한다.

▶ 그림 5-6 F-Logic 코딩 예를 위한 클래스 구성

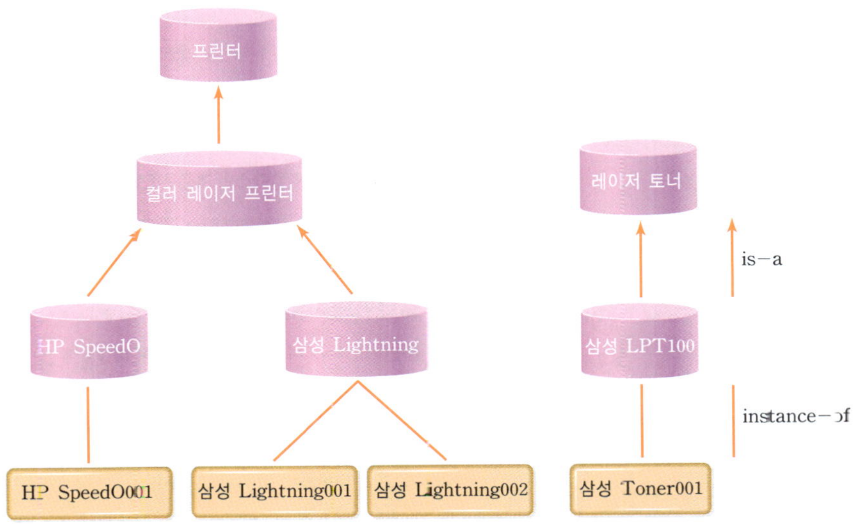

[그림 5-6]의 클래스 구성은 [코드 5-1]과 같이 표현되며 여기에는 '대체하다(substitute)'와 '보완하다(complement)'라는 메소드에 대한 정의도 포함되어 있다.

▶ **코드 5-1 F-Logic 코딩 예**

```
온톨로지(Ontology)
1  ColorLaserPrinter :: Printer[substitute =>> ColorLaserPrinter].
2  HPSpeedO :: ColorLaserPrinter
3  SamsungLightning :: ColorLaserPrinter[complement => SamsungLPT100].
4  SamsungLPT100 :: LaserToner.
5  FORALL X, Y   Y[substitute ->> X]   <-   X-substitute ->> Y].
지식베이스(Knowledge Base)
6  samsungToner001 : SamsungLPT100.
7  hpSpeedO001 : HPSpeedO[substitute
   ->> {SamsungLightning001, SamsungLightning002}].
8  samsungLightning001 : SamsungLightning[complement -> samsungToner001.]
9  samsungLightning002 : SamsungLightning[complement -> samsungToner001.]
질의(Query)
10 FORALL X <- hpSpeedO001[substitute ->> X ].
11 FORALL Y, Z <- hpSpeedO001[substitute ->> Y ] ∧ Y : SamsungLightning [complement -> z].
```

먼저 [코드 5-1]을 이해하기 위해 필요한 기본적인 사항은 다음과 같다.

- 온톨로지 부분(라인 1~5)은 클래스의 계층구조와 메소드 그리고 공리를 정의하며, 지식베이스 부분(라인 6~9)은 이러한 온톨로지에 부합하는 인스턴스 정보를 나타내고, 질의 부분(라인 10~11)은 이러한 데이터를 조회하는 것이다.
- 라인 1~4의 '::' 은 클래스의 계층구조를 나타내며 'A :: B' 는 'A는 B의 하위 클래스' 라는 뜻이다.
- 메소드의 공역(range)을 클래스 레벨에서 정의할 때에는 라인 1의 '=>>' 나 라인 3의 '=>' 처럼 두 줄 화살표를, 인스턴스 레벨에서 메소드 값을 나타낼 때에는 라인 7의 '->>' 나 라인 8과 9의 '->' 와 같이 한 줄 화살표를 사용한다.
- 라인 1의 '=>>' 나 라인 7의 '->>' 처럼 화살표에 '>' 가 두 개 붙는 것은 해당 메소드에 대한 값이 여러 개가 될 수 있다는 의미이다. 라인 7을 보면 메소드 '대체하다(substitute)' 에 대한 값으로 samsungLightning001과 samsungLightning002 이 집합 형태로 오고 있다. 라인 3이나 라인 8과 9처럼 '>' 가 하나만 붙는 것은 메소드 값이 하나만 올 수 있다는 것을 뜻한다.
- 라인 6~9의 ':' 은 인스턴스와 클래스의 관계를 나타내며 'i : C' 는 'i는 클래스 C에 속하는 인스턴스' 임을 의미한다.
- 라인 5와 같이 온톨로지 부분에 오는 'FORALL' 은 바로 뒤에 나오는 변수나 변수의 모든 쌍에 대해 주어진 제약조건이 성립한다는 것을 의미한다. 그리고 라인 10~11과 같이 질의부분에 있는 'FORALL' 은 바

로 뒤에 나오는 변수나 변수의 모든 쌍을 보여주되 명시된 조건을 만족하는 것만 골라서 보여달라는 것이다.

- 라인 11은 '∧'는 두 가지 조건을 동시에 만족해야 함을 나타낸다.

이제 전체적인 내용을 이해할 준비가 어느 정도 되었으리라 생각한다. 라인 1이 정의하는 것은 '컬러 레이저 프린터(ColorLaserPrinter)'는 '프린터(Printer)'의 하위 클래스이며, '대체하다(substitute)'라는 메소드를 가지고 있고, '대체하다(substitute)'는 여러 가의 '컬러 레이저 프린터(ColorLaserPrinter)' 인스턴스를 취할 수 있다는 것이다. 라인 3은 '삼성 Lightning(SamsungLightning)'이 '컬러 레이저 프린터(ColorLaserPrinter)'의 하위 클래스이며, '보완하다(complement)'라는 메소드를 가지고 있고, '보완하다(complement)'는 하나의 '삼성 LPT100(SamsungLPT100)' 인스턴스를 취할 수 있다는 것이다. 라인 5는 '대체하다(substitute)'라는 메소드가 대칭적(symmetric)이라는 것을 표현한 규칙이다.

라인 7은 'hpSpeedO001'이 'HPSpeedO'의 인스턴스이며 'samsungLightning001'과 'samsungLightning002'를 대체한다(substitute)는 것을 나타낸다. 라인 5에 의해 '대체하다(substitute)'가 대칭성을 가지고 있으므로, 'samsungLightning001'이나 'samsungLightning002'도 'hpSpeedO001'를 대체한다는 것을 자동으로 추론할 수 있다. 라인 8은 'samsungLightning001'이 'SamsungLightning'의 인스턴스이며 'samsungToner001'을 보완한다(complement)는 것이다.

이러한 상황에서 어떤 사람이 자기가 사용하던 특정 HP 프린터 모델을 대체할 수 있는 삼성 프린터와, 이러한 삼성 프린터에 맞는 토너를 함께 검색해서 구매여부를 판단하고 싶어한다고 가정해보자. 이에 대한 질의문이 F-Logic으로 어떻게 작성되는지를 보기 의해 일단 라인 10과 같은 간단한 문장을 살펴보자. 라인 10은 'hpSpeedO001'이 대체하는(substitute) 모든 인스턴스를 조회하는 것이다. 이에 대한 결과는 앞에서 설명된 바와 같이 라인 5와 라인 7에 의해 'samsungLightning001'과 'samsungLightning002'가 될 것이다.

이제 본격적으로, 어떤 사람이 자신이 쓰던 'hpSpeedO001'이라는 HP 프린터를 대체하는(substitute) 삼성 프린터인 '삼성 Lightning(SamsungLightning)' 인스턴스와 이 프린터에 맞는, 즉 이 프린터와 보완관계('complement')에 있는 토너를 쌍으로 검색하고자 한다면, 라인 11과 같은 질의문을 작성하면 된다. 결과는 라인 3과 라인 7~9에 의해 (samsungLightning001, samsungToner001), (samsungLightning002, samsungToner001)이 될 것이다. 즉, 'hpSpeedO001'을 대체하는 삼성 프린터에는 'samsungLightning001'과 'samsungLightning002'가 있으며, 이것들과 맞는 토너는 'samsungToner001'이라는 것이다.

2.5 OKBC(Open Knowledge Base Connectivity)

OKBC(Chaudhri et al., 1998)는 SRI International의 인공지능센터와 스탠포드 대학교 KSL(Knowledge Systems Laboratory)의 공동 노력으로 나온 산물이며, 서로 다른 지식표현 시스템에 저장된 지식베이스에 접근할 수 있는 프레임 기반 프로토콜이다. OKBC와 호환되는 언어와 시스템에는 Ontolingua, LOOM, CycL, Protégé, Theo(Mitchell et al., 1991), SIPE-2(Wilkins, 1999), Ocelot(Karp and Paley, 1995), JTP, CLOS(Steele, 1990), Tuple-KB(Rice and Farquhar, 1998), WebODE(Arpirez et al., 2003) 등이 있다.

OKBC는 LISP와 비슷한 문법을 사용하여 단순히 프로토콜 어휘에 의해 수행될 수 없는 복잡한 오퍼레이션을 기술하는 절차도 정의한다. OKBC 프로토콜의 실질적인 구현은 지식표현 시스템에 따라 약간의 차이가 있다. 모든 지식표현 시스템을 한 가지 형태로 통일하는 것이 어렵기 때문에, 각각의 지식표현 시스템에서 실행되는 지식표현 어휘에 대한 유연성을 어느 정도 허용하는 것이다.

03 온톨로지 마크업 언어

1990년대 후반부터 개발된 온톨로지 언어들은 HTML이나 XML과 같은 마크업 언어를 기반으로 하고 있으며 온톨로지 마크업 언어라고 불린다. 여기에서는 이러한 언어들에 대해 좀더 살펴보기로 한다.

3.1 SHOE(Simple HTML Ontology Extension)

SHOE(Luke and Heflin, 2000)는 HTML을 확장하여 웹 문서에 컴퓨터가 이해할 수 있는 시맨틱 지식을 삽입할 목적으로 1996년에 메릴랜드 대학교(University of Maryland)에서 개발되었다. 온톨로지를 표현하기 위한 특별한 태그를 제공하는데 이러한 태그는

HTML에서는 정의되어 있지 않으므로 태그 안에 있는 정보는 표준 웹 브라우저에서는 보이지 않는다. 이후에 XML과 호환되도록 문법을 약간 수정한 형태의 SHOE도 개발되었다.

SHOE의 주요 목표는 웹 검색 메커니즘의 향상을 위해 웹 페이지와 문서에 대한 의미 정보를 수집 가능하도록 해주는 것이다. SHOE의 용도를 요약하여 설명하면 다음과 같다.

- 개념과 이들 간의 관계를 기술하는 온톨로지를 정의
- HTML 페이지에 주석 달기
- 에이전트가 SHOE 주석이 있는 웹 페이지를 찾아 정보를 업데이트하고 시맨틱 정보를 검색하도록 지원

SHOE를 사용하기 위해서는 SHOE Knowledge Annotator, Running SHOE, Expose, Parka, XSB, SHOE Search, SHOE Semantic Search와 같은 툴을 이용할 수 있다.

3.2 XOL(XML-based Ontology exchange Language)

XOL(Karp et al., 1999)은 1999년에 판게아 시스템사(Pangea Systems Inc.)와 SRI 인터내셔널(SRI International)의 인공지능센터에 의해 디자인되었다. XOL의 개발 목적은 이질적인 소프트웨어 시스템 사이에 온톨로지를 교환하기 위한 형식을 제공하기 위한 것이었다. 다시 말해 XOL은 온톨로지 개발을 위해서라기 보다는 서로 다른 데이터베이스 시스템, 온톨로지 개발 툴, 응용 프로그램 사이에 온톨로지의 이동을 위한 중간 언어로서 개발되었다. XOL 온톨로지는 XML로 작성된다. XOL은 OKBC-Lite 지식 모델에 기반을 두고 있지만, XOL로 온톨로지를 구축하게 해주는 전문 툴이 없기 때문에 XOL 파일을 만들기 위해서는 일반적인 텍스트 에디터나 XML 에디터를 사용해야 한다.

3.3 RDF(Resource Description Framework)와 RDF Schema

RDF(Manola and Miller, 2004)는 웹 자원을 기술하는 XML 기반 언어로서 W3C에 의해 개발되었고 1999년에 W3C 권고안[14]이 되었다. 웹 자원에 대한 메타데이터들을 어휘 및 구문에 대한 공통적인 규칙에 따라 컴퓨터가 이해할 수 있는 정보로 표현함으로써 메타데이터의 상호운용을 가능하게 하는 것을 목적으로 한다.

14. http://www.w3.org/TR/1999/REC-rdf-syntax-19990222/

시맨틱 네트워크를 기반으로 하는 RDF 데이터 모델은 웹 자원의 속성 및 자원간의 관계를 주어부(subject), 서술부(predicate or property), 목적부(object)로 이루어지는 서술문(statements)을 기본 단위로 하여 표현한다. 하나의 주어부에 여러 개의 서술부와 목적부가 연결되거나, 하나의 목적부가 다시 다른 서술문의 주어부가 될 수 있다. 또한 작은 서술문 전체가 다른 큰 서술문의 주어부나 목적부가 될 수 있어 의미 표현을 자유롭게 확장해 나갈 수 있다. RDF 데이터의 자동 처리를 가능하게 하는 연구가 진전됨에 따라 자원 검색, 자원 분류, 지능형 소프트웨어 에이전트, 내용 순위 부여 및 평가, 디지털 서명, 지적 재산권 보호 등 다양한 분야에 응용되고 있다.

수많은 인스턴스 정보를 담고 있는 RDF 문서는 RDF Schema에서 정의된 클래스 모델링에 따라 표현될 때 더욱 분명한 의미를 전달할 수 있다. 왜냐하면 RDF Schema는 RDF문을 구성하는 단어를 정의하고 그 단어들에 대한 세부적인 의미와 속성에 대한 정의역(domain)과 공역(range) 및 제약조건(constraints) 등을 기술하는 사전과 같은 역할을 하기 때문이다.

클래스와 속성에 대한 기본적인 어휘로 표현되는 RDF Schema는 객체지향 모델링과 같이 상속을 포함하는 클래스의 계층구조를 지원한다. RDF Schema가 객체지향 모델링과 다른 점은 다음과 같이 요약될 수 있다.

- 객체지향 모델링은 하향식(top-down approach)인데 반해 RDF Schema는 상향식(bottom-up approach)이다. 즉, 객체지향에서는 클래스 정의부터 시작하여 속성을 클래스 안에 명시하는 순서로 이루어지는 반면, RDF Schema에서는 일단 속성을 독립적으로 정의한 다음 이 속성에 대한 주어부와 목적부로는 어떤 클래스의 인스턴스가 올 수 있는지를 명시하게 된다.
- RDF Schema에서의 속성(property)은 객체지향 모델링에서의 애트리뷰트와 메소드(method)를 포함하는 개념이다. 예를 들어 RDF Schema에서는 사람의 특징을 설명하는 '나이'나 사람과 회사와의 관계를 나타내는 '~를 운영한다' 등이 모두 속성으로 취급된다.
- 객체지향 모델링에서는 클래스 상속만을 제공하는데 RDF Schema에서는 속성도 계층구조를 갖는다. 예를 들어 '~의 아버지이다' 라는 속성은 '~의 부모이다' 라는 속성의 하위 속성이 될 수 있다.

그런데 RDF Schema로 보다 정교하고 복잡한 지식을 표현하는 것에는 한계가 있다. 예를 들어 이행성(transitive)이 있거나, 한 속성이 가질 수 있는 속성값의 개수를 명시

(cardinality restriction)하거나, 임의의 클래스들 사이에 공통된 인스턴스가 없다는 것(disjoint classes) 등을 표현하는 어휘가 RDF Schema에서는 지원되지 않는다. RDF와 RDF Schema에 관련된 내용은 chapter 6에서 더욱 자세히 설명되고 있으므로 이를 참고하기 바란다.

3.4 OIL(Ontology Inference Layer)

OIL(Horrocks, 2000; Fensel et al., 2001)은 유럽 IST(Information Society Technologies) 프로젝트인 On-To-Knowledge의 일환으로, RDF(S)에 프레임 기반 지식표현 어휘를 추가하고 RDF의 구체화(reification)[15] 메커니즘을 제거하여 계층 접근법(layered approach)으로 개발되었다. 각각의 새로운 계층은 기존 계층들의 토대 위에 새로운 기능을 추가하여 만들어졌다. SHOE나 RDF(S)와 같은 이전 언어와 마찬가지로 웹 자원의 의미를 표현하게 해준다.

OIL은 XML 문법, 프레임 기반 지식표현 패러다임의 모델링 어휘, 기술논리의 형식적 시맨틱스(formal semantics)와 추론 지원 기능을 결합해서 만든 웹 기반 지식표현 언어로 정의될 수 있다. OIL 온톨로지는 Protégé, WebODE, OntoEdit, OILEd와 같은 온톨로지 툴로 구축될 수 있다.

[15] 구체화(reification)는 하나의 작은 서술문이 다른 큰 서술문의 목적부가 되는 구조를 가지고 있으며, 임의의 주체에 의해 생성된 단언적 지식을 표현할 때 주로 쓰인다. 본 책 chapter 6 RDF에서는 이에 대한 예로 '동건은 태희가 사과를 좋아한다고 말했다' 라는 문장을 제시하고 있다. 여기에서 '태희가 사과를 좋아한다' 는 작은 서술문이 '동건' 을 주어부로 하는 큰 서술문의 목적부가 되고 있으며, '동건' 이라는 주체가 말한 단언적 지식을 표현한다.

3.5 DAML+OIL(DARPA Agent Markup Language+Ontology Inference Layer)

DAML은 DARPA DAML(DARPA[16] Agent Markup Language) 프로그램의 일부로 개발된 시맨틱 웹 온톨로지 언어이다. DAML 초기에 미국 버전이 나오자마자 유럽 연합(European Union)의 OIL(Ontology Inference Layer) 연구자들은 서로의 노력을 알게 되었고, 결국 두 언어가 통합된 DAML+OIL(van Harmelen et al., 2001) 언어가 탄생하게 되었다. 이 후 프로세스, 리소스, 서비스 프로파일, 서비스 모델 등 웹 서비스의 시맨틱스를 설명하는 DAML-S(DAML-Service) 확장판도 발표되었는데, DAML-S는 DAML+OIL로 표현된 온톨로지 집합이다. DAML+OIL은 W3C 웹 표준 컨소시엄에 의해 후원되고 있다.

2000년 10월에 발표된 DAML+OIL의 초기버전인 DAML-ONT는 RDF(S)에 프레임 기반 지식표현 어휘를 추가하여 확장한 것이다. 2000년 12월에 발표된 업그레이드 버전의 이름이 바로 DAML+OIL이었는데 여기에서 지식표현 패러다임이 프레임에서

[16] DARPA(Defense Advanced Research Projects Agency)는 1958년에 탄생한 미국방부 산하의 독립적인 연구기관으로 처음에는 ARPA(Advanced Research Projects Agency)로 불리다가 1971년에 DARP로 개명되었다. 인터넷의 효시가 된 ARPANET(또는 DARPANET)을 만든 프로젝트를 수행한 것으로 유명하다.

기술논리로 확장되었고, 2001년 3월에 DAML+OIL 최종 버전이 발표되었다.

DAML+OIL 온톨로지는 XML이나 RDF 트리플(triple)로 작성될 수 있다. 그러나 DAML+OIL 온톨로지를 관리하고 사용하는 대다수의 툴이나 시스템 그리고 응용프로그램은 DAML+OIL이후에 발표된 OWL 언어에 맞춰 변화해 가고 있는 추세이다.

3.6 OWL(Ontology Web Language)

OWL(Dean and Schreiber, 2003)은 표현력이 가장 뛰어난 시맨틱 웹 온톨로지 언어이다. W3C의 후원으로 웹 온톨로지 워킹 그룹이 2001년 11월에 결성되었고 최초의 OWL 공식 버전이 2003년에 발표되었다.

RDF(S)를 기반으로 탄생한 OWL은 DAML+OIL 처럼 클래스와 하위 클래스, 속성과 하위 속성, 속성 제한, 클래스와 속성 개체를 가지고 있으며, 대부분의 DAML+OIL 어휘를 이해하기 쉽게 바꾸었다.

OWL은 OIL과 비슷하게 세 계층 언어(앞에서 뒤로 갈수록 표현력이 증가하는 순서로) OWL Lite, OWL DL(Description Logic), OWL Full로 이루어져 있다[17]. 더 높은 계층의 언어는 더 낮은 계층의 언어를 포함하고 있다. OWL Lite에서 타당한 결론은 OWL DL이나 OWL Full에서도 타당하고, OWL DL에서 타당한 결론은 OWL Full에서는 타당하지만 OWL Lite에서는 반드시 타당하다고 할 수 없다. OWL에 대한 더욱 자세한 설명은 이 책의 chapter 7을 참고하기 바란다.

17. http://www.w3.org/TR/owl-features/

3.7 XTM(XML Topic Maps)

토픽맵은 2000년에 ISO/IEC 13250 국제 표준으로 채택된 온톨로지 구축 모델로서 지식정보를 의미적 상호 연관성에 따라 연결하고 체계화한 지식정보 구조로 표현해 대용량의 지식정보를 효율적으로 검색하고 관리해 줄 수 있는 해결책으로 제시되었다.

처음 ISO/IEC 13250에서 제안한 토픽맵 표준 명세는 SGML(Standard Generalized Markup Language) 구조와 HyTM 언어였으나, 2001년에 Topicmaps.org에서 URI와 XML 기반의 XTM(XML Topic Maps)을 발표하면서 지금은 XTM 1.0[18]과 HyTM이 토픽맵 구문을 제공하는 표준으로 연구되고 있다.

18. http://www.topicmaps.org/xtm/1.0/

토픽맵은 웹 문서와 문서의 섹션을 내용에 따라, 즉 이들이 기술하고 있는 토픽(topic)이나 주제(subject) 영역에 따라 의미적으로 특징화하고 분류하는 기술로, 책의 인덱스처럼 내용에 근거한 인덱스를 제공한다. 단, 책의 인덱스는 대부분 책에 담긴 내용을 상호 연결된 토픽의 형태라기 보다는 독립된 주제들의 집합으로 제시한다는 점이 토픽맵과 다르다. 상호 연결된 토픽(linked topic)의 형태로 수많은 문서들에 대한 인덱스를 제공하는 토픽맵은 문서나 정보자원에 대한 정보 계층(information overlays)으로 이들 자원을 형식에 무관하게 내용에 따라 탐색할 수 있도록 지원한다.

토픽맵 패러다임에 의하면, 책에 주제 인덱스, 이름 인덱스 등 여러 개의 인덱스가 있는 것처럼 똑 같은 웹 문서 모임에 대해 여러 개의 토픽맵을 만들 수 있다. 즉, 주제들을 인덱싱하는 방식에 따라 여러 개의 토픽맵이 존재할 수 있다. XTM 표준(XTM 1.0)을 기준으로 토픽맵의 주요 개념을 살펴보면 토픽, 관계(association), 어커런스(occurrence), 주제 지시자(subject indicator), 범위(scope) 등이 있다. 이에 대한 자세한 설명은 chapter 8을 참고하기 바란다.

chapter 6

RDF(S) : RDF와 RDF Schema

앞서 chapter 5에서 간략하게 소개한 바와 같이 시맨틱 네트워크를 지식표현 패러다임으로 하는 RDF(Resource Description Framework)는 단순한 트리플(triple) 형태로 웹 자원을 기술하는 언어이다. RDF는 W3C에 의해 개발되어 1999년에 W3C 권고안이 되었다. RDF Schema는 RDF를 프레임 지식표현 패러다임으로 확장한 언어로, 객체지향 모델링과 비슷한 도메인 구성에 대한 표현력을 제공한다. RDF Schema도 W3C에 의해 개발되었고 2004년에 W3C 권고안이 되었다. 흔히 RDF와 RDF Schema를 함께 일컬어 RDF(S)라 한다.

RDF(S)에 기술논리 지식표현 패러다임을 도입하여 OIL, DAML+OIL, OWL 등의 온톨로지 언어가 만들어졌으므로 RDF(S)가 시맨틱 웹에서 차지하는 비중이 얼마나 큰지는 독자들이 짐작할 수 있을 것이다. 특히, 표현력이 가장 뛰어난 웹 온톨로지 언어로서 2004년에 W3C 권고안이 된 OWL을 이해하기 위해서는 먼저 RDF(S)를 알아야만 한다.

chapter 6에서는 RDF가 나오기 전의 웹 데이터 기술 언어인 XML과 RDF를 간단히 비교 설명하고, RDF와 RDF Schema가 무엇이며 서로 어떤 관계가 있는지에 대해 살펴 볼 것이다. 그래프와 코딩 예들도 제시되므로 RDF와 RDF Schema를 이해하는데 많은 도움이 되리라 생각한다. 그리고 마지막으로 RDF(S)의 한계점들에 대해서 논할 것이다.

01 XML과 RDF

월드 와이드 웹(WWW : World Wide Web)과 관련된 연구는 HTML(HyperText Markup Language)처럼 단지 정보를 표현하기 위한 기술로부터 XML(eXtensible Markup

Language)이나 XSL(eXtensible Stylesheet Language)과 같이 정보의 내용을 레이아웃으로부터 분리하는 연구로 발전하여 현재에는 RDF, RDF Schema, OWL 등의 시맨틱 웹 관련 기술로까지 발전하였다.

HTML에서는 태그(tag)의 역할이 화면에 정보를 다양하게 표현하는 것이었고 사용할 수 있는 태그도 미리 정해져 있었다. 이와 달리, XML에서는 태그가 정보를 구분하는 이름 역할을 하고, 태그를 이용한 정보의 검색 및 정렬이 가능하며, 사용자가 태그를 임의로 만들어 사용할 수 있게 되었다. W3C의 후원으로 결성된 XML 워킹 그룹에 의해 1996년에 개발된 XML은 텍스트 파일 형태로 저장되므로 여러 기종과 운영체제에 대한 이식성이 높다. 또, 문서의 구조를 정의하는 스키마를 사용하면 우수한 호환성을 보장할 수 있으며 내용과 디자인을 완전히 분리할 수 있는 등의 장점을 가지고 있다.

그러나 XML은 정보의 의미를 명확하게 전달해주는 메커니즘을 제공하지 못한다. 예를 들어, XML에서는 사용자가 <전화번호>라는 태그 외에도 <전화>, <Telephone> 또는 <TelephoneNumber>라는 태그를 사용해서 문서를 작성할 수 있다. 사람들은 조금만 살펴봐도 이 태그들이 모두 같은 의미라는 것을 쉽게 알 수 있을 것이다. 그렇다면 컴퓨터는 어떨까? 결론부터 말해 XML만으로는 힘든 일이다. XML Schema도 데이터의 타입(type), 순서, 횟수 등에 대한 제약조건을 정의할 뿐 실제 의미와는 거리가 멀다. 특히 태그 해석에 대한 정해진 규칙이 없기 때문에 태그와 태그 사이에 존재하는 의미의 연관성을 컴퓨터가 추론하기는 더욱 어렵다. 다음 예를 살펴 보자.

"김동건이 '생각하는 컴퓨터'를 썼다"

이 정보를 XML로 표현하는 방법은 여러 가지가 있는데 일단 세 가지만 들어보면 다음과 같다.

```
1)
    〈책 이름="생각하는 컴퓨터"〉
            〈저자〉김동건〈/저자〉
    〈/책〉
2)
    〈저자 이름="김동건"〉
            〈썼다〉생각하는 컴퓨터〈/썼다〉
    〈/저자〉
3)
    〈책〉
            〈저자〉김동건〈/저자〉
            〈제목〉생각하는 컴퓨터〈/제목〉
    〈/책〉
```

이처럼 같은 정보를 담고 있더라도 태그의 구성은 다양하다. 이것을 거꾸로 생각해 보면 태그에 의미를 부여하는 정해진 규칙이 없다는 것이다. 그러므로 비록 HTML보다 확장성이 뛰어나고 유연하지만, XML을 보다 지능적인 시맨틱 웹을 위한 표준 언어로 사용하기에는 한계가 있다.

W3C 권고안인 RDF는 이런 문제를 해결하기 위해 제시된 기술로서 '자원(주어부)-속성(서술부)-속성값(목적부)[1]'을 하나의 기본 단위로 취급하는 단순하지만 강력한 언어이다. 앞에서 언급한 "김동건이 '생각하는 컴퓨터'를 썼다"라는 문장은 '김동건'이 자원(주어부), '썼다'가 속성(서술부), '생각하는 컴퓨터'가 속성값(목적부)인 하나의 기본 단위가 되는 것이다. 아주 복잡하고 방대한 지식도 이러한 트리플(triple)을 기본 단위로 연결하여 표현할 수 있다.

[1] 1. 이를 트리플(triple)이라 하는데 본 chapter의 2.1절에서 자세히 다루고 있다.

그런데 위의 추상적인 RDF 데이터 모델은 컴퓨터가 직접 이해할 수 없기 때문에 컴퓨터가 이해하고 처리할 수 있는 기계적인 언어로 표현할 필요가 있다. 따라서 일반적으로 RDF 데이터 모델은 XML신택스를 사용하여 표현하게 되는데, 이는 XML에 대한 오랜 연구의 축적, 분산환경에 적합한 특성, 높은 호환성 등에 기인한다. RDF데이터 모델을 표현하기 위한 XML 신택스를 RDF/XML이라 부른다.

지금까지 XML과 RDF에 대해 간략하게 설명하였다. 데이터 모델의 관점에서 이 둘을 비교하여 정리해보면 다음과 같다.

- XML은 순서를 중요시하는 트리구조인 반면 RDF는 주어부, 서술부, 목적부로 이루어지는 트리플 구조의 객체간 관계지향 모델이다.
- XML에서는 태그의 배치 순서가 다르면 서로 다른 문서로 인식되지만 RDF에서는 각각의 트리플이 독립적으로 존재하므로 트리플의 배치 순서는 중요하지 않다. XML에서는 노드(태그)가 문서에 포함되어 인덱싱되기 때문에 메타데이터를 표현하기 위한 유연성이 부족하지만 RDF에서는 노드가 URIref(Uniform Resource Identifier reference)를 갖는 자원이므로 유연성이 높다.
- XML Schema는 문서의 구문적 해석이 주된 기능이지만 RDF Schema는 주로 의미적 해석에 사용된다.
- XML은 트리구조로 되어있어 검색하기 복잡하지만 RDF는 독립적인 트리플 집합이므로 검색이 용이하다.

결론적으로 시맨틱 웹 정보자원을 표현하는 데이터 모델로는 RDF를 채택하는 것이 훨씬 유리하다는 것을 알 수 있다. 이제 시맨틱 웹의 구문 계층에서는 XML을, 의미 계층에서는 지식표현을 명확하게 해주는 RDF를 사용하는 이유를 어느 정도 이해했을 것이다. 즉 XML과 RDF는 상호 보완적인 특성을 갖고 있는 것이다.

URI(Uniform Resource Identifier)와 URIref(Uniform Resource Identifier reference)

URI는 웹 상에 존재하는 자원을 지칭하는 스트링의 표준 형식이며, 대표적인 예로 URL(Uniform Resource Locator)과 URN(Uniform Resource Name)이 있다. URL은 웹 페이지와 같은 자원에 접근할 때 사용되는 실제 네트워크 경로를 나타내며, 일반적으로 '파일을 액세스하기 위해 사용되는 프로토콜://파일이 저장된 서버의 DNS 이름/디렉터리 이름/파일 이름' 으로 구성된다. 예를 들어, http://www.snu.ac.kr/index.html에서의 http는 프로토콜, www.snu.ac.kr는 서버의 DNS 이름, index.html은 파일 이름이다. URN은 임의의 자원을 가리키는 영속적이고 고유한 이름으로, 자원이 저장되어 있는 위치와는 무관하며, 주로 '문자열 urn : NID(Namespace Identifier) : NSS(Namespace Specific String)' 로 구성된다. NSS는 하나의 NID 안에서는 유일해야 한다. 예를 들어 ISBN 번호 3960152872를 가진 책이 있을 때 이 책을 가리키는 URN은 'urn:isbn:3960152872' 이다. 또, 대한민국 국민을 지칭하는 URN을 만든다고 할 때, 이에 대한 NID는 'korean' 이고, NSS로는 주민등록 번호를 사용한다면 'urn:korean:000000-0000000' 의 형태가 될 것이다.

RDF는 자원(resource)에 대한 식별자로 URIref를 사용한다. URIref에는 컨텍스트에 독립적인 '절대(absolute) URIref' 와 컨텍스트에 종속적인 '상대(relative) URIref' 가 있다. 절대 URIref는 URI 뒤에 '#' 과 단편 식별자(fragment identifier)가 붙은 것 또는 단순한 URI를 일컫는다. 예를 들어 절대 URIref인 'http://Ontology.snu.ac.kr/ont-book/index.html#section3' 는 URI인 'http://Ontology.snu.ac.kr/ont-book/index.html' 과 '#', 그리고 단편 식별자 'section3' 로 이루어져 있다. '#' 은 URI와 단편 식별자를 분리해 주는 역할을 하며, 단편 식별자는 네임 스페이스에 해당하는 앞의 URI 안에서 효력이 있는 자원의 식별자라고 할 수 있다. 그리고 RDF에서 기술하는 자원이 URL로 표현되는 전자문서일 때에는 이 문서의 URL, 다시 말해 단순한 URI가 이에 대한 URIref가 되는 것이다. 상대 URIref는 절대 URIref의 축약형으로 절대 URIref의 URI 부분이 사라진 형태이다. 상대 URIref가 쓰인 컨텍스트를 고려하여 사라진 URI를 채워 넣으면 이와 동등한 절대 URIref가 완성된다.

예를 들어 'http://Ontology.snu.ac.kr/ont-book/index.html' 이라는 문서 안에 '#section3' 라는 상대 URIref가 있다면 이것은 절대 URIref인 'http://Ontology.snu.ac.kr/ont-book/index.html#section3' 로 해석된다. 여기에서 컨텍스트를 고려한다는 것은 해당 문서의 베이스 URI(base URI)가 무엇인지를 찾는다는 것이다. 베이스 URI를 특별히 지정해주지 않으면 상대 URIref를 포함하고 있는 문서의 URI가 베이스 URI가 된다. 바로 앞에서 언급한 예가 이러한 경우이다. 그리고 베이스 URI를 다른 것으로 지정할 필요가 있을 때에는 'xml : base' 라는 애트리뷰트를 사용한다. 예를 들어 다음과 같은 코드가 들어 있는 문서가 있다고 하자.

<rdf:RDF xml:base= "http://www.Ontologytech.com/2007/01/products" >

이 문서 안에 '#item101' 과 같은 상대 URIref가 들어 있다면 이것은 해당 문서의 URI에 관계없이 'http://www.Ontologytech.com/2007/01/products#item101' 로 해석된다. 상대 URIref는 본 chapter의 2.2절에서 소개될 rdf : about과 rdf : resource란 애트리뷰트에 대한 값으로 많이 쓰인다. 그리고 주로 단편 식별자를 값으로 취하는 rdf : ID는 베이스 URI와 '#' 을 이 단편 식별자 앞에 붙여 절대 URIref로 변환될 수 있다.

02 RDF

2.1 RDF 데이터 모델

사람은 태어나고 성장하면서 수많은 사물들이 가지고 있는 본질적인 속성과 사물들 간의 관계를 깨닫게 된다. 그리고 알게 된 여러 가지 사실들을 조합하여 새로운 지식을 추론하게 된다. 사람이 지식을 획득하는 것처럼 컴퓨터가 각 사물의 특성을 이해하고 사물 간의 관계를 알 수 있도록 하려면 어떻게 해야 할까? 우선 지식을 획득하고자 하는 세계에 존재하는 수많은 개념을 컴퓨터가 구별할 수 있도록 해야 할 것이다. 이러한 구별 수단 중의 하나가 바로 URIref이다. URIref는 절대로 중복될 수 없는 유일성을 가지고 있다. 따라서 사람들이 동음이의어를 서로 다르게 해석하는 것과 같은 일이 발생하지 않는다. 예를 들어서 먹는 '사과(apple)' 에 대한 URIref가 'http://Ontology.snu.ac.kr/ont-book/plant/fruits#apple' 이고 미안하다는 의미의 '사과(apology)' 에 대한 URIref가 'http://dictionary.snu.ac.kr/language/ words#apology' 라면 컴퓨터는 URIref가 가리키는 개념이 어떻게 정의되어 있는지를 보고 '사과' 가 무엇을 의미하는지 이해하게 된다.

RDF는 지식 세계를 이루고 있는 온갖 사물과 개념들을 자원(resource)으로 보고 이러한 자원의 식별자로 URIref를 사용하여 자원이 가지고 있는 속성이나 자원과 자원 간의 관계를 기술하는 데이터 모델이다[2]. 기본 단위는 '자원(주어부)-속성(서술부)-속성값(목적부)' 으로 이루어지는 서술문(statement)이다. 예를 들어, '동건의 나이는 34세이다' 라는 지식을 표현한 단순한 문장에서 '동건' 이라는 자원은 '나이' 라는 속성을 가지고 있고 이 속성값이 '34' 임을 알 수 있다. 그리고 '동건은 경영학을 전공했다' 에서는 '동건' 이라는 자원과 '경영학' 이라는 자원이 서로 '전공했다' 라는 관계로 연결되어 있다.

2. http://www.w3.org/TR/rdf-concepts/, http://www.w3.org/TR/REC-rdf-syntax/

이처럼 서술문은 주어부(subject), 서술부(predicate or property), 목적부(object)의 세 부분으로 이루어져 흔히 트리플(triple)이라고 불리며 각각에 대해 살펴보면 다음과 같다.

- 주어부(subject) : 문장의 주어 역할을 하는 부분으로 서술부와 목적부에 의해 기술되는 자원(resource)을 URIref로 나타낸다. 앞 예문에서는 '동건'이 주어부이다.
- 서술부(predicate or property) : 문장의 서술어 역할을 하는 부분으로 주어부의 자원을 설명하는 속성이나 자원간의 관계를 표현한다. 서술부도 특수한 형태의 자원이므로 URIref로 명시한다. 앞의 예에서 '나이'나 '전공했다'와 같은 부분이 서술부에 해당된다.
- 목적부(object) : 문장의 목적어 역할을 하는 부분으로 자원을 가리키는 URIref 외에 문자열이 올 수 있다. 앞 예에서 '경영학'이 바로 목적부에 자원이 온 경우이고, '34'는 문자열이 온 것이다.

RDF 서술문을 RDF 그래프로 표현하는 원칙은 [그림 6-1]과 같다. 주어부는 항상 URIref를 포함하는 원으로 나타내고, 서술부는 주어부에서 목적부로 향하는 화살표와 그 옆의 URIref를 통해 나타낸다. 목적부는 URIref일 때에는 타원 안에 URIref를 넣고, 문자열 데이터가 올 때에는 직사각형 안에 그 내용을 넣는다.

[그림 6-1]은 주어부를 공통으로 갖는 두 개의 서술문을 보여주며 하나의 주어부에 여러 개의 서술부가 연결되기도 한다. 또한 목적부가 다시 다른 서술문의 주어부가 되어 트리플이 연속되기도 하고, 서술문 자체가 하나의 목적부가 될 수도 있다. 예를 들어, '동건은 태희가 사과를 좋아한다고 말했다'라는 문장에서 '동건'은 주어부, '말했다'는 서술부, '태희가 사과를 좋아한다'는 전체 서술문의 목적부가 된다. 이렇게 하나의 서술문에 대한 서술문을 추가하여 모델링 하는 것을 구체화(reification)[3]라 한다. 구체화 메커니즘에 의해 서술문은 순서에 관계없이 계속적으로 추가될 수 있고 여러 개의 다양한 서술문이 혼합되어 하나의 데이터 모델을 이루는 것이다.

[3] 구체화(reification)는 인스턴스에 의해 만들어진 단언(assertion)적 지식을 표현하는 메커니즘으로 이와 관련된 어휘에는 rdf : Statement, rdf : subject, rdf : predicate, rdf : object 등이 있다. 본문의 예에서는 '동건'이라는 인스턴스가 '태희는 사과를 좋아한다'는 단언적 지식을 말한 경우에 해당한다. 우선 rdf : Statement 인스턴스를 하나 만들고 이 서술문의 주어부(rdf : subject)는 '태희', 서술부(rdf : predicate)는 '좋아한다', 목적부(rdf : object)는 '사과'로 지정한다. 그러면 '태희는 사과를 좋아한다'라는 하나의 서술문이 만들어진다. 이를 편의상 작은 서술문이라고 가정하자. 그런 다음에 '동건'과 '말했다'를 이 작은 서술문에 대한 주어부와 서술부로 각각 명시하면 "동건은 '태희가 사과를 좋아한다'고 말했다"라는 큰 서술문을 표현할 수 있다.

▶ 그림 6-1 RDF 트리플 그래프

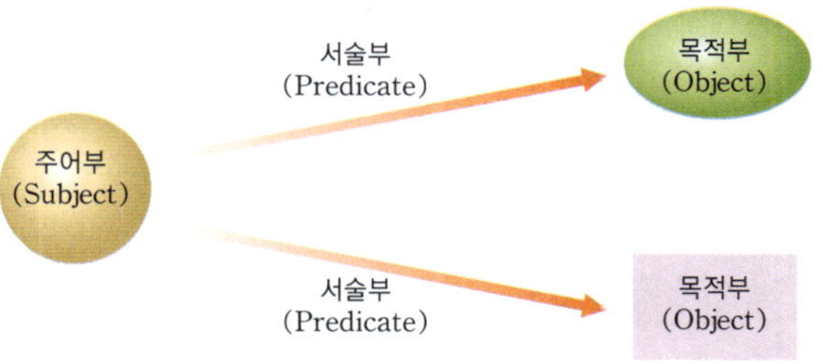

이처럼 RDF는 아주 간단한 구조를 이용하여 현실 세계에 존재하는 사물의 특성과 사물간의 관계를 효과적으로 나타낼 수 있는 획기적인 온톨로지 마크업 언어지만, 다음과 같은 한계점을 지니고 있다(Antoniou and Harmelen, 2004).

- RDF의 속성은 양쪽에 인수가 두 개인 이진 속성(binary property)이다. 인수가 두 개 보다 많을 때에는 트리플을 확장하여 비슷한 정보를 표현할 수는 있지만 자연스럽지 못하며, 한 번에 이해하기 어렵다.
- 구체화 메커니즘은 매우 강력한 표현력을 제공하지만 이러한 기능이 시맨틱 웹의 기본 계층에 놓여있기에는 복잡성을 더하여 부적합한 측면이 있다.
- RDF의 XML 기반 신택스가 컴퓨터 처리를 위해서는 매우 적합하지만 사람들에게는 그리 친숙하지 않다.

이러한 한계점에도 불구하고 RDF는 시맨틱 웹의 기본 계층으로서의 충분한 표현력을 제공하며, 다양한 온톨로지 툴들을 사용하면 RDF 신택스를 정확히 몰라도 편리하고 쉽게 RDF를 편집할 수 있다.

2.2 RDF 그래프와 코딩 예

앞서 언급했듯이 RDF 데이터 모델을 컴퓨터가 처리할 수 있는 형태로 표현하기 위해서는 구체적인 신택스가 필요하다. RDF 데이터 모델을 표현할 수 있는 추천 신택스는 XML 기반의 RDF/XML, N-트리플[4], N3 등이 있으며, 이 중 RDF/XML이 제일 많이 사용되고 있다. 본 chapter에서는 모든 코딩을 RDF/XML 신택스로 표현하도록 하겠다.

[4] 4. N-트리플은 RDF 그래프를 인코딩하는 라인 단위의 단순한 텍스트 형식이다. RDF와 상호 보완해 나갈 목적으로 W3C의 팀버너스리에 의해 지속적인 관리와 기능추가가 이루어지고 있는 N3의 부분집합으로 디자인되어 N3툴을 사용하여 처리될 수 있다.

구체적인 예를 신택스로 설명하기 전에 문서의 앞부분에 오는 엔터티(ENTITY) 정의에 대해 잠깐 살펴보기로 하자. 엔터티는 매번 긴 문자열을 써야 하는 번거로움을 줄이기 위해, 지정된 짧은 문자열로 긴 문자열을 대체하고자 할 때 사용된다. RDF/XML에서 엔터티 정의는 문서타입 정의(DOCTYPE : Document Type Declaration) 안에 포함되며, '&지정된 문자열;' 형식으로 앞에서 정의된 엔터티를 사용한다. 예를 들어 다음과 같은 코드가 들어있는 문서가 있다고 하자.

```
<!DOCTYPE rdf : RDF   [
   <!ENTITY printer  “http://Ontology.snu.ac.kr/printer#” >]>
```

여기에서는 지정된 문자열이 'printer' 인 경우이므로 이 문서 안에서 발견되는 모든

'&printer;' 는 'http://Ontology.snu.ac.kr/printer#' 로 대치된다. RDF/XML에서는 애트리뷰트에 대한 값으로 URIref가 오는 경우에 QName(Qualified Name)[5]의 사용을 제한하고 절대 URIref나 상대 URIref를 쓰도록 하고 있다. 이 때 절대 URIref 안에서 엔터티를 활용하면 효과적이다. 다음과 같은 코드를 살펴보자.

[5] QName은 네임스페이스 URI에 배정된 접두어(prefix)와 ':', 그리고 로컬 이름(local name)으로 이루어진다. 절대 URIref에 대한 축약형으로 주로 태그 이름 안에 사용된다. 'ontbook' 이 'http://Ontology.snu.ac.kr/ont-book#' 에 대한 접두어라고 할 때 'ontbook:owns' 란 QName이 있다면, 이것은 'http://Ontology.snu.ac.kr/ont-book#owns' 를 의미한다.

```
<!DOCTYPE rdf : RDF [
<!ENTITY ontbook "http://Ontology.snu.ac.kr/ont-book#" >]>

<rdf : Description rdf : about= "&ontbook;Kimdk'>
```

이 예에서는 'rdf : about' 이란 애트리뷰트에 대한 값을 'ontbook' 이란 엔터티를 사용하여 표현했다. 간결성을 위해, 앞으로 본 chapter나 chapter 7장에서 예로 제시되는 코드에서는 엔터티 정의가 따로 없는 경우라도 '&지정된 문자열;' 형태가 나오면 이에 해당하는 엔터티가 정의되어 있다고 간주한다. 이제 다음 예문을 통해 RDF/XML 코딩을 접해보도록 하자.

"김동건은 온톨로지텍이란 회사를 소유하고 있다"

"온톨로지텍의 홈페이지 주소는 http://www.Ontologytech.com/~ont 이다"

"김동건은 경영학을 전공했다"

"김동건의 나이는 34세이다"

이 내용을 RDF 그래프로 나타내면 [그림 6-2]와 같다.

▶ 그림 6-2 RDF 그래프 예

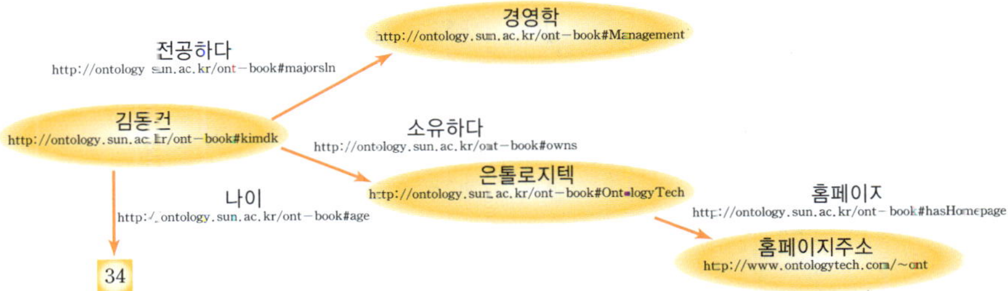

[그림 6-2]를 RDF/XML로 코딩하면 [코드 6-1]과 같다.

▶ 코드 6-1 RDF/XML 코딩 예

```
<rdf : RDF
        xmlns : rdf= "http://www.w3.org/1999/02/22-rdf-syntax-ns#"
```

```
3            xmlns : ontbook= "http://Ontology.snu.ac.kr/ont-book#"

4            <rdf : Description rdf : about= "&ontbook ; Kimdk" >
5                  <ontbook : majorsIn rdf : resource= "&ontbook ; Mangement" />
6                  <ontbook : owns>
7                        <rdf : Description rdf : about= "&ontbook : OntologyTech" >
8                                  <ontbook : hasHompage rdf : resource=" http://
                                   www.Ontologytech.com/~ont" />
9                        </rdf : Description>
10                 </ontbook : owns>
11                 <ontbook : age rdf : datatype= "&xsd ; integer" >34</ontbook : age>
12           </rdf : Description>
13 </rdf : RDF>
```

다음은 [코드 6-1]을 해석하는 데에 도움이 될 만한 기본 사항들이다.

첫째, RDF 문서는 대부분 하나의 rdf : RDF 요소(element)와 하나 이상의 rdf : Description 요소로 이루어져 있다. <rdf : RDF>는 이 문서가 RDF 문서임을 알게 해 준다. 하나의 <rdf : Description> 안에는 하나 이상의 서술문이 들어있고, <rdf : Description>은 중첩될 수 있다.

둘째, XML 네임스페이스[6] 메커니즘이 RDF에서도 사용되며 RDF에서의 네임스페이스는 흔히 자원을 정의하는 문서를 가리킨다. 이미 정의된 온톨로지 용어를 다른 문서에서 사용할 때 주로 쓰이는 네임스페이스는 자원의 재사용을 가능하게 하여 분산된 대규모 지식 집합의 형성을 가능하게 해준다. RDF 문서는 [코드 6-1]의 라인 2~3에서와 같이 최상위 요소인 <rdf : RDF> 안에 필요한 네임스페이스를 선언한다.

셋째, [코드 6-1]의 라인 4와 7에서처럼 <rdf : Description> 요소는 자원을 지칭하는 rdf : about이란 애트리뷰트(attribute)를 포함한다. rdf : about 애트리뷰트는 단편 식별자를 명시해주는 rdf : ID 애트리뷰트와 동등한 의미를 가지고 있지만 서술되고 있는 자원이 다른 곳에서 이미 정의되었다는 것을 암시해준다. rdf : ID는 임의의 베이스 URI 안에서 온톨로지 용어가 처음 정의될 때 한 번만 사용된다. RDF 서술문의 집합은 단지 하나의 거대한 그래프를 이루므로 자원을 한 곳에서 정의하고 다른 곳에서 이 자원에 대해 언급하는 것은 상상할 수 없는 일이다. 그런데 모든 자원을 URIref에 의해 명시하는 연속된(serialized) RDF/XML 신택스에서는 한 곳에서 자원을 정의하고 다른 곳에서 이것에 대한 추가적인 속성을 기술하는 것이 가능하다. rdf : Description 요소의 자식요소

■ 6. 네임스페이스(namespace)는 일종의 어휘집으로, 이름은 같지만 다른 의미를 가지고 있는 요소나 속성이 서로 충돌하는 것을 예방하기 위한 방법이다. 네임스페이스에 있는 어떤 요소나 속성인지를 명시해주면 그 네임스페이스에서 해당 정의를 찾게 된다. 네임스페이스 이름으로 URL 형식을 사용하는 이유는 컴퓨터 세상에서 절대로 중복되지 않을 이름이 바로 URL이기 때문이다.

(child element)는 속성요소(property element)라 불린다. 예를 들어, 다음과 같은 RDF/XML 코드를 살펴보자.

```
<rdf : Description rdf : about="&ontbook;Kimdk">
        <ontbook : majorsIn rdf : resource="&ontbook;Management"/>
        <ontbook : age rdf : datatype="&xsd;integer">34</ontbook : age>
</rdf : Description>
```

위에서 두 요소 '전공하다(ontbook : majorsIn)'와 '나이(ontbook : age)'는 각각 "&ontbook;"에 정의된 '김동건(Kimdk)'에 대한 '속성(서술부)-속성값(목적부)' 쌍을 나타낸다. 그러므로 여기에서의 rdf : Description은 두 개의 RDF 서술문을 표현하는 것이다. [코드 6-1]에서도 라인 5, 6, 8, 11에서처럼 <rdf : Description> 요소의 자식요소는 모두 해당 자원이 가지고 있는 속성을 나타낸다. 이러한 속성에 대한 값은 요소의 내용으로 기록된다.

넷째, rdf : resource는 rdf : about이나 rdf : ID처럼 자원을 분명하게 지칭하기 위해 사용되지만 자원에 대한 다른 정보나 지식을 추가하지 않을 때에도 사용된다. 그러므로 주로 목적부에 해당하는 자원을 가리킬 때 많이 쓰인다. 다음 코드를 살펴보자.

```
<rdf : Description rdf : about="#000001">
        <ontbook : name>Kimdk</ontbook : name>
        <ontbook : age rdf : datatype="&xsd;integer">34</ontbook : age>
</rdf : Description>

<rdf : Description rdf : about="#COM345">
        <ontbook : name>OntologyTech</ontbook : name>
        <ontbook : isOwnedBy>Kimdk<ontbook : isOwnedBy>
</rdf : Description>
```

여기에서 '#000001'에 해당하는 '김동건(Kimdk)'과 '#COM345'를 소유하고 있는 '김동건(Kimdk)'이 이름만 같고 다른 사람일 수 있는 가능성을 배제할 수 없다. 그러므로 이러한 경우에 다음과 같이 rdf : resource 애트리뷰트를 사용하여 위 코드의 마지막 부분을 바꾸면 두 '김동건(Kimdk)'이 같은 사람이라는 것을 분명히 나타낼 수 있다.

```
<rdf : Description rdf : about="#COM345">
        <ontbook : name>OntologyTech</ontbook : name>
        <ontbook : isOwnedBy rdf : resource="#000001"/>
</rdf : Description>
```

rdf : resource도 rdf : about과 마찬가지로 URIref를 값으로 취하며 [코드 6-1]의 라인 5처럼 엔터티를 활용하여 나타낼 수 있다.

다섯째, [코드 6-1]의 라인 11이나 앞 예에서도 찾아볼 수 있는 rdf : datatype= "&xsd;integer"는 데이터 타입 속성인 '나이(age)'의 속성 값의 범위를 정해주기 위해 사용된 애트리뷰트이다. 여기에서는 '나이(age)'가 정수(integer)임을 나타낸다.

이상에서 설명된 것 외에 더 많은 RDF 어휘를 알고 싶은 독자는 부록(APPENDIX A)을 참고하기 바란다. APPENDIX A에서는 RDF Schema 어휘도 신택스에 대한 설명과 함께 제공된다.

03 RDF Schema

3.1 RDF와 RDF Schema

RDF에는 속성의 도메인을 제한하거나 비슷한 자원을 한 데 묶어서 클래스로 표현하는 기능이 없다. 따라서 자원들이 트리플 구조로 연결되어 있어도 그것이 실질적으로 어떤 의미를 지니는지 컴퓨터가 정확하게 이해할 수 없다. 예컨대 '김동건은 학생이다'와 '학생은 사람이다'라는 두 가지의 서술문이 RDF로 표현되었다고 가정하자. 사람은 이를 보고 김동건이 사람이라는 사실을 추론할 수 있다. 그러나 컴퓨터는 김동건이 사람이라는 사실을 전혀 알 수가 없다. 왜냐하면 비슷한 개체를 묶는 클래스의 개념도 없고, 클래스와 클래스의 계층을 나타내는 상하위 클래스의 개념도 없기 때문이다. RDF의 이와 같은 문제는 2004년 2월에 W3C 권고안[7]으로 발표된 RDF Schema에 의해 어느 정도 해결된다. RDF를 프레임기반으로 확장한 RDF Schema(Brickley and Guha, 2004)를 이용하면 도메인에 필요한 어휘와 기본 가정들을 정의할 수 있다.

[7] http://www.w3.org/TR/2004/REC-rdf-schema-20040210/

RDF Schema로 표현된 데이터 모델은 자바와 같은 객체지향 프로그래밍 언어의 데이터 모델과 비슷하다. RDF Schema도 속성과 메소드(method)를 가지고 있는 객체에 대한 템플릿으로서의 클래스와 하위 클래스가 상위 클래스의 속성과 메소드를 물려 받는 클래스 상속이라는 개념을 지원한다. [그림 6-3]은 '나이(age)'라는 애트리뷰트(attribute)를 가진 '사람(Person)' 클래스와, 이 클래스의 하위 클래스이면서 '전공하다(majorsIn)'와 '소유하다(owns)'라는 메소드를 갖는 '고용주(Employer)' 클래스 및 관련 클래스들의 관계를 UML(Unified Modeling Language) 클래스 다이어그램으로 보여주고 있다. 하나의 클래스를 나타내는 사각형은 클래스 이름, 애트리뷰트, 메소드를 기록하기 위한 세 개의 작은 섹션으로 나누어져 있다. '홈페이지(Homepage)' 와 '전공(Major)' 클래스에서는 간결성을 위해 애트리뷰트와 메소드를 생략했다.

▶ 그림 6-3 UML 클래스 다이어그램 예시

RDF Schema와 객체지향 모델링의 큰 차이점은 속성을 다루는 방법이다. 객체지향에서는 클래스 정의 안에 속성이 포함되므로 새로운 속성을 추가하려면 클래스 정의까지 수정해야만 한다. 반면에 RDF Schema에서는 속성이 해당 온톨로지의 전 범위에 걸쳐 유효성을 가지며 이에 따라, 클래스 정의를 바꾸지 않고도 새로운 속성을 기존 클래스에 적용할 수 있다. 다시 말해 RDF Schema에서는 속성을 클래스와 독립적으로 정의하고, 이 속성에 대한 주어부가 될 수 있는 클래스(domain)와 목적부로 올 수 있는 클래스(range)를 명시한다.

[그림 6-2]는 [그림 6-3]과 같은 스키마에 대한 인스턴스 정보라고 할 수 있다. [그림 6-3]을 RDF Schema그래프로 나타내면 [그림 6-4]의 RDF Schema부분에 해당된다. [그림 6-4]는 RDF와 RDF Schema 의 관계를 보여주며, RDF 부분은 [그림 6-2]와 같은 것이다. [그림 6-4]에서 사각형은 속성을, RDF Schema와 RDF의 경계선 위쪽에 있는 타원들은 클래스를, 경계선 아래 타원들은 인스턴스를 나타낸다. 하나의 RDF Schema에 대한 RDF 인스턴스 정보는 '김동건' 에 대한 것뿐만 아니라 '서태희' 나 '오혜수' 등 무한히 대응될 수 있다.

▶ 그림 6-4 RDF와 RDF Schema

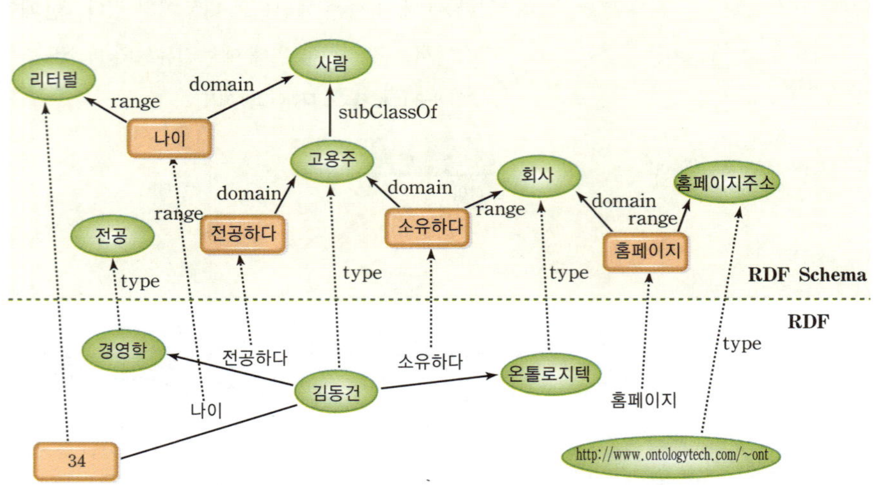

[그림 6-4]와 같은 RDF Schema를 사용하는 RDF 문서에 다음 문장에 해당하는 RDF/XML 코드가 들어 있다고 하자.

"서태희는 의류디자인학을 소유하고 있다"

사람들은 '엉? 이게 뭐야, 말이 안되잖아!' 라고 금방 생각할 수 있지만 컴퓨터는 RDF Schema의 '소유하다' 에 대한 제약조건을 가지고 이 문장이 잘못되었다는 것을 깨닫는다. [그림 6-4]의 RDF Schema에서 '소유하다' 는 '고용주' 를 주어부(domain)로, '회사' 를 목적부(range)로 취하도록 규정되어 있다. '의류디자인학' 은 '회사' 가 아니므로 '소유하다' 의 목적부가 될 수 없다.

RDF Schema의 중요성은 다음과 같은 아주 간단한 예를 통해서도 짐작해 볼 수 있다. 다음의 XML 코드가 있을 때 모든 '사람' 을 검색한다고 해 보자.

```
<사람>서태희</사람>
< 사람 >오혜수</사람>
<고용주 이름="김동건">
    <소유하다>온톨로지텍</소유하다>
</고용주>
```

검색 결과는 서태희와 오혜수뿐일 것이다. 사람들은 당연히 김동건도 사람에 포함시켜 답을 하겠지만 XML만을 해석하는 컴퓨터는 고용주도 사람이라는 것을 알 길이 없다. RDF를 사용해도 이와 같은 문제는 해결되지 않는다. 그러나 [그림 6-4]와 같은 RDF Schema가 있다면 컴퓨터도 정확한 답을 찾을 수 있다. 그림에서 '고용주'는 '사람'의 하위 클래스(subClassOf)로 정의되어 있다. 이는 모든 고용주 인스턴스는 사람의 인스턴스가 된다는 것을 의미하고, 이것은 RDF Schema 어휘 중 하나인 subClassOf 자체가 가지고 있는 시맨틱스(semantics)이기 때문에 컴퓨터가 추론할 수 있다.

지금까지 설명한 내용을 토대로 RDF Schema의 역할을 간략하게 정리해 보면 다음과 같다.

- 해당 도메인을 기술하기 위해 필요한 어휘를 정의한다.
- 속성이 어떤 종류의 자원에 대해 적용될 수 있고 어떤 값을 취할 수 있는지를 정의한다.
- 자원 및 속성 간의 계층구조를 포함하는 다양한 관계를 정의할 수 있다.

3.2 기본 요소 : 클래스와 속성

3.2.1 클래스(Class)

RDF Schema에는 RDF에 없는 '클래스'라는 개념이 존재한다. 클래스는 동일한 속성을 지니고 있어 하나의 부류로 모아지는 개체들의 그룹을 의미한다. 예를 들면, A, B, C가 모두 서울대학교 경영학과에서 MIS를 전공하는 대학원생이라는 공통의 특징을 지니고 있다면, 이들을 묶어서 '서울대 경영학과 MIS 전공 대학원생'이라는 클래스를 만들 수 있는 것이다.

클래스는 그 의미에 따라 계층을 형성하게 된다. 보다 하위에 있는 클래스는 rdfs : subClassOf라는 어휘를 통해 상위 클래스와 연결된다. 하위 클래스에 속한 인스턴스는 자동으로 상위 클래스에도 속하게 된다. 그리고 하나의 하위 클래스는 여러 개의 상위 클래스를 지닐 수 있다.

그렇다면 이와 같은 클래스와 클래스의 계층관계가 어떻게 표현되는지 알아보자. 가령 '레이저 프린터(LaserPrinter)'가 '프린터(Printer)'의 하위 클래스라고 할 때, 다음과 같이 표현할 수 있다.

```
<rdfs : Class rdf : ID="LaserPrinter">
    <rdfs : subClassOf rdf : resource="#Printer" />
</rdfs : Class>
```

이처럼 rdfs : subClassOf는 항상 <rdfs : Class>와 </rdfs : Class> 사이에서만 쓰인다.

3.2.2 속성(Property)

RDF에서 속성이 자원과 자원의 관계를 나타내는 것이었다면, RDF Schema에서는 클래스와 클래스의 관계를 나타내는 것이다. 앞서 설명한 클래스라는 개념을 통해 모든 개체를 효율적으로 묶어서 표현할 수 있게 되었다. 클래스는 다른 클래스와 관계(relationship)를 형성하여 보다 풍부한 의미를 전달하게 된다. 예를 들어 '교수'와 '강좌'라는 클래스가 제각기 독립적으로 존재할 때에는 '김동건', '서태희', '오혜수'라는 세 개체가 교수라는 것과 '경영학개론', '온톨로지개론', '시맨틱웹'이라는 세 개체가 강좌라는 정보 밖에 알려주지 않지만, '가르치다'라는 관계가 둘 사이에 개입하게 되면, '오혜수 교수가 시맨틱웹 강좌를 가르친다' 등의 새로운 의미를 형성할 수 있게 되는 것이다. 이처럼 속성은 클래스를 다른 클래스와 연결하여 더 풍부한 지식 표현을 가능케 한다.

RDF Schema에서 속성과 관련된 중요한 개념으로 정의역(domain)과 공역(range)이 있다. 이는 속성의 주어부와 목적부에 올 수 있는 클래스의 범위를 지정하는 것이다. RDF의 경우 어떤 속성의 주어부와 목적부에 올 수 있는 자원의 범위가 지정되지 않았다. 그러나 RDF Schema에서는 '어떤 속성을 취할 수 있는 클래스[8]'의 범위를 제한하고, '그 속성이 속성값을 취할 수 있는 범위[9]'를 제한할 수 있는 것이다. 이는 rdfs : domain과 rdfs : range라는 어휘를 통해 표현된다.

[8] 이는 주어부에 해당한다.
[9] 이는 목적부에 해당한다.

예를 통해서 이를 이해해 보자. 가령 '제조되다'라는 속성이 있고, 이 속성의 주어부에는 반드시 '프린터'라는 클래스의 인스턴스만 올 수 있다. 그리고 '프린터'의 인스턴스가 '제조되다'를 속성으로 취했을 때, 그 속성값은 언제나 그 프린터를 만드는 '제조회사'의 인스턴스여야만 한다. 이런 관계에서 정의역과 공역은 각각 '프린터'와 '제조회사'이다. 이를 RDF Schema로 나타내면 다음과 같다.

```
<rdf : Property rdf : ID="제조되다">
    <rdfs : domain rdf : resource="#프린터" />
    <rdfs : range rdf : resource="#제조회사" />
</rdf : Property>
```

위와 같이 나타내면 어떤 종류의 프린터가 '제조되다'라는 속성과 연결이 되어도 그 속성값은 항상 '제조회사'라는 클래스 내에 있는 인스턴스 중 하나여야만 한다.

여기서 주의할 것은 하나의 속성에 대해서 정의역과 공역은 오로지 하나씩만 정의할 수 있고, 특정한 클래스를 정의역이나 공역으로 지정하지 않았을 경우에는 모든 클래스를 범위로 인식한다. 예를 들어서 위의 경우처럼 '제조되다' 라는 속성의 정의역과 공역을 '프린터' 와 '제조회사' 로 각각 지정하지 않는다고 가정하자. 그러면 '프린터' 클래스의 인스턴스뿐만 아니라 컴퓨터, 복사기, 스피커, 심지어는 제조회사까지 모두 '제조되다' 를 취하는 주어부의 자리에 올 수 있게 된다. 또한 목적부의 자리에 올 수 있는 자원도 '제조회사' 에 한정되지 않고 모든 자원을 그 범위로 한다. 주의할 것은 정의역과 공역이 한 번 지정되면 온톨로지 전체에 걸쳐 유효하게 적용된다는 것이다. 따라서 특정 속성에 대해서 한 번 지정된 정의역이나 공역을 번복하거나 다른 정의역이나 공역을 추가할 수 없다.

속성도 클래스와 마찬가지로 계층적관계를 나타낼 수 있다. 이는 rdfs : subPropertyOf를 통해 표현되며, 기본 원리는 rdfs : subClassOf와 같다. 예를 들면 '~의 딸이다(isADaughterOf)' 라는 속성은 '~의 자식이다(isAChildOf)' 라는 속성의 하위 속성이라고 할 수 있다. A가 B의 딸이라는 사실에는 A가 B의 자식이라는 의미가 당연하게 포함되기 때문에 '~의 딸이다' 라는 속성은 '~의 자식이다' 라는 속성의 하위 속성이라고 할 수 있다. 어떤 속성이 다른 속성의 하위 속성이 되면 이 속성은 자동적으로 상위 속성의 정의역과 공역을 자신의 정의역과 공역으로 인식하게 된다. 이를 RDF Schema로 나타내면 다음과 같다.

```
<rdf : Property rdf : ID="isADaughterOf">
    <rdfs : subPropertyOf  rdf : resource="#isAChildOf">
</rdf : Property>
```

3.3 RDF Schema 코딩 예

지금까지 짤막한 예들을 통해 RDF Schema의 개념을 설명하였다. 이제 보다 길고 자세한 RDF 어휘를 통해 실제로 RDF Schema가 어떤 식으로 코딩되는지를 살펴보자. RDF Schema도 RDF와 마찬가지로 RDF/XML이라는 언어 형식을 통해 컴퓨터가 이해할 수 있는 코드로 변환된다. [그림 6-4]에서 그래프로 표현된 RDF Schema를 RDF/XML로 코딩한 것이 [코드 6-2]이다.

▶ 코드 6-2 RDF Schema 코딩 예

```
<?xml version= "1.0"  encoding= "euc-kr" ?>
<!DOCTYPE rdf : RDF [
        <!ENTITY rdfs "http://www.w3.org/2000/01/rdf-schema#" >
        <!ENTITY rdf "http://www.w3.org/1999/02/22-rdf-syntax-ns#" >
]>
<rdf : RDF xmlns : rdfs= "&rdfs;"
        xmlns : rdf= "&rdf;"
        xml : base= "http://Ontology.snu.ac.kr/ont-book" >

<rdfs : Class rdf : ID= "Person"
        rdfs : label= "사람" >
        rdfs : subClassOf  rdf : resource= "&rdfs ; Resource" />
</rdfs : Class>

<rdfs : Class rdf : ID= "Employer"
        rdfs : label= "고용주" >
        <rdfs : subClassOf  rdf : resource= "#Person" />
<rdfs : Class>

<rdfs : Class rdf : ID= "Company"
        rdfs : label= "회사" >
        <rdfs : subClassOf  rdf : resource= "&rdfs ; Resource" />
<rdfs : Class>

<!--Major, Homepage에 대한 정의는 위의 클래스 정의와 비슷하므로 중략 -->

<rdf : Property rdf : ID= "owns"
        rdfs : label= "소유하다" >
        <rdfs : domain rdf : resource= "#Empoyer" />
        <rdfs : range rdf : resource= "#Company" />
</rdf : Property>
<rdf : Property rdf : ID= "age"
        rdfs : label= "나이" >
        <rdfs : domain rdf : resource= "#Person" />
        <rdfs : range rdf : resource= "&rdfs ; Literal" />
<rdf : Property>


<!-- majorsIn, hasHomepage에 대한 정의는 위의 속성 정의와 비슷하므로 중략 -->
</rdf : RDF>
```

위 코드의 이해를 돕기 위해 [코드 6-2]에서 사용된 RDF Schema 어휘들을 정리해 보면 [표 6-1]과 같다.

▶ **표 6-1 코드 6-2에서 사용된 RDF Schema 주요 어휘**

어휘	설명
rdfs : Class	클래스를 정의하는 요소(element) 속성(properties)을 클래스에 할당하기 위해서는 rdf : Property, rdfs : range, rdfs : domain을 함께 사용함 클래스 식별자(identifier)로서 rdf : about 애트리뷰트에 UFIref를 써 줌
rdfs : label	클래스에 사람이 이해할 수 있는 라벨을 붙여주는 애트리뷰트
rdfs : subclassOf	한 클래스가 다른 기존 클래스의 하위 클래스임을 명시하는 요소
rdf : Property	클래스의 속성(property)을 정의하는 요소(element) rdfs : range, rdfs : domain와 함께 사용됨
rdfs : domain	미리 정의된 클래스를 값으로 가지며, 한 속성이 어떤 클래스에 속하는지를 정의하는 애트리뷰트
rdfs : range	미리 정의된 클래스를 값으로 가지며, 한 속성이 취할 수 있는 값의 범위를 정의하는 애트리뷰트
rdfs : Literal	문자열이나 정수 같은 상수 값들로 이루어진 클래스

[코드 6-2]에서 라인 1은 XML문서 선언부분으로 XML버전과 인코딩 방식을 지정한 것이며, 라인 2에서 5는 필요한 엔터티를, 라인 6에서 7은 네임스페이스를 정의한 것이다. 라인 8은 베이스 URI를 명시한 것으로 이 문서 안에 포함된 모든 상대 URIref와 rdf : ID의 단편 식별자는 이를 기준으로 해석된다. 예를 들어 라인 9의 rdf : ID="Person"은 베이스 URI인 "http://Ontology.snu.ac.kr/ont-book"과 '#'을 붙여 "http://Ontology.snu.ac.kr/ont-book#Person"이란 절대 URIref로 이해하면 된다. 라인 9에서 12는 '사람(Person)' 클래스가 루트 클래스인 '자원(Resource)' 클래스의 하위 클래스임을, 라인 13에서 16은 '고용주(Employer)' 클래스가 '사람(Person)' 클래스의 하위 클래스임을 명시한다. 라인 23은 속성 '소유하다(owns)'가 '고용주(Employer)' 클래스의 인스턴스만을 주어부로 가짐을, 라인 24는 속성 '소유하다(owns)'가 '회사(Company)' 클래스의 인스턴스만을 목적부에 대한 값으로 가짐을 나타낸다.

이처럼 RDF Schema는 클래스의 계층구조와 각 속성에 대한 제약조건을 정의해준다. 또, 앞에서 언급했던 것처럼, 라인 21과 25으로부터 UML에서의 애트리뷰트에 해당되는 '나이(age)'와 메소드에 해당되는 '소유하다(owns)'가 RDF Schema에서는 모두 속성(rdf : Property)으로 표현되는 것을 알 수 있다.

04 RDF(S)의 한계점

RDF와 RDF Schema는 현실 세계의 여러가지 개념을 표현할 수 있는 방법을 제공한다. 특히 RDF와 RDF Schema의 기본이 되는 RDF 데이터 모델(자원과 속성의 트리플 구조)은 간단한 형태로 무한한 지식을 표현할 수 있다는 장점이 있다. 왜냐하면 어떠한 지식도 '(자원)-(속성)-(자원)' 의 형태로 분절하여 나타내기만 하면 되기 때문이다. 다만, 이같은 RDF 데이터 모델은 자원과 자원을 특정한 형태로 연결시켜 놓은 것에 불과해서 자원 간의 관계를 정확하게 나타내는 데에 한계가 있다.

이러한 RDF의 한계를 극복하기 위해 유사한 개체를 묶어서 하나의 클래스로 정의하고 속성을 기술할 수 있도록 하는 스키마 언어가 등장하게 되었는데 이것이 바로 RDF Schema이다. 앞절에서 설명하였듯이 RDF Schema는 클래스와 속성의 계층구조를 정의하고 각 속성이 서술부와 목적부에 어떤 값을 취할 수 있는지 정의역과 공역의 개념을 사용하여 나타낸다. 이를 통해 사람뿐만 아니라 컴퓨터 처리가 가능한 형태로 메타데이터의 속성과 클래스 간의 관계 표현이 가능하게 되었다.

그러나 RDF Schema는 클래스 간의 계층구조를 나타내고 각 속성의 정의역과 공역을 표현하는 수준에 그쳐서 정보의 의미를 표현하는 데에 부족함이 많다. 실제로 현실 세계의 개념을 표현하는 데에 있어서 매우 중요하지만 RDF Schema가 표현할 수 없는 것에는 다음과 같은 것들이 있다(Antoniou and Harmelen, 2004).

- 속성에 대한 다양한 범위 지정 : rdfs : range를 통해 특정한 속성이 지니는 속성값의 범위를 제한하는 것이 가능해졌다. 그러나 이는 온톨로지 전체에 대해 적용되는 것이며 주어부에 따라 다르게 지정할 수 없어 불편할 때가 많다.
- 특별한 속성의 특징 표현 : 속성에도 여러가지 종류가 있는데, RDF(S)에서는 모든 속성을 동일하게 취급하기 때문에 분류학상으로 정교하지 못하다.
- 복잡한 클래스의 정의 : 클래스 역시 속성과 마찬가지로 부울 연산 등을 통해 기존의 클래스를 재조합할 수 있어야 하는데, RDF(S)에서는 이를 가능케 하는 어휘를 제공하지 않는다.
- 클래스의 비접합성(disjointness) 표현 : 클래스 간에 공통의 인스턴스가 없는 경우, 이를 나타낼 수 있는 어휘가 없다.

- 동치성(equality)과 비동치성(inequality)의 표현 : 각기 다른 온톨로지를 병합하거나 재사용할 때 이름이 다르지만 같은 의미를 지닌 클래스나 속성의 동치성을 표현할 수 없고, 이름이 같지만 다른 의미를 지닌 클래스나 속성의 비동치성을 표현할 수 없다.
- 관계차수(cardinality)의 제한 : 어떤 클래스가 특정한 속성을 통해 몇 개의 속성값을 지닐 수 있는지에 대해 제한할 수 없다.

위와 같은 표현상의 한계 때문에 모델링 요소들을 확장하고 언어의 표현력을 강화한 OWL과 같은 웹 온톨로지 언어가 등장하게 되었다. 위에서 지적한 문제점들은 다음 chapter에서 OWL의 추가된 기능 등을 설명하면서 다시 자세하게 언급될 것이다.

chapter 7

OWL(Web Ontology Language)

OWL(Web Ontology Language)은 RDF와 RDF Schema의 문제점을 보완하기 위해 W3C의 후원으로 개발이 시작되었으며, 2004년에 W3C의 권고안이 된 온톨로지 마크업 언어이다. 현재로서는 OWL이 다른 온톨로지 마크업 언어에 비해 표현력이나 추론 능력에 있어서 가장 뛰어난 언어라고 평가되고 있으며 또한 가장 널리 사용되고 있다.

현재 개발된 OWL은 OWL Lite, OWL DL, OWL Full의 세 종류로 나뉜다. 후자로 갈수록 표현력이 향상되는 대신에 효율적인 추론 기능의 지원이 어려워진다[1]. OWL Full은 표현력이 우수하지만 아직까지 이를 완벽하게 지원하는 추론 시스템이 구현된 바가 없기 때문에 현재 가장 각광을 받고 있는 것은 OWL DL이다.

1. http://www.w3.org/TR/2004/REC-owl-features-20040210/

본 chapter의 구성은 다음과 같다. 1절에서는 OWL의 가장 기본적인 요소라고 할 수 있는 '클래스(class)'와 '속성(property)'의 개념에 대해 살펴본다. 2절에서는 RDF(S)와 비교하여 OWL이 새롭게 제공하는 기능이 어떠한 것들이 있는지를 구체적인 신택스와 함께 살펴본다. 3절에서는 세 종류의 OWL이 어떤 어휘를 포함하며 각각의 어휘를 통해 표현할 수 있는 내용과 제약 조건이 무엇인지를 알아본다. 그리고 마지막으로 4절에서는 사례를 통해 온톨로지가 OWL 로 어떻게 표현되는지를 알아보자.

01 OWL의 기본 요소 : 클래스와 속성

RDF Schema와 마찬가지로 OWL 역시 '클래스'와 '속성'이라는 두 축을 통해 의미를 표현한다. 여기서는 OWL의 클래스와 속성에 대해 정의하고, 이와 관련하여 꼭 이해하고 넘어가야 할 기본적인 사항을 간단한 예와 함께 설명할 것이다. 제목 밑에 글머리 기호로 나타나 있는 것은 각 절에서 설명하는 내용과 관련하여 쓰이는 어휘로서, 특별히 'rdf:' 또는 'rdfs:'를 앞에 붙이지 않은 것은 모두 OWL의 네임스페이스(namespace)를 사용하는 것이다.

1.1 클래스, 개체 및 클래스 계층구조

- Class, Thing, rdfs : subClassOf

클래스는 동일한 속성을 지니고 있어 하나의 부류로 모아지는 개체들의 그룹을 의미한다. 이는 기본적으로 RDF Schema에서 나온 클래스 개념과 같다. OWL에서 클래스는 owl : Class로 표현된다. OWL Full의 owl : Class는 rdfs : Class와 그 의미가 같다[2]. 반면 OWL Lite와 OWL DL의 owl : Class로는 RDF Schema에서와 똑같이 rdfs : Class를 표현할 수 없다. 즉, 모든 RDF 클래스가 OWL Lite 또는 DL 클래스는 아니다[3]. OWL에서 개체는 owl : Thing이라는 최상위 클래스의 인스턴스가 된다. 이와 반대의 개념이 owl : Nothing인데, 이는 포함하는 인스턴스가 하나도 없는 클래스를 나타낸다.

OWL에서 임의의 두 클래스에 속한 인스턴스가 모두 같다면 클래스 외연(extension)이 같다고 한다[4]. 그러나 클래스에 속한 인스턴스가 모두 같다고 하더라도 클래스 자체가 나타내고자 하는 의미, 즉 내포(intension)가 다르다면 동일한 클래스로 보지 않는다. 즉, 클래스 외연과 클래스는 다른 개념으로 분리하여 이해해야만 한다. 예를 들면, '영어 수업을 듣는 학생'과 '수학 수업을 듣는 학생'이 항상 동일하다면 두 클래스의 외연은 같다. 그러나 영어 수업을 듣는 학생과 수학 수업을 듣는 학생이라는 자체가 지니는 의미가 다르기 때문에 두 클래스는 외연만 같을 뿐, 동일한 클래스라고 보지 않는 것이다.

OWL의 클래스는 그 의미에 따라 계층을 형성하게 된다. 보다 하위에 있는 클래스는 rdfs : subClassOf라는 어휘를 통해 상위 클래스와 연결이 된다. 이는 정확하게 말하자면 RDF Schema의 어휘인데, OWL에서 새로 어휘를 만들지 않고 가져다 쓰고 있다. 이처럼 쓰임새가 같고 추가된 의미가 없는 어휘는 굳이 OWL에서 어휘를 새로 작성하지 않고 RDF(S)의 어휘를 그대로 사용한다.

상위 클래스와 하위 클래스의 관계를 표현하는 예를 살펴보자. 가령 '레이저 프린터'가 '프린터'의 하위 클래스라고 할 때, 다음과 같이 표현할 수 있다.

```
<owl : Class rdf : ID="레이저 프린터">
    <rdfs : subClassOf rdf : resource="#프린터" />
</owl : Class>
```

2. http://www.w3.org/TR/2004/REC-owl-guide-20040210/

3. http://mknows.etri.re.kr/zebehnlog/archives/cat_sematic_web.html

4. 외연과 내포의 개념에 대한 설명은 chapter 1과 chapter 2에서 언급한 바가 있다.

1.2 속성과 계층구조

ObjectProperty, DatatypeProperty, rdfs : subPropertyOf, rdfs : domain, rdfs : range

RDF Schema와 마찬가지로 OWL 역시 속성을 나타내는 어휘를 제공한다. 클래스를 다른 클래스 또는 데이터타입과 연결하는 개념을 OWL에서는 속성(property)이라 일컫는다. OWL의 속성은 크게 두 가지로 나뉜다. 하나는 ObjectProperty라 불리는 것으로서, 클래스의 인스턴스를 다른 클래스에 속한 인스턴스와 연결하는 속성이다. 다른 하나는 DatatypeProperty로서, 클래스의 인스턴스를 특정한 데이터타입과 연결하는 속성이다. OWL Lite와 OWL DL에서는 이 둘을 반드시 구분해서 사용해야 하나, OWL Full에서는 하나의 속성이 ObjectProperty인 동시에 DatatypeProperty가 되어도 무방하다.

OWL에서 ObjectProperty에 해당하는 속성을 정의할 때에는 rdfs : domain과 rdfs : range라는 어휘를 사용하여 속성의 정의역(domain)과 공역(range)을 지정할 수 있다. 정의역과 공역의 개념은 RDF Schema에서 언급했던 것과 같다. RDF Schema에서 예로 들었던 프린터와 프린터 제조회사의 예를 통해 이해해 보자. '프린터' 와 그 프린터를 만드는 '제조회사' 를 연결하는 속성인 '제조하다' 가 있다면, 정의역과 공역은 각각 '프린터' 와 '제조회사' 이다. 이를 OWL 어휘로 표현하면 다음과 같다.

```
<owl : ObjectProperty rdf : ID="제조하다">
        <rdfs : domain rdf : resource="#프린터" />
        <rdfs : range rdf : resource="#제조회사" />
</owl : ObjectProperty>
```

속성도 클래스와 마찬가지로 rdfs : subPropertyOf라는 어휘를 사용하여 계층을 형성할 수 있다. 아래의 신택스는 '~의 딸이다(isADaughterOf)' 라는 속성이 '~의 자식이다(isAChildOf)' 라는 속성의 하위 속성이라는 사실을 OWL어휘로 나타낸 것이다.

```
<owl : ObjectProperty rdf : ID="isADaughterOf">
        <rdfs : subProperty rdf : resource="#isAChildOf" />
</owl : ObjectProperty>
```

02 OWL의 새로운 기능

도입부에서 설명했듯이 OWL은 추가적인 어휘를 통해 RDF(S)의 표현력을 확장시켜 준다. 새로운 어휘가 표현할 수 있는 것은 불(Boolean) 연산을 통한 복잡한 클래스, 열거형 클래스 표현, 클래스의 비접합성(disjointness), 속성에 대한 다양한 범위, 관계 차수(cardinality), 특별한 속성, 동치성(equality)과 비동치성(inequality), 온톨로지 버저닝(versioning) 등이 있다. 여기서는 이 8가지 새로운 기능을 (1)클래스와 속성의 표현, (2)추론 기능, (3)온톨로지 재사용 등으로 분류하여 설명하도록 하겠다.

2.1 클래스와 속성의 표현

2.1.1 클래스의 불(Boolean) 연산 [DL][5]

- intersectionOf, unionOf, complementOf

OWL DL과 OWL Full에서는 수학에서 사용하는 것과 같은 불 연산자(Boolean operators)를 통해 복잡한 클래스의 형태를 표현할 수 있다. 이는 클래스 간의 교집합, 합집합으로 새로운 클래스를 정의할 수 있고, 한 클래스가 다른 한 클래스의 여집합이라는 것도 나타낼 수 있다는 의미이다. OWL에서 이를 표현하는 어휘는 두 클래스가 교집합임을 나타내는 owl : intersectionOf, 합집합을 표현하는 owl : unionOf, 그리고 여집합을 표현하는 owl : complementOf가 있다.

예를 들어서 '사람', '여성', '남성' 이라는 세 가지의 독립된 클래스가 있다고 가정하자. '사람' 은 '여성' 과 '남성' 의 합집합이며, '사람' 중에서 '여성' 에 속하지 않는 모든 인스턴스는 '남성' 에 속한다. 세 클래스의 이 같은 관계를 분명하게 나타내기 위해서는 owl : unionOf, owl : complementOf와 같은 어휘를 사용하여 다음과 같이 나타낼 수 있다.

```
    <owl : Class rdf : ID="사람">
        <owl : unionOf>
            <owl : Class rdf : ID="여성" />
            <owl : Class rdf : ID="남성">
                <owl : complementOf  rdf : resource="#여성" />
            </owl : Class>
        </owl : unionOf>
</owl : Class>
```

5. 지금부터 OWL DL 이상에서만 표현 가능한 기능을 나타낼 때 이와 같이 표시하도록 하겠다.

2.1.2 열거형 클래스(Enumerated Class)

- oneOf, Thing

클래스는 특별한 제약이 없는 한 조건이 맞는 인스턴스를 무한히 수용할 수 있도록 열려 있다. 그러나 어떤 경우에는 클래스에 속한 인스턴스를 일일이 나열하여 '특정 개체만이 A라는 클래스의 인스턴스이다' 라고 표현할 필요가 있다. 이렇게 인스턴스가 나열된 클래스를 '열거형 클래스' 라고 하고, 이를 표현하기 위해 owl : oneOf라는 어휘를 사용한다. 그리고 그 클래스에 속한 각각의 인스턴스는 owl : Thing으로 나타낸다.

예를 들어서 '요일' 이라는 열거형 클래스 안에 '월요일', '화요일', '수요일', '목요일', '금요일', '토요일', '일요일' 이라는 인스턴스가 있다고 표현하고자 할 때에는 다음과 같이 나타낼 수 있다.

```
<owl : Class rdf : ID="요일">
    <owl : oneOf rdf : parseType="Collection">[6]
        <owl : Thing rdf : about="#월요일" />
        <owl : Thing rdf : about="#화요일" />
        <owl : Thing rdf : about="#수요일" />
        <owl : Thing rdf : about="#목요일" />
        <owl : Thing rdf : about="#금요일" />
        <owl : Thing rdf : about="#토요일" />
        <owl : Thing rdf : about="#일요일" />
    </owl : oneOf>
</owl : Class>
```

[6] rdf : parseType="Collection"은 RDF에서 여러 개의 노드를 선택할 수 있도록 하는 구문으로서, 여기서는 '월요일', '화요일', ..., '일요일' 등의 여러 개체를 포함하기 위해 사용된다.

2.1.3 클래스의 비접합성 [DL]

- disjointWith

OWL DL과 OWL Full에서는 2개 이상의 클래스가 서로 공통의 인스턴스를 가지지 않는 경우를 나타내기 위해 owl : disjointWith라는 어휘[7]를 사용한다. 예를 들어서 '레이저 프린터' 와 '컬러 프린터' 는 '컬러 레이저 프린터' 에 속하는 공통의 인스턴스가 있지만, '레이저 프린터' 와 '잉크젯 프린터' 는 공통의 인스턴스가 존재할 수 없는 클래스이다. 따라서 후자의 경우 다음과 같이 표현할 수 있을 것이다.

```
<owl : Class rdf : ID="레이저 프린터">
    <owl : disjointWith rdf : resource="#잉크젯 프린터" />
</owl : Class>
```

[7] 집합의 개념으로 나타내면, 교집합의 원소가 없는 경우라고 할 수 있다.

2.1.4 속성에 대한 다양한 범위 지정

- 제약이 있는 속성에 대한 정의 : onProperty
- 속성 값의 제한 : allValuesFrom, someValuesFrom, hasValue

RDF Schema에서 설명했듯이 모든 속성은 그 속성의 주어부에 속하는 클래스와 목적부에 속하는 클래스를 각각 정의역과 공역으로 명시할 수 있다. 그런데 속성에 대한 정의역과 공역은 온톨로지 전체에 걸쳐 유효한 것이라서 한 번 지정한 것을 번복할 수 없다. 이러한 특징 때문에 RDF Schema에서는 서로 다른 클래스가 하나의 속성에 대해서 각기 다른 속성값의 범위를 가지게 하는 것이 불가능하다.

예를 들어, [그림 7-1]과 같이 '동물'의 하위 클래스에 크게 '초식 동물'과 '육식 동물'이 있다고 하자. 초식 동물은 풀만 먹고 육식 동물은 고기를 먹는 습성이 있다. 이를 (주어부) - (서술부) - (목적부)로 구성된 일반적인 RDF의 트리플로 나타내면, '초식 동물 - 먹다 - 풀', '육식 동물 - 먹다 - 고기'가 될 것이다.

이를 RDF Schema로 표현하려면 오로지 정의역과 공역의 개념만을 사용해서 나타내어야 하므로, '먹다'라는 하나의 속성에 대해 각기 다른 정의역과 공역을 설정하는 모순이 생긴다. 다시 말해서 RDF Schema에서는 초식 동물은 풀만 먹는다는 것과 육식 동물은 고기만 먹는다는 식의 표현이 불가능하다.

▶ 그림 7-1 동물, 초식 동물, 육식 동물의 계층 관계

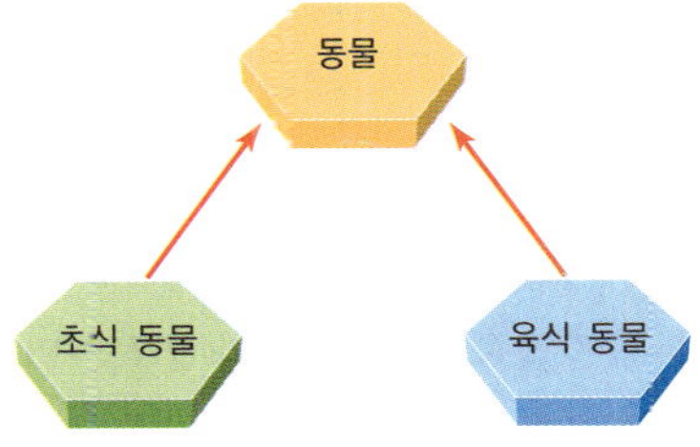

이와 달리 OWL에서는 속성값을 다양한 방식으로 제약할 수 있다. 일단 온톨로지 전체에서 유효한 정의역과 공역을 다음과 같이 명시한다.

```
<owl : ObjectProperty rdf : ID="먹다">
    <rdfs : domain rdf : resource="#동물" />
</owl : ObjectProperty>
```

이 경우에는 속성 '먹다' 에 대해 특정 클래스를 공역으로 명시하지 않았으므로 속성값의 범위는 열려 있다. 이렇게 속성에 대한 정의역과 공역을 명시하고 나면 이는 전체 온톨로지에서 유효한 의미를 지니게 된다. 즉, '먹다' 라는 속성을 취할 수 있는 클래스는 동물과 그 하위 클래스뿐이며, 목적부에는 어떤 속성값이라도 올 수 있도록 열려 있는 것이다. 이렇게 공역을 완전히 열어놓거나 광범위하게 잡아놓고 해당 클래스 - 위의 예에서는 초식 동물과 육식 동물 - 에서 이를 제한하게 되면, 하나의 정의역과 공역을 설정하면서도 클래스마다 속성값의 범위를 다르게 지정할 수 있다.

이제 OWL 어휘를 통해 이를 좀 더 구체적으로 살펴보자. 속성 '먹다' 에 대한 포괄적인 정의가 앞서 이루어졌다면, 다음과 같이 '초식 동물 - 먹다 - 풀' 을 나타낼 수 있다.

```
<owl : Class rdf : ID="초식 동물">
   <rdfs : subClassOf>
   <owl : Restriction>
         <owl : onProperty rdf : resource="#먹다" />
         <owl : allValuesFrom rdf : resource="#풀" />
   </owl : Restriction>
   </rdfs : subClassOf>
</owl : Class>
```

위의 구문에서 첫 번째 줄은 초식 동물이라는 클래스를 정의하겠다는 것을 뜻한다. 뒤이은 owl : subClassOf에 의해 초식 동물은 owl : Restriction으로 표현되는 어떠한 클래스의 하위 클래스가 된다. 이는 owl : Restriction이 특정한 클래스에 대한 속성의 제약이 시작되고 끝나는 것을 나타내는 어휘이고, 이것 자체가 하나의 클래스로 간주되기 때문에, 직접 표현 대상인 클래스 - 위의 예에서 초식 동물 - 밑에 연결되지 않고 rdfs : subClassOf를 통해 간접적으로 연결된다. 말하자면 owl : Restriction을 통해 임의의 클래스를 만들고 그 클래스 밑에 각종 의미를 부여한 뒤에 클래스 '초식 동물' 이 그 의미를 모두 상속하는 셈이다. onProperty나 allValuesFrom, someValuesFrom, 관계차수

```
<owl : Restriction>
…
…                      속성 제약 어휘가 들어가는 부분
…
</owl : Restriction>
```

8. 본 chapter의 2.1.5절에서 자세히 설명된다.

(cardinality)[8] 등을 표현하는 어휘는 모두 owl : Restriction 의 범위 밖에서는 효력을 발휘하지 않는다.

owl : onProperty는 특정 속성이 제약을 포함하는 속성이라는 것을 나타내고자 할 때 쓰인다. 따라서 owl : onProperty 뒤에는 반드시 속성 값을 제한하거나 관계차수를 정의하는 어휘가 뒤따르게 된다.

owl : allValuesFrom은 반드시 owl : onProperty와 함께 쓰인다. owl : onProperty로 특정 속성이 정의되었다고 할 때, 이 속성을 지니는 클래스의 모든 인스턴스는 owl : onProperty로 지정된 속성에 대해 반드시 특정한 클래스로부터만 값을 취한다는 제약조건을 나타낸다. 위에서 모든 초식 동물이 풀만을 먹는다고 제약한 경우가 바로 owl : allValuesFrom을 적용한 예이다.

owl : someValuesFrom도 반드시 owl : onProperty와 함께 쓰인다. 이는 onProperty로 정의된 속성을 지닌 클래스의 모든 인스턴스는 '지정한 특정 클래스에서 적어도 하나의 값을 가져온다' 는 것을 나타낸다. 가령 모든 자동차는 최소한 하나 이상의 엔진을 부속품으로 포함한다(hasPart)는 것을 OWL로 표현하고 싶다면 다음과 같이 쓸 수 있다.

```
<owl : Class rdf : ID="자동차">
        <rdfs : subClassOf>
            <owl : Restriction>
                <owl : onProperty rdf : resource="#hasPart" />
                <owl : someValuesFrom rdf : resource="#엔진" />
            </owl : Restriction>
        </rdfs : subClassOf>
</owl : Class>
```

이 경우에는 각각의 자동차가 오로지 엔진만을 부품으로 가지지 않고 엔진 외의 부품도 가질 수 있다는 점에서 초식 동물의 사례와 다르다. 만일 위의 초식 동물 사례에서 owl : allValuesFrom 대신 owl : someValuesFrom을 쓴다면, '모든 초식 동물이 적어도 하나 이상의 풀을 먹지만 풀 외의 다른 것도 먹을 수 있다' 는 의미를 가지게 될 것이다.

owl : hasValue는 어떤 속성의 값을 특정한 개체로 제한할 때 사용한다. 예를 들면, '한국인' 이라는 클래스의 모든 인스턴스는 '국적을 가지다(hasNationality)' 라는 속성에 대한 값으로 '한국' 을 갖는다. 이는 owl : allValuesFrom이나 owl : someValuesFrom에 비해 속성이 지닐 수 있는 값을 더욱 제한적으로 표현할 수 있는 어휘이다.

```
<owl : Class rdf : ID="한국인" >
    <rdfs : subClassOf>
        <owl : Restriction>
            <owl : onProperty rdf : resource="#hasNationality" />
            <owl : hasValue rdf : resource="#한국" />
        </owl : Restriction>
    </rdfs : subClassOf>
</owl : Class>
```

2.1.5 관계차수 표현

- Cardinality, minCardinality, maxCardinality

관계차수는 어떤 클래스의 인스턴스가 특정 속성을 통해 연결될 수 있는 값이 최소한 그리고 최대한 몇 개인지를 제한하는 것이다. OWL에서 관계차수는 크게 3가지 어휘로 나뉘어 표현되는데, 각각 owl : Cardinality, owl : minCardinality, owl : maxCardinality이다. owl : minCardinality는 최소한 m개 이상의 값을 지닌다는 것을 나타내고 owl : maxCardinality는 이와 반대로 최대한 n개 이하의 값을 지닌다는 것을 나타낸다. owl : cardinality는 owl : minCardinality와 owl : maxCardinality가 같은 것, 즉 정확히 m=n개의 값을 가진다는 것을 나타내고자 할 때 쓰인다. 이는 위에서 설명한 owl : someValuesFrom, owl : allValuesFrom과 마찬가지로 owl : Restriction 내에서 정의된다.

```
<owl : Restriction>
    <owl : onProperty rdf : resource="#전공하다" />
    <owl : minCardinality rdf : datatype="&xsd ; nonNegativeInteger">1</owl :
    minCardinality>
</owl : Restriction>
```

위의 예는 '전공하다' 라는 속성의 최소 관계차수가 '1' 이라는 사실을 나타내고 있다. 이는 어떤 클래스가 '전공하다' 라는 속성과 연결이 되면, 최소한 한 개 이상의 값을 가지게 된다는 것을 의미한다. 만일 '학생' 이라는 클래스가 '전공하다' 를 속성으로 갖는다면 모든 학생은 최소한 전공을 한 개 이상 가져야 한다는 사실을 나타낼 수 있다.

관계차수는 OWL의 세 종류마다 쓰일 수 있는 수준이 다르다. OWL Lite에서는 관계차수 값이 0 또는 1밖에 허용되지 않으나, OWL DL에서부터는 그 이외의 값들도 지원된다.

2.2 특별한 속성을 통한 추론 기능의 활성화

OWL에서는 컴퓨터가 이해할 수 있도록 특별한 의미를 지닌 속성을 나타내는 어휘가 있다. 이 어휘를 통해 이행속성(transitive property), 대칭속성(symmetric property), 함수속성(functional property), 역함수속성(inverse functional property) 등 크게 4가지의 특별한 속성타입과 역의 관계(inverse of)를 표현할 수 있다. 어떤 속성이 이러한 속성타입에 해당할 경우, 컴퓨터는 각각의 의미에 따라 직접 명시되지 않은 내용까지 추론할 수 있게 된다.

2.2.1 이행속성(Transitive Property)

- TransitiveProperty

이행속성은 말 글대로 속성이 이행적이라는 것을 나타낸다. 즉, 속성 P가 이행적이고 A, B, C라는 개체가 A-P-B 그리고 B-P-C라는 형태로 연결되어 있을 때, 자동적으로 A-P-C라는 관계를 추론할 수 있는 것이다. 예를 들어서 우리는 A가 B보다 무겁고 B가 C보다 무거우면 A가 C보다 무겁다는 사실을 알고 있다. 이 경우 '~보다 무겁다' 라는 속성은 이행속성에 해당한다. 이와 달리 갑이 을의 어머니고, 을이 병의 어머니일지라도 갑은 병의 어머니가 아니기 때문에 '~의 어머니다' 라는 속성은 이행속성이 아니다. 이행속성은 OWL에서 owl : TransitiveProperty로 나타낸다. [그림 7-2]는 '프린터1' 이 '프린터2' 보다 비싸고, '프린터2' 가 '프린터3' 보다 비싸다는 것을 OWL로 표현한 것이다.

▶ 그림 7-2 이행속성의 적용 예

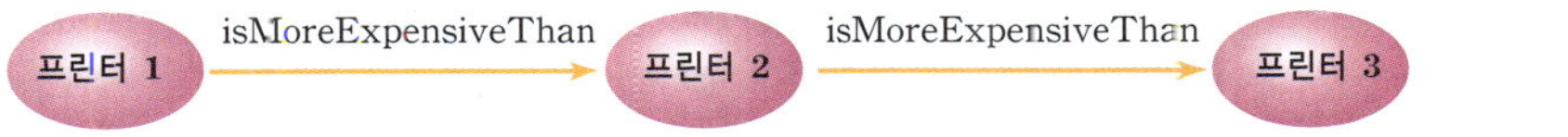

프린터 1 —isMoreExpensiveThan→ 프린터 2 —isMoreExpensiveThan→ 프린터 3

```
<owl : ObjectProperty rdf : ID="isMoreExpensiveThan">
    <rdf : type rdf : resource="&owl ; TransitiveProperty" />■9
</owl : ObjectProperty>

<owl : Class rdf : ID="프린터1">
    <isMoreExpensiveThan rdf : resource="#프린터2" />
</owl : Class>

<owl : Class rdf : ID="프린터2">
    <isMoreExpensiveThan rdf : resource="#프린터3" />
</owl : Class>
```

■9. OWL 네임스페이스(namespace)에 있는 TransitiveProperty라는 자원을 의미한다. isMoreExpensiveThan과 TransitiveProperty는 각각 다른 온톨로지내에 있는 자원이다. isMoreExpensiveThan이 속한 온톨로지가 '접두사(prefix)' 를 붙이지 않는 온톨로지로 지정되어 있으면 그 외의 온톨로지에 속한 모든 자원은 &owl; 또는 &rdfs; 와 같이 접두사를 포함하여 적어야 한다. 위의 예문에서 isMoreExpensiveThan과 프린터2, 프린터 3은 모두 같은 온톨로지에 속해 있다는 것을 알 수 있다.

앞에서 속성 '~보다 더 비싸다(isMoreExpensiveThan)'는 이행속성이기 때문에 '프린터1'이 '프린터2'보다 비싸고, '프린터2'가 '프린터3'보다 비싸다는 명제만으로도 '프린터1'이 '프린터3'보다 비싸다는 사실을 추론할 수 있다.

2.2.2 대칭속성(Symmetric Property)

- SymmetricProperty

대칭속성은 속성이 대칭적이라는 것을 나타낸다. 예를 들어서 '~의 친구이다'라는 속성을 사용해서 '철수가 영희의 친구이다'라는 문장을 만들건, '영희가 철수의 친구이다'라는 문장을 만들건 의미가 같다. 이 경우 주어부와 목적부를 바꾸어도 의미가 다르지 않게 된다. 이러한 사실을 OWL에서는 owl : SymmetricProperty로 표현한다. [그림 7-3]은 레이저 프린터와 잉크젯 프린터가 '대체하다'라는 대칭속성으로 연결되는 것을 나타낸 것이다.

▶ 그림 7-3 대칭속성의 예

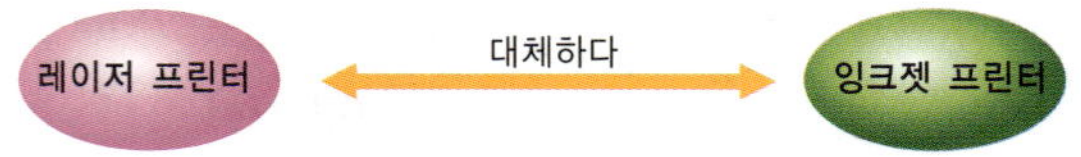


```
<owl : ObjectProperty rdf : ID="대체하다">
    <rdf : type rdf : resource="&owl ; SymmetricProperty" />
</owl : ObjectProperty>

<owl : Class rdf : ID="레이저 프린터">
<대체하다 rdf : resource="#잉크젯 프린터" />
</owl : Class>
```

2.2.3 함수속성(Functional Property)

- FunctionalProperty

함수속성은 주어부와 목적부가 항상 함수관계를 이루는 속성이다. 이는 owl : FunctionalProperty로 나타낸다. 일반적으로 정의역의 어떠한 자원을 공역에 있는 오직 하나의 값과 연결시킬 때 그 관계를 함수관계라고 표현한다. 예를 들어 만약 한 학생이 오로지 한 가지 전공만을 선택할 수 있다면, '(학생)-(전공하다)-(전공)'이라는 관계에서 '전공하다'라는 속성은 owl : FunctionalProperty에 속한다. 이 경우 '학생1이 경영학을 전공하다' 는 명제가 선언되고 나면, 이 학생과 다른 전공을 '전공하다' 라는 속성으로 연결하는 것은 불가능하다. [그림 7-4]는 속성 '전공하다' 에 의해 클래스 '학생(Student)' 과 '전공(Major)' 의 인스턴스가 각각 연결된 모습을 나타낸 것이다.

▶ 그림 7-4 함수속성의 예

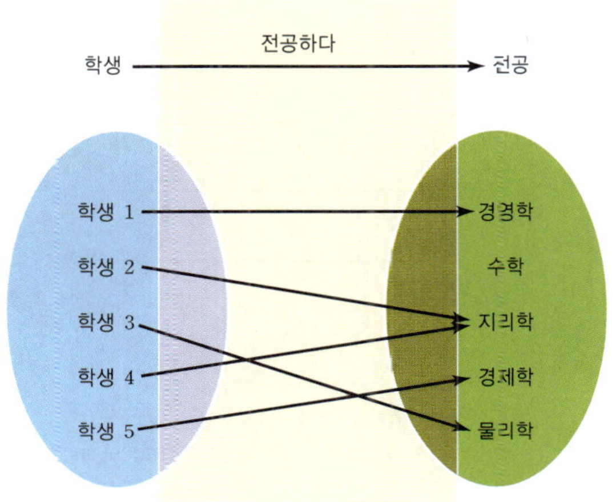


```
<owl : ObjectProperty rdf : ID="전공하다">
    <rdf : type rdf : resource="&owl ; FunctionalProperty" />
    <rdfs : domain rdf : resource="#학생" />
    <rdfs : range rdf : resource="#전공" />
</owl : ObjectProperty>
```

2.2.4 역함수속성(Inverse Functional Property)

- InverseFunctionalProperty

역함수속성은 함수속성과 반대의 개념이다. owl : InverseFunctionalProperty로 나타낸다. 속성이 표현하고자 하는 대상은 여러 개의 값을 지닐 수 있으나 그 값은 각각 하나의 대상하고만 연결되어야 한다는 특징이 있다. 따라서 어떤 속성이 owl : FunctionalProperty 이면서 동시에 owl : InverseFunctionalProperty라면 그 속성에 연결되는 클래스 간의 관계는 일대일의 관계라고 할 수 있다. [그림 7-5]는 '학번을 가지다' 라는 일대일 관계의 함수속성으로 연결된 '학생' 과 '학번' 클래스의 관계를 나타낸다.

▶ 그림 7-5 일대일의 함수 관계

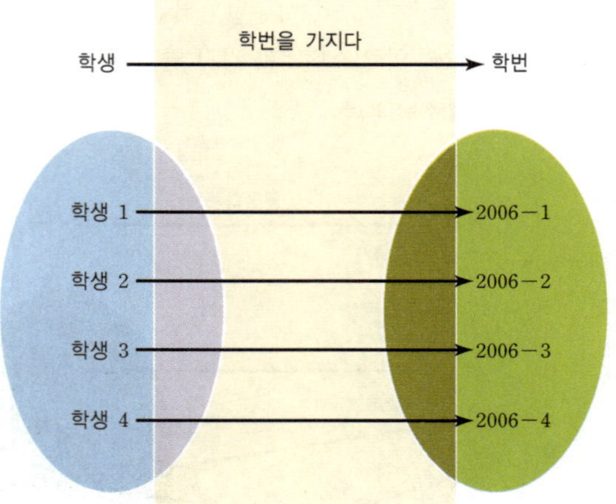


```
<owl : ObjectProperty rdf : ID="학번을 가지다">
    <rdf : type rdf : resource="&owl ; InverseFunctionalProperty" />
    <rdf : type rdf : resource="&owl ; FuntionalProperty" />
    <rdfs : domain rdf : resource="#학생" />
    <rdf : range rdf : resource="#학번" />
</owl : ObjectProperty>
```

2.2.5 역의 관계에 있는 속성(Inverse Of)

- inverseOf

owl : inverseOf는 의미상으로 역의 관계에 있는 속성을 나타내는 어휘이다. 이와 관련된 예로는 '~의 부모이다(isParentOf)' 라는 속성과 '~의 자식이다(isChildOf)' 라는 속성을 들 수 있겠다. 이는 다음과 같이 표현한다.

```
<owl : ObjectProperty rdf : ID="isParentOf">
    <owl : inverseOf rdf : resource="#isChildOf" />
</owl : ObjectProperty>
```

2.3 온톨로지 병합과 재사용

2.3.1 클래스와 속성 간의 동치성와 비동치성 표현

- equivalentClass, equivalentProperty, sameAs, differentFrom, Alldifferent

온톨로지를 구축하는 노력을 최소한으로 줄이면서 그 효과를 극대화하기 위해서는 온톨로지를 병합하거나 재사용할 필요가 있다. 여러 개의 온톨로지가 하나의 더 큰 온톨로지를 구성하기도 하는데, 이 경우 각 온톨로지에서 사용하는 클래스나 속성, 인스턴스가 서로 같거나 다르다는 것을 나타낼 필요가 있다. 왜냐하면 같은 이름의 클래스(또는 속성이나 인스턴스)라도 다른 온톨로지에서 다른 것을 나타낼 수 있으며, 다른 이름의 클래스(또는 속성이나 인스턴스)라도 같은 것을 표현하고자 한 것일 수 있기 때문이다.

예를 들어서 '컴퓨터 관련 용품'과 '사무용품'이라는 서로 다른 온톨로지가 있다고 가정하자. '복사용지'라는 동일 개념을 전자에서는 'PrintingPaper'라는 클래스로 나타내고, 후자에서는 'CopyPaper'라는 클래스로 나타낸다면 이 두 온톨로지를 병합할 때 같은 개념이 서로 다르게 표기되는 문제가 발생한다. 이 경우 다음의 신택스에서 표현된 바와 같이 owl : equivalentClass를 사용하여 두 클래스가 같은 것이라고 나타낼 수 있다.

```
<owl : Class rdf : ID= "PrintingPaper">
    <owl : equivalentClass rdf : resource= "&사무용품 ; CopyPaper">
</owl : Class>
```

위의 경우와 같이 두 개의 클래스를 서로 같은 것으로 표현할 수도 있고, 아래의 경우처럼 여러 개의 클래스가 모두 같다는 것을 한 문장으로 표현할 수도 있다.

Comedy, Drama, Thriller, Horror 의 합집합으로 만들어진 글래스

```
<owl : Class rdf : about= "#Movie">
    <owl : equivalentClass>
        <owl : Class>
            <owl : unionOf rdf : parseType= "Collection">
                <owl : Class rdf : about= "#Comedy "/>
                <owl : Class rdf : about= "#Drama" />
                <owl : Class rdf : about= "#Thriller" />
                <owl : Class rdf : about= "#Horror" />
            </owl : unionOf>
        </owl : Class>
    </owl : equivalentClass>
</owl : Class>
```

클래스 간의 동치성을 나타낼 때에는 owl : equivalentClass로 표현하며, 속성 간의 동치성을 나타낼 때에는 owl : equivalentProperty, 그리고 인스턴스 간의 동치성을 나타낼 때에는 owl : sameAs를 사용한다. 반대로 서로 다른 온톨로지에서 동명인 클래스나

속성, 또는 인스턴스가 각기 다르다는 것을 나타내기 위해서는 owl : differentFrom, owl : Alldifferent를 사용한다. owl : Alldifferent는 하나의 문장으로 여러 개의 클래스나 속성, 또는 인스턴스가 서로 다르다는 사실을 한번에 기술할 수 있어서 편리하다.

2.3.2 온톨로지 버저닝(Versioning)

- versionInfo, priorVersion, backwardCompatibleWith, incompatibleWith, DeprecatedClass, DeprecatedProperty

마치 소프트웨어처럼 온톨로지도 지속적인 수정을 통해 변화한다. 여러 개의 온톨로지를 병합하거나 재사용할 때에는 온톨로지 자체에 대한 정보(예 : 온톨로지의 버전)를 표현하는 것 또한 중요하다. OWL에서 각각의 온톨로지 버전은 owl : versionInfo로 나타내고, 특정한 온톨로지가 다른 온톨로지의 이전 버전일 경우 owl : priorVersion으로 이를 나타내 준다. 최신 온톨로지와 이전 버전의 온톨로지가 호환이 되는지도 중요한 문제여서 owl : backwardCompatibleWith, owl : incompatibleWith 등을 통해 온톨로지 간의 호환성 여부를 표현할 수 있다. 이전 버전에 있던 클래스나 속성을 최신 버전에서 다르게 바꿀 경우 일시적으로 온톨로지의 호환을 위해 남겨두는 경우가 있는데, 이처럼 현재 호환성을 위해서 보관되고 있지만 미래에는 없어지게 될 클래스나 속성을 owl : DeprecatedClass, owl : DeprecatedProperty로 표현한다.

03 세 종류의 OWL

3.1 OWL Lite

OWL Lite는 OWL의 언어 중 가장 간단한 계층 분류와 제약조건을 표현하기 위한 언어이다. 전체 OWL의 어휘 중 일부만을 포함하고 있으며 RDF를 제한적으로 확장한다. OWL Lite를 사용하는 데에 있어서는 다음과 같은 제약이 존재한다.

- 명명되지 않은 클래스 표현에 대한 제약조건이 존재한다.
- 관계차수의 사용에 제한이 있다. 즉, 관계차수의 값을 오로지 0 또는 1만으로 설정할 수 있다.
- 열거형 클래스, 비접합성 등의 표현이 불가능하다.

- 클래스, 속성, 개체를 가리키는 URI는 서로 혼용될 수 없다. 즉, 하나의 자원은 클래스, 속성, 개체 중 오직 한가지로만 표현될 수 있다[10].

[10] OWL full에서는 이와 달리 하나의 자원이 객체이면서 동시에 클래스인 것을 표현하는 것이 가능하며, 마찬가지로 어떤 자원이 Object Property인 동시에 Datatype Property인 것도 표현 가능하다. 예를 들어, '경영대학생' 이라는 클래스가 있다고 가정할 때, OWL full에서는 이 '경영대학생' 이라는 클래스가 '대학생' 이라는 클래스의 인스턴스인 것처럼 기능하도록 표현하는 것이 가능하다.

3.2 OWL DL(Description Logic)

OWL DL과 OWL Full은 동일한 어휘로 구성되어 있다. OWL DL은 계산상의 완전성(computational completeness)과 결정가능성(decidability)을 유지하면서 최대의 표현력을 활용하고자 하는 사용자에게 적합하다. 계산상의 완전성은 모든 결론이 계산될 수 있다는 특성이고, 결정가능성은 모든 계산이 유한한 시간 안에 끝난다는 특성이다[11]. OWL DL은 OWL Lite와 마찬가지로 RDF를 제한적으로 확장하며, 어휘의 사용에 있어 다음과 같은 몇 가지 제한 사항을 포함한다.

[11] http://mknows.etri.re.kr/translations/REC-owl-features-20040210-ko-v01.html#s4

- 임의의 클래스 표현에 대한 제약조건이 존재한다.
- 클래스나 속성이 명시적으로 선언되어야 한다.
- 속성이 이행속성일 때에는 관계차수를 사용할 수 없다.
- 클래스, 속성, 개체를 가리키는 URI는 서로 혼용될 수 없다. 즉, 하나의 자원은 클래스, 속성, 개체 중 오직 한가지로만 표현될 수 있다.

OWL DL과 OWL Full에서는 Lite에서 배제된 다음과 같은 어휘를 추가로 제공한다. 다만, DL의 경우에는 위에서 설명한 바와 같이 같은 어휘라도 제한적으로 사용하게 된다. 마지막의 distinctMembers의 의미와 쓰임새는 뒤의 부록에서 자세히 기술해 놓았다.

- oneOf
- disjointWith
- unionOf, complementOf, intersectionOf
- minCardinality, maxCardinality, cardinality[12]
- hasValue
- distinctMembers

[12] OWL Lite와 달리 제한없이 사용할 수 있다.

3.3 OWL Full

OWL Full은 OWL DL과 동일한 어휘로 구성되어 있으나, OWL DL에 비해 좀 더 자유롭게 어휘를 조합하여 사용할 수 있다는 장점이 있다. 다만, 아직까지 OWL Full의 모든 기능에 대하여 완전한 추론을 지원하는 추론 소프트웨어가 나온 바가 없기 때문에 계산상의 완전성에 대한 보장이 없이 최대의 표현력과 RDF의 유연한 문법을 모두 활용하고자 하는 사용자에게 적합하다.

3.4 세 종류 OWL의 관계

올바른 표현의 범위 및 타당한 결론의 영역에 있어서 OWL DL은 OWL Lite의 확장이고 OWL Full은 OWL DL의 확장이다[13]. 각 언어 간에는 다음과 같은 관계가 성립되며 각 관계의 역은 성립되지 않는다.

13. http://mknows.etri.re.kr/translations/REC-owl-features-20040210-ko-v01.html#s4

- 모든 올바른(legal) OWL Lite 온톨로지는 올바른 OWL DL 온톨로지이다.
- 모든 올바른(legal) OWL DL 온톨로지는 올바른 OWL Full 온톨로지이다.
- 모든 타당한(valid) OWL Lite 결론은 타당한 OWL DL 결론이다.
- 모든 타당한(valid) OWL DL 결론은 타당한 OWL Full 결론이다.

이를 도식화하면 [그림7-6]과 같다.

▶ 그림 7-6 세 종류 OWL의 관계

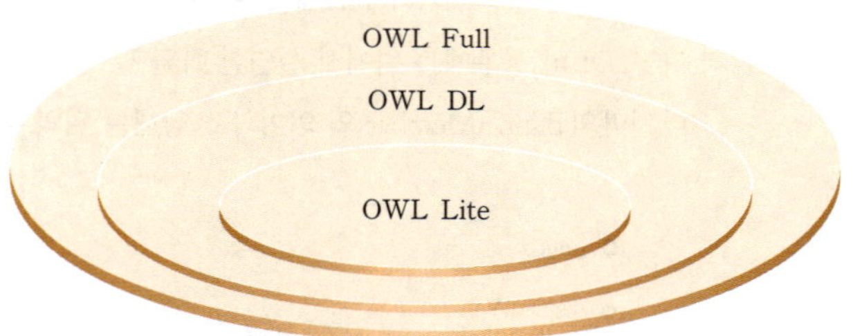

04 OWL 예제

지금까지 OWL의 핵심적인 개념과 기능에 대한 설명을 하였다. 이 절에서는 온톨로지를 구축할 때 이러한 것들이 어떻게 표현되는지 살펴보자. [그림 7-7]은 chapter 1에서 설명한 컴퓨터 관련 기기 및 사무용품 온톨로지이다. 점선 안의 색칠된 부분은 이 절에서 OWL로 나타낼 부분을 표시한 것이다. 특정한 도메인에 속한 모든 종류의 자원은

OWL에서 '개체(individual)'로 일컬어지며, 이들이 모여 클래스를 구성한다. OWL은 클래스 안에 있는 개체를 인스턴스로 표현한다. OWL은 크게 볼 때, 클래스와 속성이타는 양 축을 통해 모든 자원의 관계를 표현하는 온톨로지 언어이다. 앞서 분류하여 설명한 여러 구성요소는 클래스나 속성 자체의 특징을 조금 더 세밀하게 표현하기 위한 것이다. 프린터에도 여러 종류가 있고, 이는 각각 활자를 표현하는 대체(잉크/레이저), 디자인, 가격, 제조회사 등의 특징을 통해 분류되듯이, 클래스나 속성이라는 개념 자체도 내포된 의미에 따라 다르게 분류될 수 있으며 이를 나타내기 위해서는 관계차수, 비접합성, 동치성 등의 여러 특징이 필요한 것이다. 이렇게 클래스와 속성이 기본적으로 가질 수 있는 특징을 하나씩 추가하면서 현재와 같은 신택스가 완성된 것이다. 실제로 온톨로지를 구축할 때에는 이를 사용하여 단순히 클래스 간의 위계적 계층구조만 나타내지 않고 보다 풍부한 의미를 표현할 수 있는 것이다.

▶ 그림 7-7 컴퓨터 관련 기기 및 사무용품 온톨로지의 계층구조-2

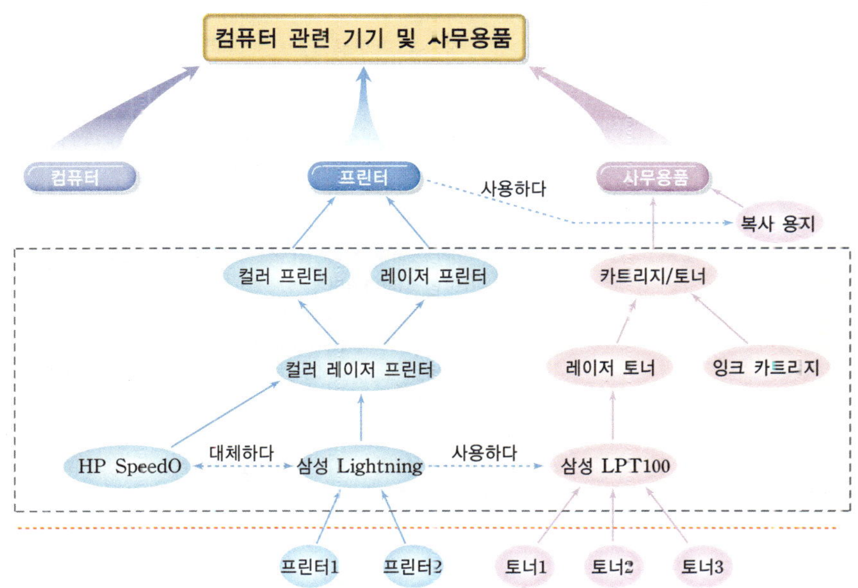

이제 위와 같은 구성요소를 고려하여 [그림 7-7]의 온톨로지를 컴퓨터가 이해할 수 있는 언어로 표현해 보자. OWL로 온톨로지를 구축할 때 가장 일반적으로 사용하는 표현 형식은 RDF/XML이라는 형식으로서 다음 chapter에서 설명하게 될 트픽맵을

XTM이라는 형식으로 나타내는 것과 같은 이치이다. [그림7-7]의 점선 안 색칠된 부분을 신택스로 표현하면 다음과 같다.

```
<?xml version= "1.0" ?>

<rdfs : comment> 문서 타입 정의 </rdfs : comment>

<!DOCTYPE rdf : RDF [
   <!ENTITY rdfs "http://www.w3.org/2000/01/rdf-schema#" >
   <!ENTITY rdf "http://www.w3.org/1999/02/22-rdf-synta6-ns#" >
   <!ENTITY owl "=http://www.w3.org/2002/07/owl#" >
   <!ENTITY printer "http://Ontology.snu.ac.kr/printer#" >
]>

<rdfs : comment> 네임스페이스 정의 </rdfs : comment>

<rdf : RDF
   xmlns              = "&printer;"
   xmlns : printer    = "&printer ;"
   xmlns : rdf        = "&rdf ;"
   xmlns : rdfs       = "&rdfs ;"
   xmlns : owl        = "&owl ;"
   xmlns : base       = "&printer ;" >

<owl : Ontology rdf : about= " " />
<rdfs : comment> 클래스 '컬러 레이저 프린터' 는 '컬러 프린터' 와 '레이저 프린터' 의 하위 클래스이다
</rdfs : comment>
<owl : Class rdf : ID= "컬러레이저프린터" >
   <rdfs : subClassOf rdf : resource= "#컬러프린터" />
   <rdfs : subClassOf rdf : resource= "#레이저프린터" />
</owl : Class>

<rdfs : comment> 대칭속성 '대체하다' 는 정의역과 공역이 모두 '컬러 레이저 프린터' 이다 </rdfs :
comment>
<owl : ObjectProperty rdf : ID= "대체하다" >
   <rdfs : domain rdf : resource= "#컬러레이저프린터" />
   <rdfs : range rdf : resource= "#컬러레이저프린터" />
   <rdf : type rdf : resource= "http://www.w3.org/2002/07/owl#SymmetricProperty" />
</owl : ObjectProperty>

<rdfs : comment> 속성 '사용하다' 의 정의역은 '프린터' 클래스이고, 공역은 '사무용품' 클래스이다
</rdfs : comment>
```

```
<owl : ObjectProperty rdf : ID= "사용하다" >
    <rdfs : domain rdf : resource= "#프린터" />
    <rdfs : range rdf : resource= "#사무용품" />
</owl : ObjectProperty>

<rdfs : comment> 클래스 'HP SpeedO' 는 '컬러 레이저 프린터' 의 하위 클래스이며 'HP SpeedO'
프린터는 '삼성 Lightning' 프린터만을 대체할 수 있다 </rdfs : comment>

<owl : Class rdf : ID= "HPSpeedO" >
    <rdfs : subClassOf rdf : resource= "#컬러레이저프린터" />
    <rdfs : subClassOf>
            <owl : Restriction>
                    <owl : onProperty>
                            <owl : SymmetricProperty rdf : resource= "#대처 하다" />
                    </owl : onProperty>
                    <owl : allValuesFrom rdf : resource= "#삼성Lightning" />
            </owl : Restriction>
    </rdfs : subClassOf>
</owl : Class>

<rdfs : comment> '카트리지와 토너' 클래스는 '사무용품' 클래스의 하위 클래스이다 </rdfs :
comment>

<owl : Class rdf : ID= "카트리지와토너" >
    <rdfs : subClassOf rdf : resource= "#사무용품" />
</owl : Class>

<rdfs : comment> '레이저 토너' 는 '카트리지와 토너' 의 하위 클래스이며, '잉크 카트리지' 와는 공통의
인스턴스가 없다(비접합성을 지닌다) </rdfs : comment>

<owl : Class rdf : ID= "레이저토너 ">
    <rdfs : subClassOf rdf : resource= "#카트리지와토너" />
    <owl : disjointWith rdf : resource= "#잉크카트리지" />
</owl : Class>

<rdfs : comment> '잉크 카트리지' 는 '카트리지와 토너' 의 하위 클래스이다 </rdfs : comment>
<owl : Class rdf : ID= "잉크카트리지" >
    <rdfs : subClassOf rdf : resource= "#카트리지와토너" />
</owl : Class>

<rdfs : comment> '삼성 Lightning' 은 '컬러 레이저 프린터' 의 하위 클래스이며, '삼성 Lightning'
프린터는 '삼성 LPT100' 만을 사용한다. '삼성 LPT100' 은 '레이저 토너' 의 하위 클래스이다. </rdfs :
comment>
```

```
<owl : Class rdf : ID="삼성Lightning">
    <rdfs : subClassOf rdf : resource="#컬러레이저프린터" />
    <rdfs : subClassOf>
            <owl : Restriction>
                    <owl : onProperty rdf : resource="#사용하다" />
                    <owl : allValuesFrom>
                            <owl : Class rdf : ID="삼성LPT100">
                                    <rdfs : subClassOf rdf : resource="#레이저토너" />
                            </owl : Class>
                    </owl : allValuesFrom></owl : Restriction>
            </rdfs : subClassOf>
    </owl : Class>
</rdf : RDF>
```

지금까지 RDF(S)의 연장선상에서 발전한 온톨로지 마크업 언어인 OWL에 대해 살펴보았다. 본 chapter는 어디까지나 OWL을 처음 접하는 독자들을 위해 작성된 것으로서, chapter 6에서 설명한 RDF와 RDF Schema에 대한 사전 지식이 있으면 본 chapter를 이해하는 데에 더 많은 도움이 된다. OWL에 대해 좀 더 깊이 알고자 하는 독자들은 W3C의 공식 홈페이지에서 제공하는 OWL 문서[14] 로부터 많은 도움을 받을 수 있을 것이다. 특히 OWL의 형식적 정의는 OWL Abstract Syntax and Semantics 에 제시되어 있다. 더불어 Appendix A에서 OWL이 제공하는 어휘를 표로 정리하였다. OWL의 기능을 한 눈에 살펴보는 데에 많은 도움이 될 것이다. chapter 9에서 설명하는 온톨로지 툴을 사용하여 본 chapter에서 익힌 내용을 실습해 보면 유익할 것이다.

14. OWL Overview: http://www.w3.org/TR/owl-features
OWL Guide: http://www.w3.org/TR/2004/REC-owl-guide-20040210
OWL Reference: http://www.w3.org/TR/owl-ref
OWL Abstract Syntax and Semantics: http://www.w3.org/TR/2004/REC-owl-semantics-20040210

chapter 8

토픽맵(Topic Maps)과 XTM(XML Topic Maps)

현재 시맨틱 웹 온톨로지 언어에 관한 연구는 chapter 6, chapter 7에서 설명한 W3C 중심의 RDF(S) · OWL에 대한 연구와 국제표준화기구(ISO) 중심의 토픽맵(Topic Maps)에 대한 연구가 두 축을 이루고 있다. 2000년에 ISO/IEC 13250 국제 표준으로 채택된 토픽맵은 일반적으로 책 뒤에 있는 인덱스(index)의 개념(찾아보기)을 기반으로 한 온톨로지 언어이다.

1993년 컴퓨터간 서로 다른 형식의 문서들을 교환하는 방법을 찾기 위해 SGML(Standard Generalized Markup Language)[1]의 DTD(Document Type Definition)[2] 표준을 개발하는 일을 시작했던 데이븐포트 그룹(Davenport Group)의 연구가 토픽맵 개발의 시초라고 할 수 있다. 데이븐포트 그룹은 디지털화된 책의 인덱스를 다루는 애플리케이션을 설계하던 중, 인덱스가 자동적으로 병합 될 수 있도록 하기 위해 인덱스들이 의미를 지닌 형태를 가지도록 하였다. 이러한 데이븐포트 그룹의 연구결과가 토픽맵의 시초가 되었다. 그 이후 토픽맵의 표준화를 위한 다양한 노력들이 있었다. 토픽맵의 표준으로는 SGML에 기반을 둔 HyTM(HyTime Topic Maps)과 XML에 기반한 XML Topic Maps 1.0이 있다. 2001년 2월에 TopicMaps.org에서 새로운 토픽맵 XML 문법을 제안하였는데, 이것이 ISO/IEC 13250인 XTM(XML Topic Maps) 1.0이다. 오늘날 HyTM 문법은 거의 사용되지 않고 있는 반면 XTM은 대부분의 토픽맵 소프트웨어에 의해 지원되고 있다.

토픽맵은 지식정보를 의미적 상호 연관성에 따라 연결하고 체계화한 지식정보 구조로 표현해 대용량의 지식정보를 효율적으로 검색하고 관리해 줄 수 있는 해결책이다. 처음에 토픽맵은 인덱스, 용어집, 시소러스, 목차 등의 구조를 효율적으로 다루기 위한 목적으로 개발되었지만 현재는 다양한 분야에서 사용되고 있다. 따라서 토픽맵은 전통적인 지식관리의 방법뿐만 아니라 디지털 도서관, 지식관리 시스템, 그리고 컨텐츠관리

1. SGML(Standard Generalized Markup Language)이란 구조화된 전자문서를 만들기 위해 채택된 국제표준규약이다. 다양한 형태의 전자문서들을 서로 다른 시스템들 사이에 정보의 손실없이 효율적으로 전송 · 저장 · 자동처리를 하기 위한 ISO 문서 처리표준의 하나이다.

2. DTD(Document Type Definition)란 문서의 구조를 정의하기 위한 문서이다. 구조를 명시적으로 선언하는 역할을 하며 문서가 유효한(valid) 문서인지를 확인하기 위해 사용하는 문서이다.

시스템 등 다양한 종류의 정보관리 시스템에서 정보의 분류 및 검색을 위해 사용될 수 있다. 스탠포드 대학교의 도서관에서는 약 8700만권의 책을 토픽맵을 사용하여 디지털화 하는 작업을 진행하고 있다. 토픽맵으로 구축된 도서관 웹 사이트에서 사용자들은 찾고자 하는 책을 쉽게 검색할 수 있을 뿐만 아니라, 책들 간의 관계를 그래픽 인터페이스를 통해 한 눈에 파악할 수 있다[3]. 국내의 경우 산업자원부의 기술표준원에서는 토픽맵의 국내 산업화를 촉진하기 위해 2007년까지 '토픽맵 적용지침' 등 10종의 국가표준을 제정해 나갈 것이라고 발표했다[4].

3. "The College Library of Tomorrow", CNET News.com(http://news.com.com), 2005년 8월 3일 기사

4. "'콤퓨터' 쳐도 '컴퓨터' 가 나온다", 헤럴드 경제 신문(http://www.heraldbiz.com), 2005년 9월 8일 기사

본 chapter는 다음과 같이 구성되어 있다. 1절에서는 토픽맵의 기본적인 개념을 살펴보고 2절에서는 XTM을 기준으로 하여 토픽맵을 구성하고 있는 각 요소에 대해 설명한다. 마지막으로 3절에서는 XTM으로 표현된 토픽맵 예를 살펴본다.

01 토픽맵(Topic Maps) 개념

토픽맵은 정보자원을 주제별로 묶고 주제와 주제간의 관계를 나타냄으로써 정보자원에 대한 지식을 표현하고자 한다. 토픽맵의 기본 개념은 디지털화된 책의 인덱스(index)를 만들고자 하는 노력에서 발전된 것이기 때문에, 책의 인덱스와 비교하여 토픽맵을 설명하는 것이 토픽맵의 기본적인 구성을 쉽게 이해하는데 도움을 줄 것이다. 아래의 [그림 8-1]에서는 가상의 휴대폰 카탈로그에 대한 인덱스(index)의 일부를 보여 주고 있다.

▶ **그림 8-1 휴대폰 카탈로그 인덱스 예**

위성 DMB폰

EV－KD300 ································· 8, 84
SCH－B340(초슬림 DMB폰) ··················· 9
SPH－B3000(크로스 DMB폰) ················· 10
SPH－B2550(가로본능 4) ····················· 15

연예인폰

SPH－B2550(가로본능 4) ····················· 15
KW－9200(장동건폰) ························· 18, 85
LP－5900(초콜릿폰, 김태희폰) ················· 20, 86

[그림 8-1]의 휴대폰 카탈로그 인덱스에서는 휴대폰의 종류를 위성DMB폰과 연예인폰으로 구분하여 휴대폰 모델을 소개 해 주고 있다. 휴대폰은 각각 모델명을 가지고 있으며 사람들에 의해 흔히 불려지는 여러 가지 애칭을 가질 수도 있다. 예를 들어, 'LP-5900' 은 '초콜릿폰' 이라는 애칭을 가지고 있다 책의 인덱스에는 본문에 있는 내용 중 중요한 항목이나 단어 등에 대한 페이지가 기재되어 있다. 페이지는 실제 정보가 책 본문 중 어디에 위치해 있는지를 알려준다. 이러한 인덱스의 개념이 토픽맵의 핵심적인 개념이 되었다.

토픽맵의 주요 개념으로는 자원(resource), 토픽(topic), 어커런스(occurrence), 관계(association)가 있다. 자원은 컴퓨터 상에서 URI와 같이 주소를 가짐으로써 식별이 가능한 정보(예를 들어 웹 페이지, 워드 파일, 동영상 파일 등)이다. 이를 어드레스 가능한 정보자원(addressable information resource)이라고도 한다. 예를 들어 휴대폰 카탈로그의 본문 항목들이 자원에 해당한다.

토픽은 현실세계의 주제(subject)를 상징하는 컴퓨터 내의 자원이다. [그림8-1]의 위성DMB폰과 이에 해당되는 모델인 EV-KD300 등은 우리 주변에 있는 휴대폰의 종류와 모델이다. 이렇게 현실 세상을 구성하고 있는 것들을 주제라 하며 토픽맵에서는 이러한 주제들을 토픽으로 표현한다.

토픽은 주제에 관한 정보자원과 연결될 수 있는데 이러한 정보자원의 위치를 어커런스라고 한다. 토픽맵의 어커런스는 인덱스의 페이지와 비슷한 역할을 한다. [그림 8-1]을 보면, 초콜릿폰의 경우 20페이지와 86페이지에 관련된 정보를 가지고 있다. 어커런스는 인덱스의 페이지와 마찬가지로 주제(토픽)와 관련된 자원의 위치를 알려준다.

토픽맵에서는 토픽들 간의 연관성을 관계로 표현할 수 있다. 예를 들어 [그림 8-1]에서는 그림의 단순화를 위해 표현하지 않았지만 'LG전자에서 초콜릿폰을 제조한다' 라는 관계가 존재한다. 이러한 토픽들간의 연관성을 휴대폰과 제조사가 참여하는 '제조하다' 라는 관계로 나타낼 수 있다.

[그림 8-2]는 [그림 8-1]의 예제가 어떻게 토픽맵으로 표현될 수 있는지 나타낸다. 아직까지는 토픽맵 도식의 표준이 정해져 있지 않으므로 본 chapter에서는 다음과 같은 기호로 토픽맵을 표현한다. 토픽과 토픽타입은 타원으로 표시하며 토픽과 토픽타입은 화살표를 이용하여 연결한다. 이때 화살표가 가리키는 방향이 토픽타입이다. 자원은 사각형으로 나타내고 토픽과 자원을 연결하는 어커런스는 실선으로 표시한다. 그리고 관

계는 토픽과 토픽 사이에 점선으로 연결하여 표시한다. 토픽맵의 각 구성요소에 대한 자세한 내용은 다음 절에서 설명하도록 하겠다.

▶ 그림 8-2 휴대폰 카탈로그 토픽맵 예

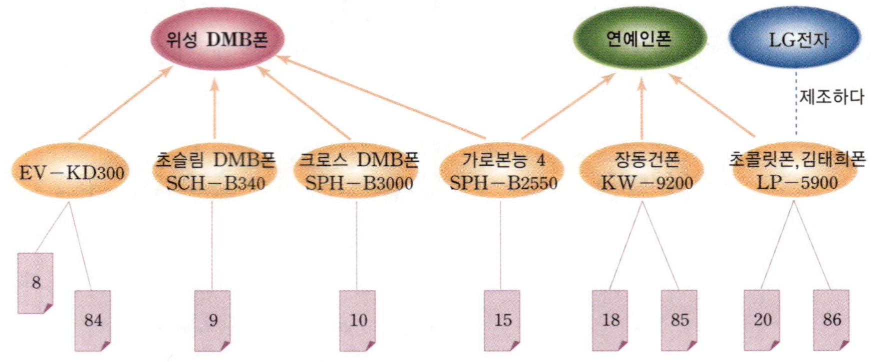

02 토픽맵 구성요소

토픽맵의 기본적인 구성요소로는 토픽(topic)과 토픽 특성(topic characteristic)이 있으며, 토픽의 특성에는 이름(name), 어커런스(occurrence), 그리고 관계(association)라는 요소가 있다. 이 외에도 토픽맵은 범위(scope), 병합(merge) 등을 통해 정보를 효과적으로 구조화한다. 이제 토픽맵을 구성하고 있는 각 요소에 대해 자세히 살펴보자.

2.1 토픽(Topic)

현실세계의 개념을 컴퓨터 세상에서 표현하는 것은 흥미롭고 가치 있는 일이다. 어떻게 현실세계에 존재하는 수많은 개념들을 컴퓨터가 이해할 수 있도록 표현할 수 있을까? 토픽맵에서는 토픽을 통하여 현실세계의 개념을 표현하고자 한다. 앞 절에서 나온 [그림 8-1]의 위성DMB폰과 이에 해당되는 모델인 EV-KD300 등은 우리 주변에 있는 휴대폰의 종류와 모델이다. 토픽맵 표준안인 ISO/IEC 13250 문서에 의하면 이러한 각각의 현실세계를 구성하고 있는 개념들을 '주제(subject)' 라 하며 사물, 사상, 특징 등 이들의 실제 존재 유무에 상관없이 어떠한 것도 주제가 될 수 있다. 토픽맵에서는 이러한 주제들을 컴퓨터가 이해하는 '토픽' 으로 나타낸다.

2.1.1 주제와 토픽

토픽의 개념을 정확히 이해하기 위해 주제와 토픽의 관계에 대해 알아보자.

아래의 [그림 8-3]은 현실세계의 '휴대폰'을 보여주고 있다. 앞서 말했듯이 이는 하나의 주제가 될 수 있다. 토픽맵은 '휴대폰'이란 현실세계에 있는 주제를 컴퓨터가 이해할 수 있는 형태인 '토픽'으로 표현한다. 다시 말해 주제는 '어떠한 것'이라 할 수 있으며, 토픽은 '그 어떠한 것을 컴퓨터가 이해하고 처리할 수 있는 형태로 표현한 것'이라고 할 수 있다.

▶ **그림 8-3 현실세계의 주제**

좀 더 기술적으로 표현한다면 토픽은 주제를 구체화(reification)하는 것이다. 즉, 주제라는 추상적 개념이 컴퓨터가 처리할 수 있는 토픽이라는 구체화된 형태로 전환되는 것이다.

[그림 8-4]는 토픽이 주제를 표현하고 있는 것을 보여주고 있다. 현실세계의 주제인 '휴대폰'을 컴퓨터 도메인 상에서 토픽맵의 '휴대폰'이라는 토픽으로 표현하고 있다.

▶ **그림 8-4 주제와 토픽**

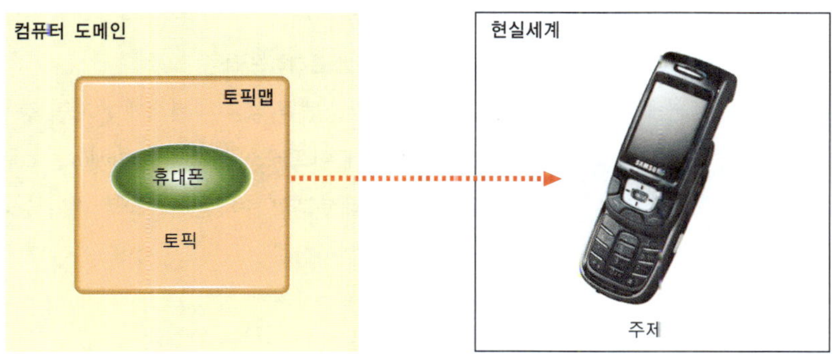

2.1.2 주제식별

하나의 토픽이 여러 개의 주제를 표현하거나 여러 개의 토픽이 동일한 주제를 표현하는 모호함을 없애기 위하여 주제식별(subject identity)이 필요하다. 예를 들어 초콜릿폰과 김태희폰은 동일한 주제이므로 하나의 토픽으로 표현되고 컴퓨터 내에서 식별 가능해야 한다. 토픽맵에서 주제를 식별하는 방법은 주제가 컴퓨터상에 존재하는 경우와 주제가 현실세계에 존재하는 경우 두 가지가 있으며 두 토픽의 주제식별이 같으면 동일한 주제에 관한 것이라 할 수 있다.

◉ **주제가 컴퓨터상에 존재하는 경우**

토픽이 표현하고자 하는 주제가 컴퓨터상에 존재하고 있다면, 이러한 주제는 컴퓨터상의 주소(예를 들어 URI)를 가지고 있으므로 어드레스 가능한 주제(addressable subject)라고 한다. 예를 들어 웹 페이지는 컴퓨터 상에 자신의 주소를 가지고 있으므로 어드레스 가능한 주제라고 할 수 있다. [그림 8-5]의 '서울대학교 홈페이지' 라는 토픽은 컴퓨터 도메인 상에 존재하고 있는 어드레스 가능한 주제인 서울대학교 웹 사이트를 주제로 표현하고 있으므로, URI인 'http://www.snu.ac.kr/' 을 직접 참조하여 주제식별을 할 수 있다.

▶ **그림 8-5 어드레스 가능한 주제의 식별**

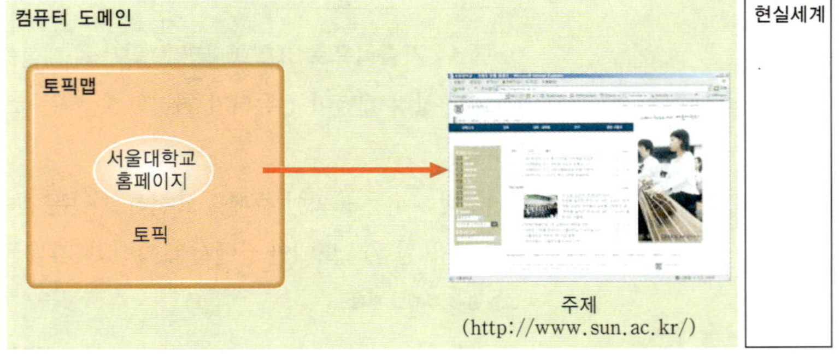

◉ **주제가 현실세계에 존재하는 경우**

주제가 컴퓨터 시스템 밖의 현실세계에 존재할 경우 전자적으로 어드레스할 수 있는 방법이 없기 때문에 어드레스 불가능한 주제(non-addressable subject)라고 한다. 실제로 현실세계에 있는 대부분의 주제는 어드레스 불가능하다. 예를 들어 '한반도', '서울대학교', '월드컵', '형이상학', '기쁨', '사랑' 등은 모두 어드레스가 불가능한 주제라고 할 수 있다.

토픽맵에서는 이러한 어드레스 불가능한 주제를 식별하기 위해 주제 지시자(subject indicator)를 사용한다. 주제 지시자는 주제의 식별을 위하여 주제를 설명하는 정보를 제공하고 있는 컴퓨터상의 자원으로 문서, 오디오, 비디오 등 그 주제를 잘 기술하는 자원이면 어떠한 것도 가능하다.

[그림 8-6]을 보면, 현실세계에는 있지만 컴퓨터상에는 없는 '사랑' 이라는 주제가 있다. 이는 컴퓨터 도메인상에 있지 않으므로 전자적으로 어드레스 할 수 없는 주제이다. 이 경우 '사랑' 이라는 토픽을 만들어 컴퓨터상에서 접근이 가능하도록 만들 수 있다. 이때, '사랑' 이라는 주제를 나타내는 주제 지시자를 만들고 이를 참조함으로써 사랑이라는 주제를 식별할 수 있다.

▶ 그림 8-6 어드레스 불가능한 주제의 식별

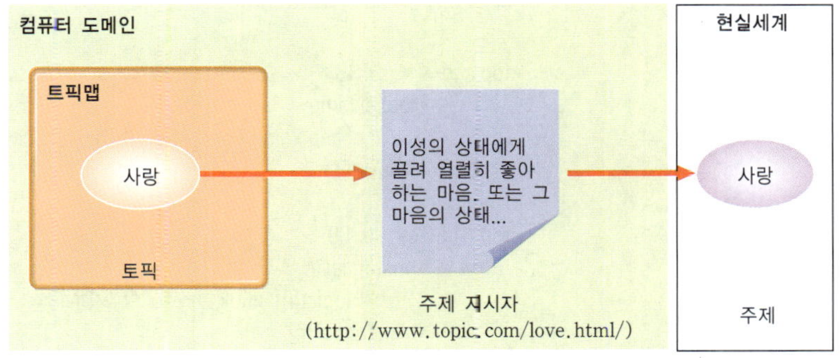

2.1.3 토픽 타입(Topic Type)

우리가 개념들을 비슷한 특징을 가진 것들끼리 분류하듯이, 토픽들도 비슷한 유형에 속하는 것끼리 분류할 수 있는데 이를 '토픽 타입' 이라 부른다. 예컨대 [그림 8-1]에서는 휴대폰들을 위성DMB폰, 연예인폰이라는 토픽 타입으로 분류하였다.

토픽과 토픽 타입의 관계를 살펴보자. 토픽은 하나 또는 그 이상의 토픽 타입의 인스턴스이다. [그림 8-1]에서 토픽 'EV-KD300', '초슬림DMB폰', '크로스DMB폰' 등은 모두 '위성DMB폰' 의 인스턴스이다. 또한 토픽 타입은 토픽이다. 따라서 토픽 타입을 사용하려면 먼저 토픽 타입을 토픽으로 정의하여야만 한다. 예를 들어 [그림 8-7] 예제에서 '위성 DMB폰' 을 토픽 타입으로 사용하려면, 먼저 '위성 DMB폰' 을 토픽으로 정의해야만 된다.

▶ **그림 8-7 토픽 타입 예**

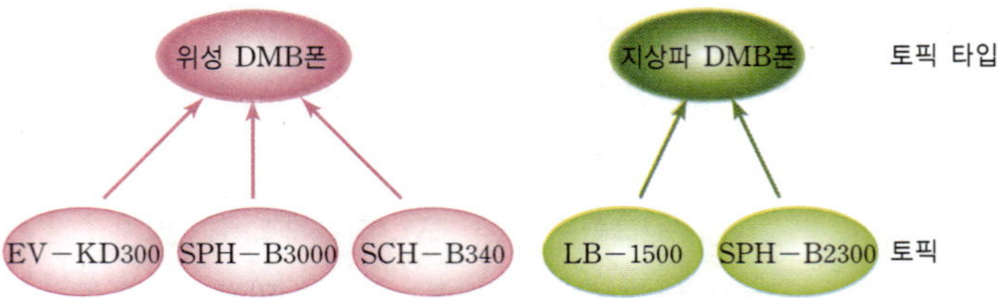

[코드 8-1]은 [그림 8-7]의 일부를 XTM으로 표현한 것이다. 코드를 보면 '위성 DMB' 폰을 먼저 토픽으로 정의하였으며, 토픽 'ev_kd300' 의 경우 '위성DMB' 폰의 인스턴스임을 표현하였다. [코드 8-1]에서 볼 수 있듯이 토픽은 하나의 ID를 가지며 다음 절에서 설명할 이름을 가질 수 있다.

▶ **코드 8-1 토픽과 토픽 타입 XTM 예**

```
<topic id="위성DMB폰">
        <baseName>
            <baseNameString>위성 DMB폰</baseNameString>
        </baseName>
</topic>
<topic id="ev_kd300">
        <instanceOf>
            <topicRef  xlink : href="#위성DMB폰" />
        </instanceOf>
</topic>
```

2.2 토픽 특성(Topic Characteristic)

토픽맵의 기본이 되는 토픽은 이름, 어커런스, 관계라는 3가지의 특성을 가지며, 이러한 토픽의 특성은 범위(scope)에 의해 유효성이 정의될 수 있다. 토픽 특성에 대한 범위는 필요시에만 지정할 뿐 이를 반드시 해야 하는 것은 아니다. 만약 범위가 지정되지 않은 경우에는 토픽의 특성이 항상 유효하다는 것을 의미한다. 범위에 대한 상세한 설명은 본 chapter의 2.3.1절에서 다루고 있다.

2.2.1 이름(Name)

토픽 이름은 인간이 토픽을 쉽게 이해하고 알아볼 수 있도록 도움을 주는데 목적이 있다. 만약 토픽의 이름이 없더라도 각각의 토픽에는 토픽 ID가 있으므로 컴퓨터는 토픽을 분별할 수 있지만, 사람들이 이해하는 데는 어려움이 있을 수 있다. 토픽은 주어진 범위 내에서 이름이 없을 수도 있고 하나 이상일 수도 있다. 이름은 기본이름(base name)과 변형이름(variant name)이 있다. 기본이름은 토픽의 기본적인 라벨이 되는 이름으로 항상 문자열(string)로 표현되어야 한다. 변형이름은 정렬(sorting)과 같은 특정한 프로세스에 적합한 이름이다.

하나의 토픽이 여러 개의 기본이름을 가지는 경우도 있다. [코드8-2]에서는 'Kr' 이라는 토픽이 '대한민국'과 'Korea'라는 두 개의 기본이름을 가지고 있는 경우를 표현하였다.

▶ **코드 8-2 기본이름 XTM 예**

```
<topic id="Kr">
        <baseName>
              <baseNameString>대한민국</baseNameString>
        </baseName>

        <baseName>
              <baseNameString>Korea</baseNameString>
        </baseName>
</topic>
```


2.2.2 어커런스(Occurrence)

어커런스는 인덱스의 페이지와 마찬가지로 주제(토픽)와 관련된 자원을 연결해 준다. 어커런스 또한 토픽의 특성 중 하나이므로 범위에 의해 유효성이 정의될 수 있다.

하나의 토픽은 한 개 이상의 자원을 가질 수 있다. [그림 8-1]을 보면, 주제가 한 페이지에만 있는 경우도 있으며 두 개의 페이지에 있는 경우도 있다. 예를 들어, 초콜릿폰의 경우 18페이지와 85페이지에 관련된 정보가 있다. 18페이지에는 제품에 대한 상세설명과 이미지가 소개 되어 있으며, 85페이지에는 상품 사용후기에 대한 정보가 제공되고 있다고 가정할 수 있다. 이와 같이 하나의 토픽이 여러 가지 자원을 가질 수 있으며 토픽맵에서는 어커런스를 사용하여 토픽과 자원을 연결한다.

어커런스로 연결되는 자원은 'URI를 참조하여 어드레스 가능한 자원'과 '문자열 데이터 형태의 자원'의 두 가지이다. 전자는 자원이 자신의 URI를 가지고 있어 이를 참조할 수 있는 경우로 이를 자원참조(resource reference)라 한다. 예를 들어 초콜릿폰의 이미지는 자원참조로 표현할 수 있다. 후자는 자원을 문자열(string)형태로 기술하는 경우로 이를 자원데이터(resource data)라 한다. 예를 들어 초콜릿폰의 가격은 자원데이터로 나타낼 수 있다.

어커런스 또한 토픽과 마찬가지로 어커런스 타입을 이용해 분류할 수 있다. 즉 어커런스는 어커런스 타입의 인스턴스라 할 수 있다. [그림 8-8]은 어커런스와 어커런스 타입의 예이다. '초콜릿폰' 이라는 토픽은 제품에 대한 이미지 사진, 제품 정보에 대한 웹 페이지, 제품에 관한 평이 있는 웹 페이지 등 여러 가지 유형의 관련 자원이 있다. 토픽맵에서는 어커런스 타입을 이용하여 이러한 여러 유형의 자원을 효과적으로 표현할 수 있다. [그림 8-8]에서는 초콜릿폰이 가지고 있는 자원을 유형에 따라 '이미지', '제품정보 웹페이지', '상품평 웹페이지' 라는 어커런스 타입으로 나누었다.

▶ 그림 8-8 어커런스 예

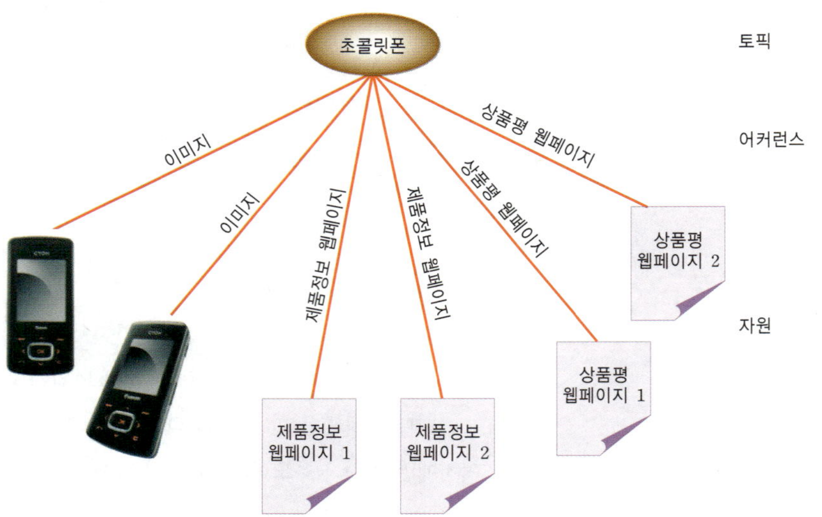

위의 예 중 일부를 XTM 구문으로 표현하면 [코드 8-3]과 같다. [코드 8-3]은 '이미지' 와 '제품정보 웹페이지' 라는 어커런스 타입을 보여주고 있다. 'ChocolatePhone' 이라는 토픽은 '초콜릿폰' 이라는 이름을 가지고 있으며, 두 가지 자원을 가지고 있다는 것을 표현하고 있다. 자원의 표현 부분을 좀더 자세히 보면, [그림8-8] 에서 보여주는 것과 같이 '초콜릿폰' 에 대한 자원은 '이미지' 의 형태로 된 것이 있으며 '제품정보' 를 소개한 웹 페이지에 대한 것이 있다. 그러므로 자원을 '이미지' 라는 어커런스 타입과 '제품정보

웹페이지' 라는 어커런스 타입으로 나타내었다. 물론 이러한 어커런스 타입에 대한 정의가 내려져 있다고 가정하였다.

▶ **코드 8-3 어커런스 XTM 예**

```
<topic id="ChocolatePhone">
        <baseName>
              <baseNameString>초콜릿폰</baseNameString>
        </baseName>

        <occurrence>                                    어커런스 타입 : 이미지
              <instanceOf>
                    <topicRef xlink : href="#이미지" />
              </instanceOf>                             이미지에 해당하는 자원의 주소
              <resourceRef>
                    xlink : href="http://www.lg.co.kr/chocolate_phone/#image.htm"
              </resourceRef>
        </occurrence>

        <occurrence>                                    어커런스 타입 : 제품정보 웹페이지
              <instanceOf>
                    <topicRef xlink : href="#제품정보웹페이지" />
              </instanceOf>
              <resourceRef>
                    xlink : href="http://www.phone.com/chocolate_phone/info.htm"
              </resourceRef>
        </occurrence>                                   제품정보 웹페이지에 해당하는
</topic>                                                자원의 주소
```

2.2.3 관계(Association)

관계는 하나 이상의 토픽 간의 연관성을 표현한 것이다. 관계에 참여하는 토픽을 멤버(member)라 하며 각 멤버는 역할(role)을 가진다. 예를 들어 'LG전자가 초콜릿폰을 제조한다' 라는 사실이 있다고 하자. 이를 '제조하다' 라는 관계로 표현할 수 있다. '제조하다' 라는 관계에 참여하는 토픽은 제조업체 또는 휴대폰의 역할을 지닌다. LG전자는 제조업체의 역할로 관계에 참여하는 멤버이고 초콜릿폰은 휴대폰의 역할로 관계에 참여하는 멤버이다. 관계는 어커런스와 마찬가지로 관계타입의 인스턴스이고 관계타입은 토픽이다. 따라서 'LG전자가 초콜릿폰을 제조한다' 라는 관계를 정의하기 위해서는 '제조하다' 라는 관계타입을 토픽으로 우선 정의하여야 한다. 이를 정리하면 [그림 8-9]와 같다.

▶ 그림 8-9 관계 예

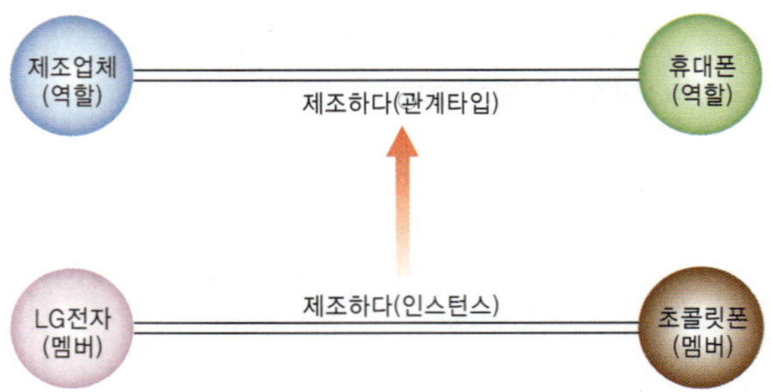

아래의 [코드 8-4]에서는 위의 관계에 대한 예제를 XTM 구문으로 표현하고 있다. 여기서도 '제조하다' 등의 토픽이 정의되어 있다고 가정하였다.

▶ 코드 8-4 관계 XTM 예

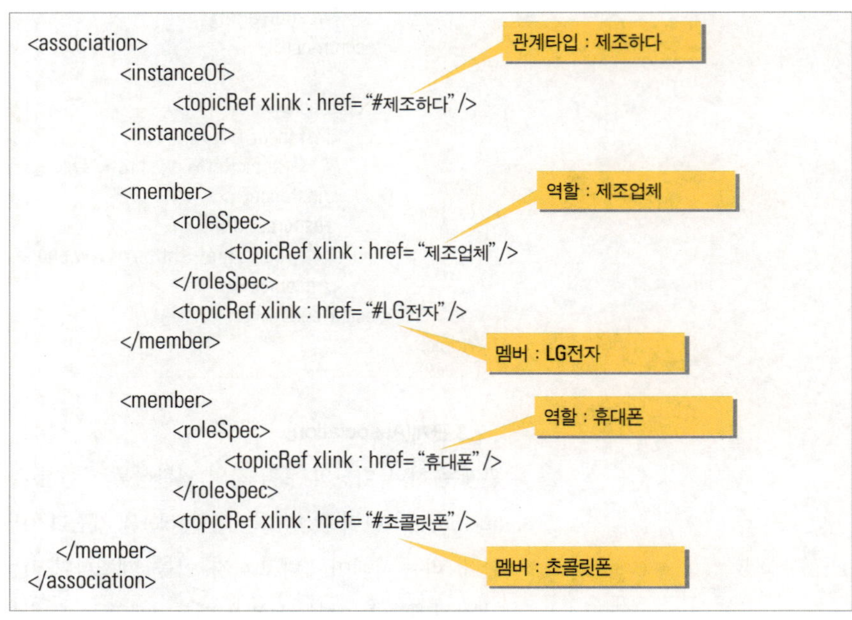

```
<association>
        <instanceOf>
            <topicRef xlink : href= "#제조하다" />
        <instanceOf>

        <member>
            <roleSpec>
                <topicRef xlink : href= "제조업체" />
            </roleSpec>
            <topicRef xlink : href= "#LG전자" />
        </member>

        <member>
            <roleSpec>
                <topicRef xlink : href= "휴대폰" />
            </roleSpec>
            <topicRef xlink : href= "#초콜릿폰" />
    </member>
</association>
```


2.3 토픽맵 기타 구성 요소

지금까지 토픽맵의 기본적인 구성 요소인 토픽과 그 특성에 대해 알아보았다. 본 절에서는 범위와 병합 그리고 공적 주제에 대해 설명하도록 하겠다.

2.3.1 범위(Scope)

토픽맵에서는 토픽 특성(이름, 어커런스, 관계)이 사용되는 범위를 지정할 수 있다. 범위는 반드시 지정해야만 하는 것은 아니며 필요한 경우에만 지정하면 된다. 토픽 특성에 어떠한 범위도 지정이 되지 않은 경우에 이 토픽 특성은 항상 어느 곳에서나 유효한 범위를 갖는다.

예를 들어 앞에서 언급하였듯이 우리나라를 우리말로는 대한민국이라 부르고 영어로는 Korea라고 부른다. 이렇듯 동일한 나라를 상황에 따라 다르게 부를 수 있다.

[코드 8-5]는 위의 예를 XTM으로 표현한 것이다. '대한민국' 이라는 이름에는 'kr' 이라는 범위를 'Korea' 라는 이름에는 'en' 이라는 범위를 지정하였다. 이 경우에 '대한민국' 은 'kr' 범위에서 'Korea' 는 'en' 범위에서 유효하다.

▶ **코드 8-5 XTM의 범위 예**

```
<baseName>
   <scope>
         <topicRef xlink : href= "#kr" />
   </scope>
         <baseNameString>대한민국</baseNameString>
</baseName>

<baseName>
         <scope>
              <topicRef xlink : href= "#en" />
         </scope>
         <baseNameString>Korea</baseNameString>
</baseName>
```

일반적으로 범위의 사용은 한국어, 영어 등 여러 나라의 언어로 표현할 때 유용하게 사용할 수 있으며, 어커런스 또는 관계에 허용된 사용자의 종류를 지정하여 사용자의 접근권리에 대한 범위를 정의할 수도 있다.

2.3.2 토픽맵 병합(Merge)

토픽맵은 서로 병합될 수 있다. 토픽맵에서는 자신과 동일한 주제를 가지고 있는 토픽이 있으면 안되기 때문에 동일한 주제를 가지고 있는 토픽이 여러 개가 있을 경우 이들은 하나의 토픽으로 병합되어야 한다. 토픽의 병합을 결정하는 요소로는 주제식별, 이름 그리고 범위가 있다. 만약 두 개의 토픽이 동일한 주제식별을 가지고 있거나, 동일한 범위 내에서 동일한 기본이름을 가지고 있다면 이들은 하나의 토픽으로 병합된다[5].

[5] 5. 토픽이름 제약조건(topic naming constraint)에 따라 같은 기본이름을 가지며 같은 범위에 존재하는 토픽들은 같은 주제를 나타내는 것으로 간주하여 하나의 토픽으로 병합된다.

그렇다면 병합하고자 하는 두 토픽이 서로 같은 주제식별을 가지고 있더라도 토픽의 이름, 어커런스 그리고 관계가 서로 다른 경우에는 어떻게 될까? 이러한 경우 토픽이 병합될 때에는 이름, 어커런스 그리고 관계의 중복된 부분을 제거한 나머지를 병합하여 하나의 토픽을 생성한다. 이름의 경우에는 비트 단위로 두 토픽을 서로 비교하고, 어커런스는 두 토픽이 같은 어커런스 타입의 인스턴스이고 서로 같은 자원을 참조하는지의 여부를 비교한다. 관계의 경우는 두 토픽이 같은 관계 타입을 가지고 동일한 역할을 수행하는 토픽인지를 비교한다.

2.3.3 공적 주제(Published Subjects)

공적 주제는 많은 사람들이 관심을 가지며 동일한 의미로 사용되는 것이 중요한 주제로 주제 지시자가 공식적으로 알려진 주제이다. 이러한 공적 주제 지시자(PSI : Published Subject Indicators)는 토픽맵의 교환과 병합 시 유용한 역할을 한다. 왜냐하면 두 개의 토픽맵에서 동일한 주제에 대해 서로 다른 주제 지시자를 사용한다면 토픽맵의 교환과 병합이 어려울 수 밖에 없기 때문이다.

공적 주제 지시자의 예로는 토픽, 관계 등과 같은 XTM 필수 공적 주제 지시자(XTM Mandatory Published Subject Indicator)를 들 수 있다. XTM 필수 공적 주제 지시자는 XTM으로 토픽맵을 나타낼 경우 반드시 사용하여야 하는 주제 지시자로서 아래의 [표 8-1]에 정리되어 있다.

▶ **표 8-1 XTM 필수 공적 주제 지시자**

토픽(topic)	http://www.topicmaps.org/xtm/1.0/core.xtm#topic
관계(association)	http://www.topicmaps.org/xtm/1.0/core.xtm#association
어커런스(occurrence)	http://www.topicmaps.org/xtm/1.0/core.xtm#occurrence
클래스-인스턴스 관계 (class-instance relationship)	http://www.topicmaps.org/xtm/1.0/core.xtm# class-instance
클래스(class)	http://www.topicmaps.org/xtm/1.0/core.xtm#class
인스턴스(instance)	http://www.topicmaps.org/xtm/1.0/core.xtm#instance

상위클래스-하위클래스 관계 (superclass-subclass relationship)	http://www.topicmaps.org/xtm/1.0/core.xtm#superclass-subclass
상위클래스(superclass)	http://www.topicmaps.org/xtm/1.0/core.xtm#superclass
하위클래스(subclass)	http://www.topicmaps.org/xtm/1.0/core.xtm#subclass
정렬 적합성(suitability for sorting)	http://www.topicmaps.org/xtm/1.0/core.xtm#sort
표시 적합성(suitability for display)	http://www.topicmaps.org/xtm/1.0/core.xtm#display

03 XTM 예제

이번에는 1절의 휴대폰 카탈로그 예제 중 일부를 XTM으로 표현해보도록 하겠다. 아래의 코드는 [그림 8-10] 중 점선으로 표시한 부분을 XTM으로 표현하였다.

▶ 그림 8-10 휴대폰 카탈로그 인덱스 XTM 예 – 코드 표현 부분

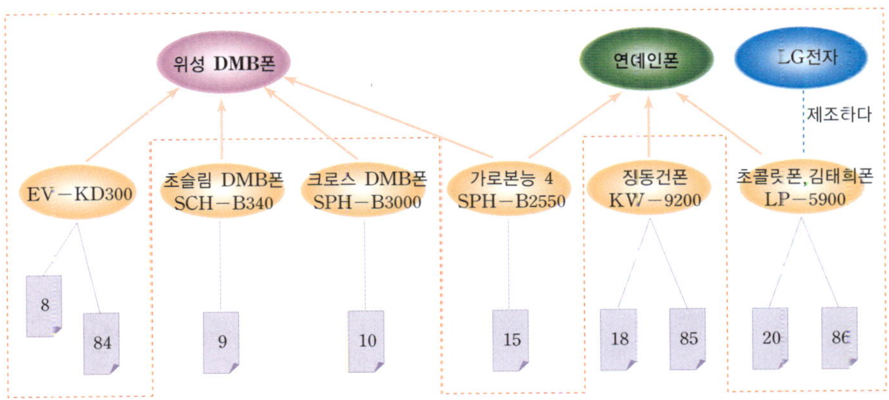


```
<?xml version="1.0"?>
<topicMap id="mobile_phone_index"
          xmlns="http://www.topicmaps.org/xtm/1.0/"
          xmlns:xlink="http://www.w3.org/1999/xlink">

<!-- 토픽 정의 부분 ==========-========= -->
<!-- '위성DMB폰' 토픽 정의 : 토픽 타입으로 사용 -->
<topic id="위성DMB폰">
```

```
        <baseName>
            <baseNameString>위성DMB폰</baseNameString>
        </baseName>
</topic>

<!-- '연예인폰' 토픽 정의 : 토픽 타입으로 사용 -->
<topic id="연예인폰">
        <baseName>
            <baseNameString>연예인폰</baseNameString>
        </baseName>
</topic>

<!-- '상품정보' 토픽 정의 : 어커런스 타입으로 사용 -->
<topic id="상품정보">
        <baseName>
            <baseNameString>상품정보</baseNameString>
        </baseName>
</topic>

<!-- '상품후기' 토픽 정의 : 어커런스 타입으로 사용 -->
<topic id="사용후기">
        <baseName>
            <baseNameString>사용후기</baseNameString>
        </baseName>
</topic>

<!-- 'LG전자' 토픽 정의 -->
<topic id="LGE">
        <baseName>
            <baseNameString>LG전자</baseNameString>
        </baseName>
</topic>

<!-- '제조하다' 토픽 정의 : 관계 타입으로 사용 -->
<topic id="제조하다">
        <baseName>
            <baseNameString>제조하다</baseNameString>
        </baseName>
</topic>

<!-- 어커런스 정의 부분 ================-->
```

```
<!-- 토픽 'ev_kd300' 에 대한 특성 정의 : '#위성DMB폰' 의 인스턴스이며 상품정보와 사용후기라는 두 개
의 어커런스를 가짐 -->
<topic id="ev_kd300">
        <instanceOf>
            <topicRef xlink : href="#위성DMB폰" />
        </instanceOf>
        <baseName>
            <baseNameString>EV-KD300</baseNameString>
        </baseName>
        <occurrence>
            <instanceOf>
                <topicRef xlink : href="#상품정보">
        </instanceOf>
        <resourceRef>http://www.mobile.co.kr/list/8.html</resourceRef>
    </occurrence>
    <occurrence>
        <instanceOf>
            <topicRef xlink : href="#사용후기 ">
        </instanceOf>
        <resourceRef>http://www.mobile.co.kr/review/84.html</resourceRef>
    </occurrence>
</topic>

<!-- 토픽 'SPH-B2550' 에 대한 특성 정의 : '#위성DMB폰' 의 인스턴스이며 동시에 '#연예인폰' 의 인스
턴스이다. 상품정보라는 어커런스를 가짐 -->
<topic id="sph_b2550">
        <instanceOf>
            <topicRef xlink : href="#위성DMB폰" />
        </instanceOf>
        <instanceOf>
            <topicRef xlink : href="#연예인폰" />
        </instanceOf>
        <baseName>
            <baseNameString>SPH-B2550</baseNameString>
        </baseName>
        <baseName>
            <baseNameString>가로본능4</baseNameString>
        </baseName>
        <occurrence>
            <instanceOf>
                <topicRef xlink : href="#상품정보">
            </instanceOf>
```

```
            <resourceRef>http://www.mobile.co.kr/list/15.html</resourceRef>
        </occurrence>
</topic>

<!-- 'LP-5900' 토픽 정의 : '#연예인폰' 의 인스턴스이고 여러 개의 기본이름을 가지고 있으며, 상품정보와 사용후기라는 두 개의 어커런스를 가짐 -->
<topic id="lp_5900">
        <instanceOf>
            <topicRef xlink : href="#연예인폰" />
        </instanceOf>
        <baseName>
            <baseNameString>LG-5900</baseNameString>
        </baseName>
        <baseName>
            <baseNameString>초콜릿폰</baseNameString>
        </baseName>
        <baseName>
            <baseNameString>김태희폰</baseNameString>
        </baseName>
        <occurrence>
            <instanceOf>
                <topicRef xlink : href="#상품정보">
            </instanceOf>
            <resourceRef>http://www.mobile.co.kr/list/20.html</resourceRef>
  </occurrence>
  <occurrence>
            <instanceOf>
                <topicRef xlink : href="#사용후기">
            </instanceOf>
            <resourceRef>http://www.mobile.co.kr/review/84.html</resourceRef>
        </occurrence>
</topic>

<!-- '제조하다' 관계 정의 부분 -->
<association>
        <instanceOf>
            <topicRef xlink : href="#제조하다" />
        </instanceOf>

<member>
        <roleSpec><topicRef xlink : href="휴대폰" /></roleSpec>
```

```
        <topicRef xlink : href= "#lp_5900" />
</member>

<member>
        <roleSpec><topicRef xlink : href= "제조업체" /></roleSpec>
        <topicRef xlink : href= "#LGE" />
</member>

</association>

<!--중간 생략 -->

</topicMap>
```

지금까지 chapter 5의 온톨로지 언어에 대한 전반적인 설명, chapter 6의 RDF(S)와 chapter 7의 OWL, 그리고 chapter 8의 XTM을 통하여 온톨로지 언어에 대해 설명을 하였다. chapter 9에서는 온톨로지를 생성하고 관리하는 온톨로지 툴에 대해 살펴보겠다.

chapter 9

온톨로지 툴

온톨로지는 시맨틱 웹의 핵심이다. 온톨로지를 쉽게 만들고, 관리하고, 공유하며, 여러 가지 서비스에 응용하도록 지원하는 툴(tool)의 역할은 시맨틱 웹의 실현을 위해 매우 중요하다. 만약 온톨로지 구축을 지원해 주는 도구 없이 직접 프로그래밍하여야 한다면 온톨로지를 구축하는 작업은 정말 어렵고 힘들게 느껴질 것이며, 시맨틱 웹은 훨씬 더딘 속도로 우리에게 다가올 것이다. 다행히 1990년대부터 온톨로지 툴이 개발되기 시작했고 지난 몇 년간 온톨로지 툴에 대한 연구가 활발히 진행되어 왔다. 처음에는 단순한 편집기능에서 출발했지만 현재는 지원하는 기능도 훨씬 다양화되었다. 이제는 온톨로지 툴이 너무나 많아 도대체 왜 이렇게 많은 툴이 있어야 하는 것인지, 이런 툴이 다 어디에 사용되는 것인지 등에 대한 의문과 혼동이 우리들을 어지럽게 할 정도다.

본 chapter에서는 수많은 온톨로지 툴들에 대한 분류 방식을 소개하고, 이 방식에 의해 대표적인 툴들을 분류하며, 각 툴이 제공하고 있는 기능적인 특성들에 대해 간략하게 설명할 것이다. 다양한 플러그인으로 기능을 확장할 수 있고 오픈소스로 제공되어 전세계적으로 많이 사용되고 있는 Protégé, 그리고 W3C 권고안인 RDF와 OWL 에디터로 출시된 Altova사의 SemanticWorks™ 2006에 대해서는 좀더 구체적으로 서술한다. 이를 통해 온톨로지 툴들이 대략 어떻게 구성되고 작동되는지에 대해 이해할 수 있을 것이다.

다른 툴들에 대한 정보는 테이블 형태로 요약하여 제시할 것이며, 대부분의 온톨로지 툴들은 계속적인 업그레이드가 이루어져 지원 기능의 변화 속도가 빠르므로 특정 툴에 대한 최신 정보는 관련 홈페이지를 참조하는 것이 바람직하다. 그리고 본 chapter에서 소개된 대표적인 툴 외에도 많은 툴들이 있으며 계속 새로운 툴이 발표되고 있다는 것을 참고하기 바란다. 본 chapter의 목적은 모든 온톨로지 툴에 대한 최신 정보를 제공한다기 보다는, 필요할 때에 보다 신속하고 합리적인 선택을 할 수 있도록 몇 가지 온톨로지 툴에 대해 체계적으로 살펴보는 기회를 제공하는 것이다.

온톨로지 툴의 분류

Gómez-Pérez(2002)는 다음과 같이 온톨로지 툴을 분류하였다.

- 온톨로지 개발 툴(Ontology development tools) : 새로운 온톨로지를 쉽게 구축할 수 있도록 도와준다. 일반적인 편집 및 브라우징 기능 외에 온톨로지 문서화, 다른 형식이나 언어로부터(또는 언어로) 가져오기(또는 나보내기), 온톨로지 그래픽 편집, 온톨로지 라이브러리 관리 등을 지원한다.
- 온톨로지 병합 툴(Ontology merge tools) : 같은 도메인에 대한 온톨로지가 여러 개 있다면 각각의 온톨로지가 표현하는 영역이 서로 겹칠 수도 있고, 같은 용어로 표현되어 있지만 서로 다른 개념을 나타내거나 용어는 다르지만 같은 개념을 나타내는 경우가 발생할 수 있을 것이다. 온톨로지 병합 툴은 여러 가지 알고리즘으로 이러한 문제를 해결하고 조율하여 온톨로지를 통합할 수 있도록 지원한다.
- 온톨로지 기반 주석 툴(Ontology-based annotation tools) : 개념에 대한 인스턴스, 속성 값, 속성에 대한 인스턴스 등의 생성을 지원하며 온톨로지 기반 주석을 반자동 또는 자동적으로 삽입할 수 있도록 도와준다. 대다수가 온톨로지 개발 툴에 이미 통합되었다.
- 온톨로지 평가 툴(Ontology evaluation tools) : 다양한 도메인에서 수많은 온톨로지가 생겨나면서 어떤 온톨로지를 사용하는 것이 나은지, 임의의 온톨로지를 신뢰하고 사용할 수 있는지 등에 대해 체계적으로 평가할 필요성이 대두되었다. 온톨로지의 평가를 통해 온톨로지를 병합하거나 재사용하고자 할 때 수반되는 여러 가지 문제들을 줄일 수 있다.
- 온톨로지 질의 툴 및 추론엔진(Ontology querying tools & inference engines) : 임의의 온톨로지에 대해 알고 싶은 정보를 조회하는 경우 질의 과정을 쉽게 해주고 새로운 사실을 추론해 주는 툴이다. 이들은 대개 해당 온톨로지를 구축할 때 사용된 언어와 밀접하게 관련되어 있다.
- 온톨로지 학습 툴(Ontology learning tools) : 자연어 또는 반구조화된(semi-structured) 정보자원이나 데이터베이스로부터 반자동 또는 자동적으로 온톨로지를 생성해 주는 툴로서, 기계학습(machine learning)이나 자연어 분석기법(natural language analysis techniques)을 사용한다.

위의 분류 방식이 일반적으로 많이 인용되고 있으며 이해하기도 쉬우므로 본 chapter에서는 이 기준에 따라 서술하기로 한다. 물론 하나의 툴이 계속 업그레이드 되면서 많은 기능을 포함하게 되어 여러 카테고리에 속하게 될 수도 있고, 또 플러그인으로 다양한 기능을 용도에 따라 확장할 수 있도록 디자인 된 툴은 하나의 카테고리에만 속한다고 볼 수는 없겠지만 대략 본래의 주된 개발 목적에 따라 분류해 볼 수는 있을 것이다.

02 온톨로지 개발 툴

1990년대부터 온톨로지 툴 중 가장 많은 연구가 이루어진 분야가 온톨로지 개발 툴인데 이것은 온톨로지 언어에 대한 종속 여부에 따라 다시 두 개의 하위 그룹으로 구분될 수 있다.

지식모델이 온톨로지 언어에 대해 독립적이고 확장 가능한 구조를 가지고 있는 통합 툴

- 온톨로지 편집 관련 서비스가 핵심 기능이며, 다른 기능은 모듈 단위로 쉽게 추가됨
- Protégé, WebODE, OntoEdit, KAON 등

지식모델이 특정한 온톨로지 언어에 종속되어 있는 툴

- 특정한 온톨로지 언어를 위한 에디터로 개발됨
- Ontolingua 서버(Ontolingua, KIF), OntoSaurus(LOOM), WebOnto(OCML), OilED(OIL, DAML+OIL), SemanticWorks™ 2006(RDF, OWL) 등 (괄호 안은 해당 툴이 지원하는 온톨로지 언어임)

위의 각 그룹에 속하는 대표적인 툴인 Protégé와 SemanticWorks™ 2006에 대해 좀 더 살펴 보도록 하자.

2.1 Protégé

Protégé는 의료 전문가 시스템을 위한 지식 획득을 지원하기 위해 스탠포드 대학교의 의료 정보과학(Medical Informatics) 팀에 의해 1987년에 처음 개발되었다. 현재는 전세계적으로 수많은 사용자에 의해 다양한 도메인 모델을 구축하는 강력한 도구로 이용되고 있으며 오픈소스로 제공되고 있다. Protégé 홈페이지[1]에서 다운로드 받을 수 있고, 튜토리얼 및 여러 가지 관련 문서, 플러그인 라이브러리, 도메인 모델 모음, 토론 이슈 등을 살펴볼 수 있다.

1. http://protege.stanford.edu/

Protégé가 제공하는 기능은 다음과 같이 요약될 수 있다(Horridge et al., 2004).

- 클래스 및 속성의 정의 : [그림 9-1]과 같은 그래픽 사용자 인터페이스(Graphical User Interface)를 통해 클래스 탭(OWLClasses tab)에서 클래스의 계층구조를 쉽게 설계할 수 있다. [그림 9-1]은 chapter 7의 4절에 나오는 OWL예제를 Protégé로 구현한 것이다. 클래스를 윈도우 탐색기와 같이 익숙한 트리 구조로

보여주므로 쉽게 계층구조를 확인할 수 있다. 추상 클래스와 일반 클래스가 있으며 일반 클래스만 개체를 생성할 수 있다. 다중상속을 지원하며, Protége에서의 속성(property)은 객체지향 언어에서의 애트리뷰트(attribute) 및 메소드(method)를 포함하는 개념이다. 속성 탭(Properties tab)에서 속성 및 속성에 대한 제약조건을 먼저 정의하고, 정의된 속성을 정의역(domain)과 공역(range)에 해당하는 클래스에 연결해 주는 방식으로 설정한다. [그림 9-1]의 여러 가지 탭 중 하나를 누를 때마다 바로 아래에 있는 화면 구성이 각 탭에 맞게 바뀐다.

여러 가지 탭

▶ 그림 9-1 Protégé 사용자 인터페이스

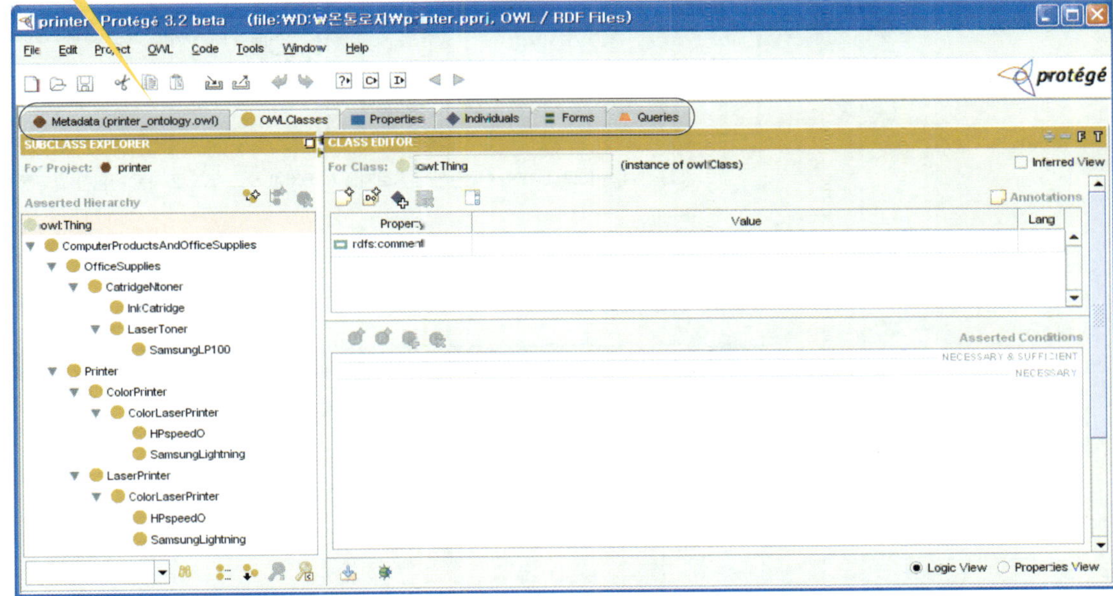

- 개체 편집 : 클래스와 속성이 정의되면 [그림 9-1]의 개체 탭(Individuals tab)에서 각 클래스에 속하는 개체를 생성할 수 있으며 클래스 정의에 맞게 디자인 된 폼 탭(Forms tab)에서 각 개체에 해당하는 속성 값을 편리하게 입력할 수 있다.
- 질의 처리 : [그림 9-1]의 질의 탭(Queries tab)에서 각 클래스와 속성에 대한 조건을 만족시키는 개체들을 검색할 수 있고, Protégé 내부 언어인 PAL(Protégé Axiom Language)이나 JessTab 플러그인 등을 사용하여 다양한 제약조건과 공리를 표현할 수 있다.
- 여러 가지 언어 지원 및 형식 변환 : 새로운 온톨로지를 구축할 때에는 [그림 9-2]와 [그림 9-3]과 같이 프로젝트 유형 및 온톨로지 언어를 선택할 수 있다. [그림 9-3]은 [그림 9-2]와 같이 선택했을 때 다음 단계로 열리는 창이며, 3.2베타 버전에서는 OWL Full까지 지원한다.

▶ 그림 9-2 Protégé 프로젝트 타입 선택 화면

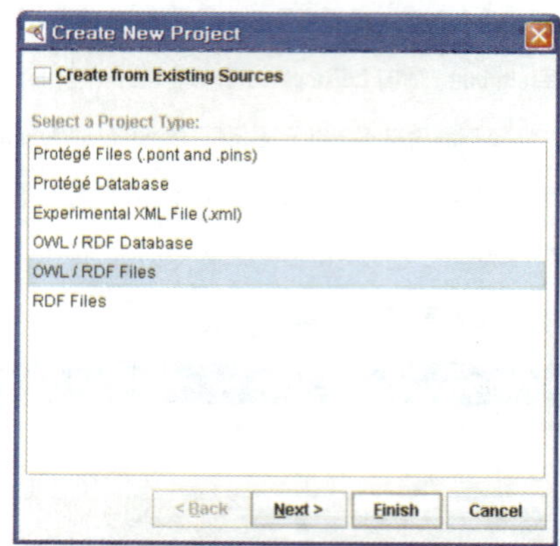

▶ 그림 9-3 Protégé 온톨로지 언어 선택 화면

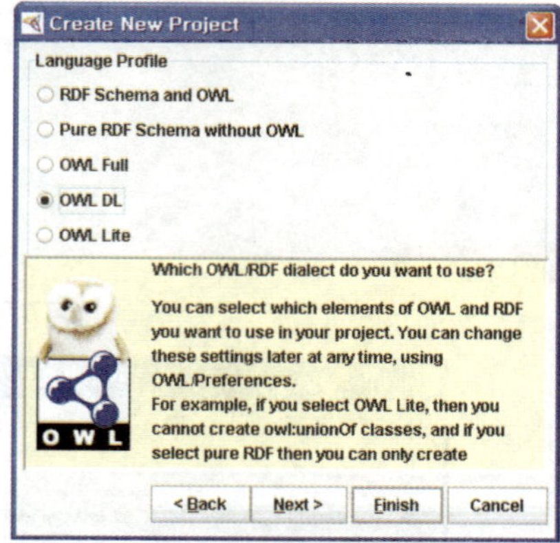

[그림 9-4]는 [그림 9-1]에서 구현한 온톨로지를 RDF/XML 소스 코드로 자동 변환한 결과를 보여주는 화면이다.

▶ 그림 9-4 RDF/XML 소스 코드

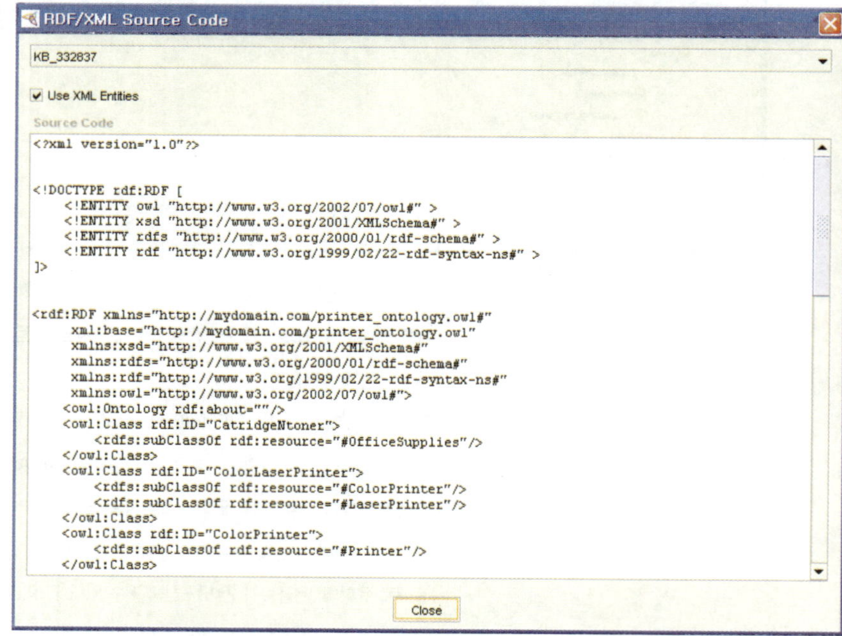

- 다양한 플러그인 : Protégé는 [그림 9-5]와 같이 필요에 따라 여러 가지 플러그인 모듈을 추가하여 기능을 확장할 수 있는 유연한 플랫폼을 가지고 있다.

▶ **그림 9-5 Protégé 플러그인 선택 화면**

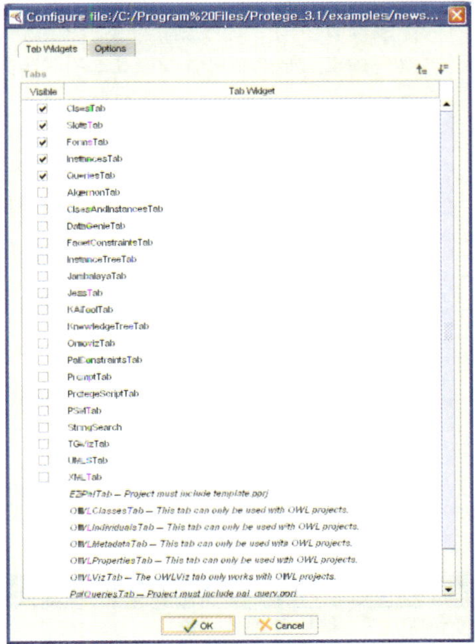

플러그인에는 파일 저장 형식에 관련된 것, 슬롯의 구성 및 디자인에 관련된 것, 탭 플러그인 등이 있다. 탭 플러그인은 설정 메뉴(Configure)에서 체크만 해주면 메인 화면에 해당 탭이 뜨도록 반영되며 다음과 같은 것들이 있다.

- 질의 및 추론 관련 탭 : QueriesTab, JessTab, PrologTab, PalConstraintsTab
- 그래프 및 시각화 관련 탭 : TGVizTab, OntoVizTab, JambalayaTab
- 온톨로지 관리 및 병합 관련 탭 : PromptTab, DataGenieTab

이외에 오픈소스로 제공되는 Protégé API를 통해 자바 언어로 자신만의 플러그인을 만들고 Protégé 환경에서 실행시킬 수 있다. 토픽맵을 위한 탭 플러그인은 무료로 다운로드 받을 수 있으며[2], 간단한 설정 과정을 통해 XTM도 Protégé로 편집할 수 있다.

2. http://www.techquila.com/tmtab-screens.html

2.2 SemanticWorks™ 2006

Altova의 SemanticWorks™ 2006은 XMLSpy 개발자들이 만든 RDF와 OWL 에디터로, 그래픽 사용자 인터페이스와 텍스트 인터페이스를 통해 온톨로지를 편집할 수 있도록 해준다[3]. 앞에서 소개된 플러그인 구조의 Protégé보다 훨씬 간단하고 단순한 개발 기능 위주의 툴이다. Protégé처럼 오픈소스가 아니라 상업용이며, 홈페이지에서 30일 평가판을 다운로드 받을 수 있다.

[3] http://www.altova.com/products_semanticworks.html

그래픽 사용자 인터페이스로 제공되는 RDF/OWL 그래픽뷰는 [그림 9-6]과 같은 오버뷰(Overview)와 [그림 9-7]과 같은 디테일뷰(Detail View)로 이루어져 있다.

[그림 9-6]의 오버뷰에는 클래스, 속성, 인스턴스 등을 위한 탭(tab)이 있고 각 탭에 따라 컨텍스트에 적절한(context-sensitive) 입력 도움 기능, 자동 포맷 확인(automatic format checking) 기능 등이 제공된다. [그림 9-6]의 ①번 메인 창은 chapter 7의 4절 OWL 예제에 해당하는 클래스 구성을 보여주고 있다. ②번 보조 창은 ①번 메인 창에서 선택된 클래스에 속하는 인스턴스와 속성들의 리스트를 보여준다. 그리고 ③번 에러 창에는 온톨로지 구현 과정에서 발생한 에러에 관한 내용을 나타낸다.

▶ 그림 9-6 SemanticWorks™ 2006 오버뷰

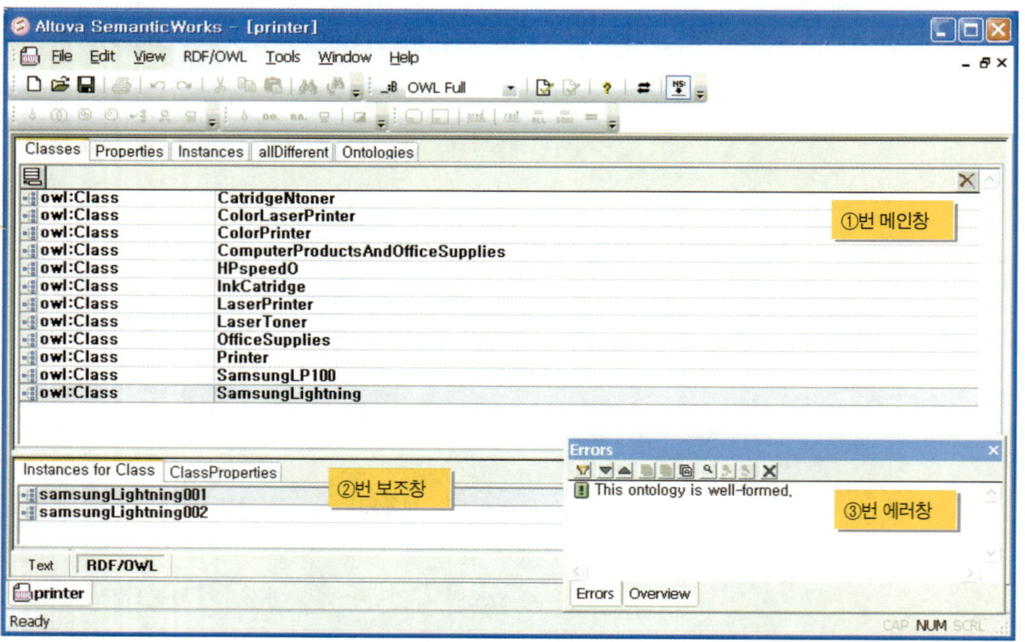

[그림 9-6]에서 디테일뷰로의 전환 버튼을 클릭하면 [그림 9-7]과 같은 디테일뷰가 나온다. 여기에서는 오버뷰에서 정의된 온톨로지 아이템에 대한 세부 사항을 추가하고 편집할 수 있다. [그림 9-7]과 같은 온톨로지 그래프는 윈도우의 탐색기처럼 '+' 기호를 누르면 확장되고 '-' 기호를 누르면 축약된다. 우측 하단의 오버뷰 창은 바로 위에 있는 디테일뷰의 메인 창에 보여지는 부분이 전체 온톨로지 그래프 상에서 어떤 부분인지를 보여준다. [그림 9-7]에 있는 오버뷰로의 전환 버튼을 클릭하면 다시 [그림 9-6]과 같은 오버뷰로 화면이 바뀐다.

▶ **그림 9-7 SemanticWorks™ 2006 디테일뷰**

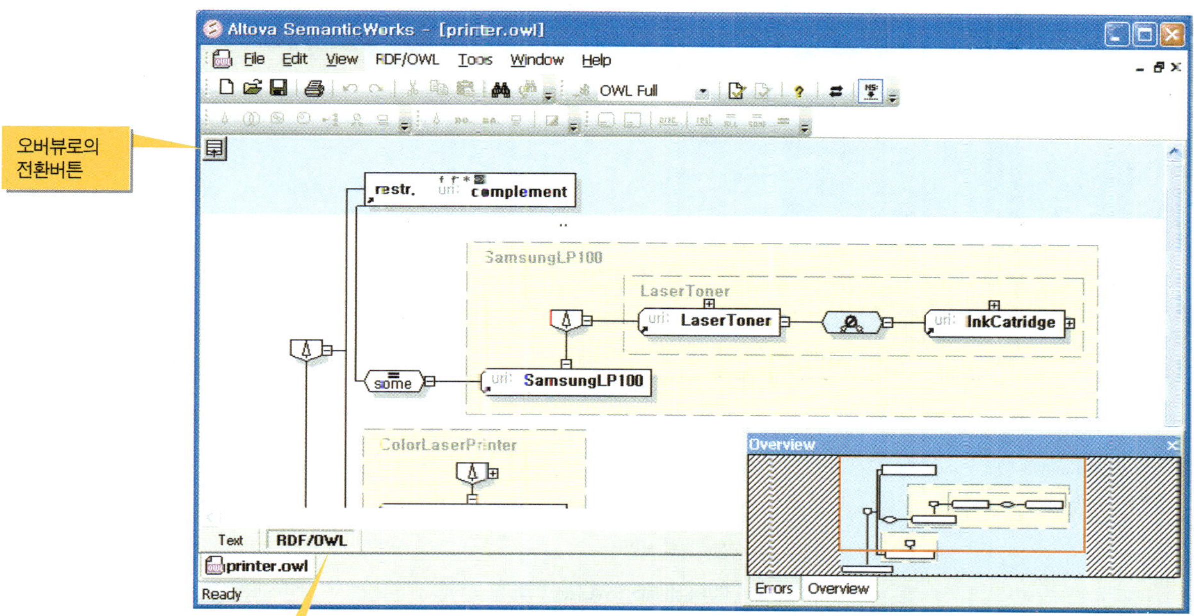

[그림 9-6]이나 [그림 9-7]과 같은 RDF/OWL 그래픽뷰에서 클래스를 설계하면 [그림 9-8]과 같은 RDF/XML 코드나 N-트리플(chapter 6 참조) 코드가 자동 생성되므로 복잡한 코딩 작업을 힘들여 하지 않아도 된다. RDF/XML이나 N-트리플 형식의 문서가 어떻게 생성되고 있는지 보기 위해 언제든지 RDF/OWL 그래픽뷰에서 텍스트뷰로 전환할 수 있으며 RDF/XML을 N-트리플 형식으로 변환하거나 또는 그 반대로 할 수 있다.

▶ 그림 9-8 SemanticWorks™ 2006 RDF/XML 텍스트뷰

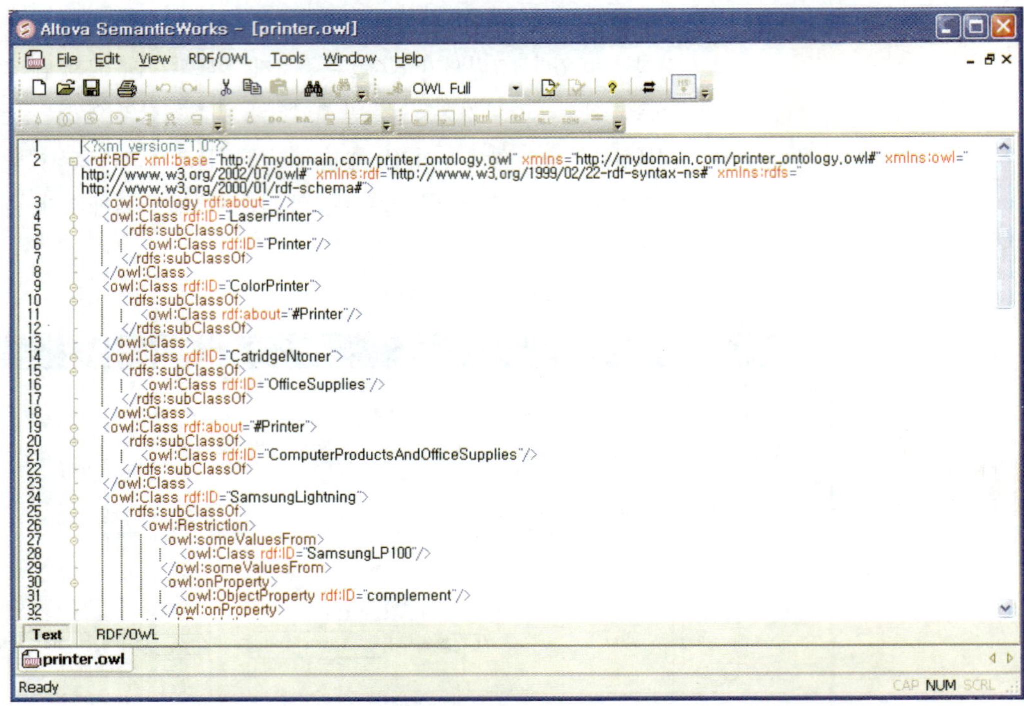

4. http://www.altova.com/manual2006/SemanticWorks/

SemanticWorks™ 2006이 제공하는 기능을 요약해 보면 다음과 같다[4].

- 이해하기 쉽고 편리한 인터페이스를 통해 RDF, RDF Schema, OWL Lite, OWL DL, OWL Full 문서를 만들고 편집하도록 지원
- RDF, RDF Schema, OWL Lite, OWL DL, OWL Full 온톨로지에 대한 신택스 확인(syntax checking)
- OWL Lite, OWL DL에 대한 의미 확인(semantics checking)
- RDF 및 OWL 디자인으로부터 RDF/XML이나 N-트리플 형식을 자동생성 및 편집
- 여러 개의 윈도우를 통해 여러 개의 온톨로지를 동시에 편집
- 그래프로 표현된 RDF와 OWL을 인쇄

03 주요 온톨로지 툴 요약 정보

1절에서 언급한 여섯 가지 툴 카테고리 중 사용빈도가 높을 것으로 예상되는 온톨로지 개발, 병합, 주석 툴에 대해서는 [표 9-1], [표 9-2], [표 9-3]에서 요약정보를 제시한다. 나머지 온톨로지 평가, 질의 및 추론엔진, 학습 툴에 관한 내용은 해당 URL을 제시하는 것으로 대신한다. APPENDIX C에는 모든 카테고리의 툴에 관련된 내용을 찾아볼 수 있는 URL 정보를 수록하였다.

▶ **표 9-1 온톨로지 개발 툴**

분류	툴 이름	설명
언어에 독립적인 툴	Protégé	•확장가능한 구조를 가진 오픈소스 툴 •핵심 기능은 온톨로지 에디터이지만 다른 기능을 플러그인으로 확장가능 - 온톨로지 언어(F-Logic, Jess, OIL, XML, Prolog) 가져오기와 내보내기, OKBC 액세스, 제약조건 만들기와 실행(PAL), 온톨로지 병합(PROMPT) 등
	WebODE	•애플리케이션 서버 기반의 확장 가능한 온톨로지 엔지니어링 툴 •핵심 기능은 서버에 플러그인 된 서비스와 애플리케이션에 의해 사용되는 온톨로지 액세스 서비스 •WebODE 온톨로지를 편집하는 에디터는 HTML 폼과 Java 애플릿 기반 •온톨로지(RDF(S), OIL, DAML+OIL, OWL, F-Logic, JESS, Prolog) 가져오기와 내보내기, WAB(WebODE Axiom Builder)으로 공리 편집 기능 제공 •온톨로지의 문서화·평가·진화·학습·병합 및 추론엔진을 위한 서비스를 통합 •Protégé-2000과 호환됨
	OntoEdit	•플러그인 구조 기반으로 확장가능하고 유연한 환경 제공 •협동적 온톨로지 구축 기능 포함 •다른 형식의 온톨로지(XML, F-Logic, RDF(S), DAML+OIL) 가져오기와 내보내기 •서로 다른 기능 모음의 두 버전 : OntoEdit Free, OntoEdit Professional
	KAON	•확장가능한 오픈소스 툴 •핵심 기능은 RDF(S)에 기반한 지식모델을 정의하는 온톨로지 API •OI-Modeler는 온톨로지 진화, 매핑, 데이터베이스로부터 온톨로지 생성 기능 등을 제공하는 온톨로지 에디터
언어에 종속적인 툴	Ontolingua 서버	•최초의 온톨로지 툴 •폼 기반 웹 인터페이스로 Ontolingua 온톨로지 개발 지원 •초기에는 온톨로지 에디터가 주된 기능이 있었으나, 후에 Webster, Equation Solver, OKBC 서버, 온톨로지 병합 툴인 Chimaera 등의 시스템이 추가됨
	OntoSaurus	•LOOM 온톨로지를 위한 웹 에디터와 브라우저로 개발됨 •두 개의 주요 모듈로 구성됨 : LOOM에 추가된 지식표현시스템을 사용하는 온톨로지 서버 모듈과 HTML 폼으로 LOOM 온톨로지를 편집하고 브라우즈하는 웹 브라우저 모듈
	WebOnto	•OCML 온톨로지를 위한 에디터로 개발됨

		•HTML 폼이 아니라 Java 애플릿에 기반한 에디터 •그룹사용자에 의한 협동적 온톨로지 편집을 강력히 지원
언어에 종속적인 툴	OilEd	•OIL 온톨로지를 위한 에디터로 개발됨 •DAML+OIL이 발표되면서 DAML+OIL 온톨로지를 편집할 수 있도록 업그레이드됨 •OWL 온톨로지도 다룰수 있도록 업그레이드 중 •사용자는 기술논리 접근법으로 온톨로지를 모델링하는 방법을 알아야 함
	SemanticWorks™ 2006	•Altova의 XMLSpy 개발자들이 만든 RDF/OWL(Lite, DL, Full) 그래픽 에디터 •RDF/XML 신택스 확인 기능, RDF/OWL 그래픽으로부터 RDF/XML이나 N-트리플 문서 자동생성 및 편집 기능, 그래프로 표현된 RDF나 OWL 인쇄 기능

▶ **표 9-2 온톨로지 병합 툴**

툴 이름	설명
OBSERVER	•같은 도메인에 대한 온톨로지들을 자동으로 병합 •병합 프로세스는 내부 모듈에서 수행되어 사용자가 볼 수 없음
Chimaera	•스탠포드 대학교의 KSL(Knowledge Systems Laboratory)에 의해 개발됨 •다양한 형식(Ontolingua, KIF, Protégé-2000, DAML+OIL 등)을 지원
PROMPT Plug-in	•스탠포드 대학교의 SMI(Stanford Medical Informatics) •Protégé-2000에 통합됨 •온톨로지 병합 방법인 PROMPT 지원
FCA-Merge toolset	•Karlsruhe 대학교의 AIFB(Angewandte Informatik und Formale Beschreibungsverfahren)에 의해 개발됨 •온톨로지 병합 방법인 FCA-Merge 지원
GLUE	•워싱턴 대학교에서 개발됨 •서로 다른 두 개의 온톨로지에서 반자동적으로 개념을 매핑시키는 시스템

▶ **표 9-3 온톨로지 기반 주석 툴**

툴 이름	설명
SHOE Knowledge Annotator	•SHOE 프로젝트의 결과물로 최초의 주석 툴 •HTML 문서에 SHOE 언어를 사용해서 주석을 삽입할 수 있도록 하는 기본 툴
SMORE	•RDF(S)와 DAML+OIL 온톨로지 관리 및 주석 삽입을 지원
OntoMat-Annotizer	•Karlsruhe 대학교의 AIFB에 의해 개발됨 •DAML+OIL로 구축된 온톨로지에 주석 삽입을 지원
OntoAnnotate	•OntoMat-Annotizer에 기반, Ontoprise에 의해 상업화 됨 •DAML+OIL로 구축된 온톨로지에 주석 삽입을 지원

MnM	•RDF(S), DAML+OIL, OCML로 구축된 온톨로지에 주석 삽입을 지원 •주석을 수동/반자동/자동적인 방법으로 삽입하도록 지원 •플러그인 구조로 되어 있어 확장 가능한 자바 애플리케이션
COHSE	•OIL과 DAML+OIL로 웹 페이지에 대한 주석을 생성하고 주석들 간에 내비게이션 링크를 생성 •주석이 웹 페이지에 포함되지 않고 독립된 서버에 저장됨 •온톨로지에 있는 개념에 대한 주석만을 생성하고 속성값이나 관계 인스턴스 주석은 허용되지 않음
UBOT AeroDAML	•텍스트 마이닝 시스템에 의해 텍스트 문서로부터 DAML+OIL로 이루어진 주석을 자동으로 생성 •웹에 연결된 형태나 독립적인 애플리케이션으로 이용 가능 •개념에 대한 인스턴스, 속성 값, 속성의 인스턴스 등을 만들어 줌

APPENDIX

A RDF(S)와 OWL의 어휘

B XTM(XML Topic Maps)

C 온톨로지 툴 관련 URL

D 약어목록

E 찾아보기

F 참고문헌

RDF(S) Vocabulary

아래의 표는 RDF(S) 어휘를 그 쓰임새의 특징 별로 분류해 놓은 것이다. 들여쓰기가 된 어휘는 진한 글씨체의 어휘 안에서 주로 사용된다.

어휘	설명	예
예약어		
rdf : Description	RDF 노드를 표현할 때 쓰인다.	<rdf : Description rdf : ID= “레이저 프린터” > <사용하다 rdf : resource= “#복사용지” /> <rdf : Description> ▶ ‘레이저 프린터’ 는 ‘복사용지’ 를사용한다. <rdf : Description rdf about= “#레이저 프린터” > <대체하다 rdf : resource= “#잉크젯프린터” /> <rdf : Description> ▶ ‘레이저 프린터’ 는 ‘잉크젯프린터’ 를 대체한다.
rdf : resource	목적부에 해당하는 자원을 참조할 때 쓰인다.	
rdf : ID	노드의 ID를 나타낸다. 이는 rdfs : Class나 rdf : Property 등의 요소 안에서 온톨로지의 자원을 처음으로 정의할 때에 사용한다.	
rdf : about	rdf : ID로 정의된 자원을 참조할 때 쓰인다.	
RDF 노드		
rdfs : Resource	식별된 개념(identified concept)을 나타낸다. 즉, RDF에서 ‘자원’ 이라고 일컫는 것을 나타낸다. 실제로 쓰이는 경우는 거의 없으나, 개념적으로 가장 상위에 있는 클래스이다.	
rdf : type	각각의 인스턴스(instance)를 클래스에 연결시키는 서술부(predicate)이며, rdf : type의 주어부에는 묘사하고자 하는 인스턴스가 오고, 목적부에는 인스턴스가 속한 클래스가 자리한다.	<rdf : Description rdf : ID= “001” > **<rdf : type rdf : resource= “#학생” />** </rdf : Description> ▶ “ ‘001’ 이라는 자원의 타입이 학생이다(“001” , rdf : type, “학생”)” 를 나타낸다.
rdfs : label	긴 URI를 사람이 읽기 편한 이름으로 나타내고자 할 때 쓰인다.	<rdf : Description rdf : ID= “LP0002” > **<rdfs : label= “#삼성Lightning” />** </rdf : Description> ▶ LP0002는 ‘삼성Lightning’ 으로 표시되도록 한다(“LP34525” , rdfs : label, “삼성Lightning”).
rdfs : comment	자원에 대한 자세한 설명을 하고자 할 때 쓰인다.	<rdfs : comment>이 부분은 주석입니다</rdfs : comment>
rdfs : seeAlso	대상 자원에 대한 정보를 제공하고자 할 때 쓰인다.	<rdfs : Class rdf : ID= “프린터” > **<rdfs : seeAlso rdf : resource= “http : //ontology.snu.ac.kr/2006/printer2#/ ” >** </rdfs : Class> ▶ http : //ontology.snu.ac.kr/2006/printer2# 라는 네임스페이스에는 ‘프린터’ 라는 클래스에 대한 정보가 있다.
rdfs : isDefinedBy	rdfs : seeAlso의 하위 속성으로 자원에 대한 정의를 하고자 할 때 쓰인다. 즉, 자원에 대한 정보 중에서도 그 자원에 대한 정의가 있는 네임스페이스를 지정할 때 쓰인다.	<rdfs : Class rdf : ID= “프린터” > **<rdfs : isDefinedBy rdf : resource= “http : //ontology.snu.ac.kr/2007/printer1#/” >** </rdfs : Class> ▶ ‘프린터’ 라는 클래스는 http : //ontology.snu.ac.kr/2007/printer1# 라는 네임스페이스에 정의되어 있다.

rdf : value	구조화된 값(structured value)은 주된 값과 이를 나타내는 단위 등으로 분리할 수 있는데, 이 때 주된 값을 유형화된 리터럴로 표현하기 위해 사용한다. 즉, 구조화된 값의 주된 값(이 값이 있는 경우)을 기술하기 위한 어휘이다.	<rdf : Description rdf : ID= "weightA" > **<rdf : value xsd : decimal= "2.4" />** </rdf : Description> ▶ A라는 제품의 무게는 '2.4' 라는 주된 값과 'kg' 이라는 단위로 구성되어 있다. 이는 각각 다른 리터럴을 포함하기 때문에 한 데 묶어서 구조화된 값으로 나타낸 후, 이것의 주된 값과 단위를 각각 따로 명시하는 것이 유용하다. 이 중에서 2.4를 표현하기 위한 것이 rdf : value이다. 이를 트리플로 나타내면 다음과 같이 두 번에 걸쳐서 표현한다. ("itemA" , "weight" , "weightA") ("weightA" , rdf : value, "2.4" ^^xsd : decimal) ▶ 이 중 rdf : value가 포함된 두 번째 트리플을 신택스로 나타낸 것이 맨 위의 코드이다.
rdfs : Literal	리터럴(글자로 된 스트링 또는 정수 등)을 나타낸다.	<rdf : Description rdf : ID= "온톨로지" > **<rdf : type rdf : resource= "&rdfs;Literal" />** </rdf : Description> ▶ '온톨로지' 는 리터럴 타입의 자원이다("온톨로지" , rdf : type, rdfs : Literal).
rdf : XMLLiteral	XML 리터럴 값을 나타내는 클래스이다.	<rdf : Description rdf : ID= "3000" > **<rdf : type rdf : XMLLiteral/>** </rdf : Description> ▶ '3000' 이라는 자원은 XML 리터럴 값이다.

클래스

rdfs : Class	클래스를 나타낸다.	**<rdfs : Class rdf : ID= "학생" />** ▶ '학생' 은 클래스이다.
rdfs : subClassOf	상위 클래스와 하위 클래스의 관계를 나타내는 속성이다.	<rdfs : Class rdf : ID= "포도" > **<rdfs : subClassOF rdf : resource= "#과일" />** </rdfs : Class> ▶ '포도' 는 '과일' 의 하위 클래스이다.

속성

rdf : Property	속성을 나타낸다.	**<rdf : Property rdf : ID= "이름" />** ▶' 이름' 은 속성이다.
rdfs : subPropertyOf	상위 속성과 하위 속성의 관계를 나타내는 속성이다.	<rdf : Property rdf : ID= "isDaughterOf" > **<rdfs : subPropertyOf rdf : resource= "#isChildOf" >** </rdf : Property> ▶ '~의 딸이다(isDaughterOf)' 라는 속성은 '~의 자식이다(isChildOf)' 라는 속성의 하위 속성이다.
rdfs : domain	속성의 정의역이다.	<rdf : Property rdf : ID= "수강하다" > **<rdfs : domain rdf : resource= "#학생" />** **<rdfs : range rdf : resource= "#강좌" />** <rdf : Property> ▶ 속성 '수강하다' 는 '학생' 을 정의역으로가지고 '강좌' 를 공역으로 가진다.
rdfs : range	속성의 공역이다.	

컨테이너

rdfs : Container

rdf : Bag, rdf : Alt, rdf : Seq 등을 나타내는 것으로서, 컨테이너(container)라고 한다.
여러 개의 자원을 모아서 나타낼 수 있다.

---

rdfs : member

컨테이너와 그 안의 자원을 연결하는 속성이다.
rdf : _n의 상위 속성이다.

```
<rdf : Bag rdf : resource= "#경영대강좌들" >
    <rdf : member rdf : resource= "#251.111" />
</rdf : Bag>
```

▶ '251.111' 는 '경영대강좌들' 이라는 Bag의 멤버이다.

---

rdf : _n

rdfs : member의 하위 속성이다. n은 0보다 큰 정수만 가능하다.

rdf : Bag

정렬되지 않은 컨테이너를 나타낸다.
여러 개의 자원을 포함한다

rdf : Seq

정렬된 컨테이너를 나타낸다.
여러 개의 자원을 포함한다.

rdf : Alt

"A 또는 B" 를 표현하고자 할 때 쓰인다.

```
<rdf : Bag rdf : ID= "#경영대강좌들"
    <rdf : _1 rdf : rescurce= "#251.111" />
    <rdf : _2 rdf : rescurce= "#251.112" />
<rdf : Bag>
```

▶ '251.111' 과 '251.112' 이라는 자원은 '경영대강좌들' 이라는 컨테이너의 멤버이다.

*위의 예에서 Bag의 자리에 Seq나 Alt를 쓸 수도 있다.

---

rdfs : Container Membership Property

rdfs : member의 하위 속성인 rdf_1, rdf_2,···, rdf_n 등을 인스턴스로 가진다.
즉, rdfs : ContainerMembershipProperty의 모든 인스턴스는 rdf : member의 하위 속성이다.

```
<rdf : Bag rdf : ID= "경영대강좌들" >
    <rdf : ContainerMembershipProperty rdf : resource= "#강좌" />
</rdf : Bag>
```

▶ '경영대강좌들' 이라는 Bag의 인스턴스는 각각 rdf : _1, rdf : _2에 의해 '강좌' 를 나타내는 자원인 '201.111' 과 '201.112' 과 연결된다.

리스트

rdf : List

여러 개의 자원을 목록처럼 표현하고자 할 때 쓰인다.

rdf : first

rdf : List 내의 첫 번째 항목을 나타낼 때 쓰인다.

rdf : rest

rdf : List 내의 나머지 항목을 나타낼 때 쓰인다.

rdf : nil

RDF 리스트가 끝났음을 나타낸다.
rdf : rest가 취하는 값으로 rdf : nil을 넣으면 그 리스트가 마무리되었음을 나타낸다.

```
<rdf : Description rdf : ID : "MIS" >
    <isTaughtBy>
        <rdf : List>
            <rdf : first rdf : resource= "#001" />
            <rdf : rest>
                <rdf : List>
                    <rdf : first rdf : resource= "#002" />
                    <rdf : rest rdf : resource= "&rdf ; nil" />
                <rdf : List>
            <rdf : rest>
        <rdf : List>
    <isTaughtBy>
<rdf : Description>
```

▶ 'MIS' 는 '001' 과 '002' 에 의해서만 가르쳐진다. 즉, '001' 과 '002' 만이 MIS를 가르치는 사람이다. '001' 은 리스트의 첫 번째 항목이며, '002' 는 두 번째 항목이다.

*리스트 안의 각 자원에 대한 설명을 덧붙일 수 있다.

데이터 타입		
rdfs : Datatype	integer, date 등의 데이터 타입을 나타낸다.	**<rdfs : Datatype rdf : about= "http : //www.w3.org/1999/02/22-rdf-syntax-ns#XMLLiteral" >** <rdfs : label>XMLLiteral</rdfs : label> <rdfs : comment>The class of XML literal values. </rdfs : comment> **</rdfs : Datatype>** ▶ rdfs : Datatype은 모든 XML 리터럴 값의 클래스이다.

RDF 구체화(reification)		
rdf : Statement	서술문. (주어부)-(서술부)-(목적부)로 구성된 한 쌍의 트리플을 나타내는 단위로서 구체화를 하기 위해 필요한 어휘이다.	<rdf : Statement rdf : ID= "문장1" <rdf : subject rdf : resource= "#001" /> <rdf : predicate rdf : resource= "#수강하다" /> <rdf : object rdf : resource= "#강좌 A" /> </rdf : Statement> ▶ ("001" , "수강하다 ", "강좌 A" 라는 트리플을 하나의 서술문으로 보면 '001' 은 이 서술문의 주어부이고, '수강하다' 는 서술부이며 '강좌A' 는 목적부이다.
rdf : subject	rdf : Statement 주어부를 나타낸다.	
rdf : predicate	rdf : Statement 서술부를 나타낸다.	
rdf : object	rdf : Statement 목적부를 나타낸다.	

OWL Vocabulary

이탤릭체로 된 어휘는 OWL Lite에서 사용하는 데 제한이 있는 어휘를 나타내며, 별표(*)가 붙은 어휘는 OWL Lite에서 사용할 수 없는 어휘를 나타낸다. 들여쓰기가 된 어휘는 진한 글씨체의 어휘 안에서 주로 사용된다.

어휘	설명	예
클래스		
owl : Class	모든 OWL 클래스를 나타내는 클래스이며, rdfs : Class의 하위클래스이다.	<owl : Class rdf : ID = "레이저 프린터" > <rdfs : subClassOf rdf : resource= "#프린터" /> <owl : Class> ▶ '레이저 프린터' 는 '프린터' 의 하위 클래스다.
rdfs : subClassOf	클래스 간의 상하위 관계를 나타낸다.	
owl : equivalentClass	같은 인스턴스를 포함하는 클래스를 나타내는 어휘이며, (A, owl : equivalentClass, B)로 나타낸다. OWL Lite에서는 오직 명명된 클래스 사이에서만 사용할 수 있고, 익명의 클래스 사이에서는 사용할 수 없다.	<owl : Class rdf : ID= "PrintingPaper" > **<owl : equivalentClass rdf : resource= "&사구용품 ; CopyPaper" />** </owl : Class> ▶ PrintingPaper는 사무용품 온톨로지 내의 CopyPaper와 같은 클래스이다.
owl : disjointWith*	비접합성, 즉 각각의 클래스가 공통의 인스턴스를 포함하지 않은 경우를 나타낸다.	<owl : Class rdf : ID= "남자" > **<owl : disjointWith rdf : resource= "#여자" />** </owl : Class> ▶ '남자' 와 '여자' 는 비접합성 관계에 있는 클래스이다.
owl : oneOf*	열거클래스(enumerated class)를 구성하는 각 개체를 표현할 때 쓰는 어휘로서, 클래스를 구성하는 요소가 정확히 owl : oneOf로 표시된 개체만임을 나타내고자 할 때 사용한다.	<owl : Class rdf : ID= "학생" > **<owl : oneOf rdf : parseType= "Collection" >** <owl : Thing rdf : about= "사람1" > <owl : Thing rdf : about= "사람2" > **</owl : oneOf>** </owl : Class> ▶ '학생' 이라는 클래스는 '사람1' 이라는 개체와 '사람2' 라는 개체만으로 구성된 클래스이다.
owl : intersectionOf	클래스 교차, 즉 명명된 클래스 또는 제약 사항(restrictions)의 교차 관계를 나타낸다.	<owl : Class rdf : ID= "여학생" > **<owl : intersectionOf>** <owl : Class rdf : resource= "#학생" /> <owl : Class rdf : resource= "#여자" /> **</owl : intersectionOf>** </owl : Class> ▶ '여학생' 은 '학생' 이면서 '여자' 인 클래스이다.
owl : unionOf*	두 개 이상의 클래스의 합집합을 나타낸다.	<owl : Class rdf : ID= "MathOrEnglish" > **<owl : unionOf>** <owl : Class rdf : resource= "#MathStudent" /> <owl : Class rdf : resource= "#EnglishStudent" /> **</owl : unionOf>** </owl : Class> ▶ 수학 수업을 듣거나 영어 수업을 듣는 학생들이 속한 클래스를 'MathOrEnglish' 라고 한다.

owl : complementOf*	여집합을 나타낸다. 한 클래스가 다른 한 클래스와 공통의 인스턴스가 없으면서 동시에 그 클래스가 아닌 인스턴스를 모두 포함하는 것을 의미한다.	<owl : Class rdf : ID= "남자" > **<owl : complementOf rdf : resource= "#여자" />** </owl : Class> ▶ '여자' 가 아닌 이는 모두 '남자' 이다.
owl : Restriction	속성과 속성 값에 대한 제약은 owl : Restriction 사이에서만 의미가 있다.	<owl : Class rdf : ID = "강좌" <rdfs : subClassOf> **<owl : Restriction>** **<owl : onProperty rdf : resource= "#isTaughtBy" />** **<owl : allValuesFrom rdf : resource= "#강사" />** **<owl : Restriction>** <rdfs : subClassOf> </owl : Class> ▶클래스 '강좌' 의 모든 인스턴스는 속성 'isTaughtBy' 와 연결될 때 항상 속성 값을 '강사' 라는 클래스에서만 가져 온다.
owl : onProperty	특정 속성이 제약을 포함하는 속성이라는 것을 나타내고자 할 때 쓰인다. owl : onProperty 뒤에는 반드시 속성 값을 제한하거나 관계차수를 정의하는 어휘가 뒤따르게 된다.	
owl : allValuesFrom	임의의 클래스와 연계하여 속성에 대해 기술한다. 모 클래스의 모 속성은 지역적 공역 제한(local range restriction)을 받는다는 사실을 표현한다. 모 클래스의 모 속성은 모두 특정 클래스의 인스턴스만을 목적값으로 취하는 경우이다.	
owl : someValuesFrom	모 클래스의 모 속성에 대해 그 속성의 값 중 적어도 한 개의 값은 정해진 클래스에 속해야 한다는 사실을 표현한다.	<owl : Class rdf : ID= "학생" > <rdfs : subClassOf> <owl : Restriction> <owl : onProperty rdf : resource= "#수강하다" /> **<owl : someValuesFrom rdf : resource= "#영어강좌" />** </owl : Restriction> </rdfs : subClassOf> </owl : Class> ▶ 모든 '학생' 은 최소한 하나 이상의 '영어강좌' 를 들어야 한다. 즉, 다른 수업을 들을 수도 있으나 영어강좌는 필수적으로 들어야 한다.
owl : hasValue*	속성 P가 반드시 가져야 하는 특정 값을 나타낸다.	<owl : Restirction> <owl : onProperty rdf : resource= "#수강하다" /> **<owl : hasValue rdf : resource= "#251.647" />** </owl : Restriction> ▶ 어떤 클래스가 '수강하다' 라는 속성을 갖게 되면 그 클래스의 인스턴스는 모두 '251.647' 이라는 수업을 들어야 한다.
owl : cardinality	어떤 클래스에 대해 특정 속성의 최대 및 최소 관계차수가 모두 0 또는 모두 1이라는 사실을 나타낼 때 쓰인다.	<owl : Class rdf : ID= "사람" > <rdfs : subClassOF> <owl : Restriction> <owl : onProperty rdf : resource= "#hasBirthMother" /> **<owl : cardinality>1</owl : cardinality>** </owl : Restriction> </rdfs : subClassOF> </owl : Class> ▶ '사람' 은 오직 한 명의 생모만을 가질 수 있다.
owl : maxCardinality	최대관계차수, 즉 어떤 클래스가 P1이라는 속성과 관련하여 가질 수 있는 목적값의 최대 개수를 나타낸다.	<owl : Class rdf : ID= "투표자" > <rdfs : subClassOF> <owl : Restriction> <owl : onProperty rdf : resource= "#hasVote" /> **<owl : maxCardinality>1</owl : maxCardinality>** </owl : Restriction>

```
</rdfs : subClassOf>
</owl : Class>
```
▶ '투표자' 는 최대한 한 개의 표를 가질 수 있다.

---

owl : minCardinality

최소관계차수, 즉 어떤 클래스가 P2이라는 속성과 관련하여 가질 수 있는 목적값의 최소 개수이다.

```
<owl : Class rdf : ID="부모">
    <rdfs : subClassOF>
        <owl : Restriction>
            <owl : onProperty rdf : resource="#hasChild" />
        <owl : minCardinality>1</owl : minCardinality>
    </owl : Restriction>
</rdfs : subClassOf>
</owl : Class>
```
▶ '부모' 는 반드시 한 명 이상의 아이가 있다.

---

owl : DataRange*

데이터 값들의 열거클래스를 의미한다. 이는 이름이 없는(unnamed) 클래스로만 만들 수 있고, 열거클래스처럼 명명된 클래스로 만드는 것은 불가능하다.

```
<owl : DataRange>
    <owl : oneOf>
        <rdf : List>
            <rdf : first>2.0</rdf : first>
            <rdf : rest rdf : resource="&rdf;nil" />
        </rdf : List>
    </owl : oneOf>
</owl : DataRange>
```
▶ '2.0' 이라는 데이터 값이 포함된 리스트로 구성된 열거클래스를 나타낸다.

---

owl : DeprecatedClass

현재는 호환성을 위해서 남겨져 있지만 미래에는 없어지게 될 클래스를 의미한다.

```
<owl : DeprecatedClass rdf : ID="IDS">
    <owl : equivalentClass rdf : resource="#IDS Lab" />
</owl : DeprecatedClass>
```
▶ 'IDS' 는 'IDS Lab' 과 같은 의미의 클래스이며, 이는 곧 대체되어 없어질 것이다.

* 주의 : owl : equivalentClass는 클래스의 외연(class extension)이 같다는 의미이므로, 위의 예는 단지 IDS Lab의 인스턴스가 IDS의 인스턴스와 같다는 의미일 뿐이고 IDS Lab이 DeprecatedClass라고 말할 수는 없다.

속성

owl : DatatypeProperty

rdfs : Datatype 타입의 인스턴스를 목적값으로 취하는 속성이다.

```
<owl : datatypeProperty rdf : ID="나이">
    <rdfs : domain rdf : resource="#사람" />
    <rdfs : range rdf : resource="&xsd;positive nteger" />
</owl : DatatypeProperty>
```
▶ '나이' 라는 속성은 정수만을 그 값으로 취한다.

---

owl : ObjectProperty

공역이 owl : Class의 인스턴스인 속성이다.

```
<owl : ObjectProperty rdf : ID="belongsToLab">
    <rdfs : domain rdf : resource="박사과정학생" />
    <rdfs : range rdf : resource="Lab" />
</owl : ObjectProperty>
```
▶ 속성 belongsToLab '박사과정 학생' 과 그들이 속한 각각의 Lab을 연결시킨다.

---

rdfs : subPropertyOf

속성 간의 상하위 관계를 나타낸다.

```
<owl : ObjectProperty rdf : ID="isADaughterOf">
    <rdfs : subProperty rdf : resource="#isAChildOf" />
</owl : ObjectProperty>
```
▶ 속성 'isDaughterOf' 는 속성 'isChildOf' 의 하위 속성이라는 의미이다.

owl : inverseOf	정의역과 공역이 바뀐 두 클래스를 표현하는 어휘이다. (A, owl : inverseOf, B)라면 A와 B가 서로 역의 관계에 있다고 한다.	<owl : ObjectProperty rdf : ID= “isParentOf” > **<owl : inverseOf rdf : resource= “#isChildOf” />** </owl : ObjectProperty> ▶ ‘~의 부모이다(isParentOf)’ 와 ‘~의 자식이다(isChildOf)’ 는 역의 관계에 있다.
owl : OntologyProperty	정의역과 공역이 모두 owl : Ontology인 속성을 의미한다. owl : OntologyProperty는 imports, priorVersion, backwardCompatibleWith, incompatibleWith를 포함한다.	
owl : AnnotationProperty	rdfs : Literal이 공역인 속성을 모두 포함한다. rdfs : label, rdfs : comment, owl : seeAlso, owl : versionInfo 등을 인스턴스로 갖는다.	
owl : FunctionalProperty	속성이 유일한 하나의 값을 가진다는 사실을 표현한다.	<owl : ObjectProperty rdf : ID= “전공하다” > **<rdf : type rdf : resource= “&owl ; FunctionalProperty” />** <rdfs : domain rdf : resource= “#학생” /> <rdfs : range rdf : resource= “#전공” /> </owl : ObjectProperty> ▶ 각 학생은 오직 하나의 전공만을 가진다.
owl : Inverse FunctionalProperty	속성이 역함수적 특성을 지님을 표현한다. 속성이 역함수적 특성을 지니면, 그 속성의 역은 함수적 특성을 지닌다.	<owl : ObjectProperty rdf : ID= “hasStudentID” > **<rdf : type rdf : resource= “&owl ; InverseFunctionalProperty” />** <rdf : type rdf : resource= “&owl ; FuntionalProperty” /> </owl : ObjectProperty> ▶ ‘학번을 가지다(hasStudentID)’ 라는 속성은 역함수속성이다. * 참고 : 한 학번은 오로지 하나의 학생에게만 할당되기 때문에 ‘학번을 가지다(hasStudentID)’ 는 역함수 속성이지만, 동시에 학생은 오로지 하나의 학번을 가지므로 이는 함수 속성이기도 하다. 함수 속성인 동시에 역함수 속성인 것은 수학에서 말하는 ‘일대일’ 관계를 만드는 역할을 한다.
owl : SymmetricProperty	속성이 대칭적임을 표현한다. P 속성이 대칭적이고 (x, y) 쌍이 P 속성의 인스턴스이면, (y, x)도 P 속성의 인스턴스가 된다.	<owl : ObjectProperty rdf : ID= “isFriendOf” > **<rdf : type rdf : resource=&owl ; SymmetricProperty/>** </owl : ObjectProperty> ▶ ‘친구이다(isFriendOf)’ 라는 속성은 대칭속성이다.
owl : TransitiveProperty	속성이 이행적임을 표현한다, 즉 트리플 형태가 (a, p, b)와 (b, p, c)일 때 (a, p, c)라면, p를 owl : TransitiveProperty라 한다.	<owl : ObjectProperty rdf : ID= “isMoreExpensiveThan” > **<rdf : type rdf : resource=&owl;TransitiveProperty/>** </owl : ObjectProperty> ▶ ‘더 비싸다(isMoreExpensiveThan)’ 는 이행속성이다. A가 B보다 비싸고 B가 C보다 비싸면 A는 C보다 비싸기 때문이다.
owl : DeprecatedProperty	현재 호환성을 위해서 보관되고 있지만 미래에는 없어지게 될 property를 의미한다. rdf : Property의 하위 속성이다.	**<owl : DeprecatedProperty rdf : ID= “hasDriver” >** <owl : inverseOf rdf : resource= “#drives” /> **</owl : DeprecatedProperty>** ▶ ‘hasDriver’ 와 ‘drives’ 는 역관계의 속성이며, ‘hasDriver’ 는 곧 없어지게 될 속성이다.
owl : equivalentProperty	같은 속성임을 나타낸다. 정의역의 각 인스턴스에 대해 모두 같은 공역의 값을 연결한다면 속성이 같다고 할 수 있다.	<owl : DeprecatedProperty rdf : ID= “hasMother” > **<owl : equivalentProperty rdf : resource= “#hasMom” />** </owl : ObjectProperty> ▶ ‘hasMother’ 라는 속성은 ‘hasMom’ 이라는 속성과 같다.

특수한 클래스

owl : Thing

OWL 개체를 나타내는 어휘이다. 클래스를 정의하지 않고도 개체를 표현할 수 있다.

```
<owl : Thing rdf : ID= "#MIS" />
```

▶ MIS라는 개체를 나타낸다.

---

owl : differentFrom

OWL과 RDF에서는 이름이 같더라도 다른 개체일 수 있으므로, 두 개체가 다른 개체임을 나타내고자 할 때 쓰인다. 특히 서로 다른 온톨로지에서 같은 이름의 다른 의미를 지닌 개체가 존재할 때 유용하게 쓰인다.

```
<owl : Description rdf : about= "&과일;배" >
    <owl : differentFrom rdf : resource= "&운송수단 ; 배" />
</rdf : Description>
```

▶ 과일 온톨로지의 '배' 는 운송수단 온톨로지의 '배' 와 서로 다른 개체이다.

---

owl : sameAs

OWL과 RDF에서는 이름이 다르더라도 같은 개체일 수 있으므로, 두 개체가 같은 개체임을 나타내고자 할 때 쓰인다. 특히 각기 다른 온톨로지에서 같은 개체에 대해 다른 이름으로 정의한 것이 있을 때에 유용하게 쓰인다.

```
<rdf : Description rdf : about= "#샛별" >
    <owl : sameAs rdf : resource= "#계명성" />
</rdf : Description>
```

▶ '계명성' 은 '샛별' 과 같은 개체이다.

---

owl : Nothing

owl : Thing의 여집합이다.

```
<owl : Class rdf : ID= "남자" >
    <owl : ObjectProperty rdf : resource= "#아이를낳다" >
        <rdfs : subClassOf>
            <owl : Restriction>
                <owl : allValuesFrom rdf : resource= "&owl;Nothing" />
            </owl : Restriction>
        </rdfs : subClassOf>
    </owl : ObjectProperty>
</owl : Class>
```

▶ 클래스 '남자' 는 속성 '아이를 낳다' 와 연결될 때 어떠한 값과도 연결되지 않는다.

---

owl : Alldifferent

여러 개체가 상호 다르다는 것을 표현할 때 쓰인다.

owl : distinctMembers

한 리스트(list)에 있는 개체가 서로 다르다는 것을 나타낼 때 쓰인다. 항상 owl : AllDifferent와 함께 써야 한다.

```
<owl :AllDifferent>
    <owl : distinctMembers rdf : parseType= "Collection" >
        <MIS rdf : about= "#김동건" />
        <MIS rdf : about= "#서태희" />
        <MIS rdf : about= "#최선영" />
    </owl : distinctMembers>
</owl : AllDifferent>
```

▶ '김동건', '서태희', '최선영' 은 모두 각기 다른 개체이다.

온톨로지 자체와 관련된 개념

owl : Ontology

OWL 온톨로지임을 나타내는 어휘이다.

owl : backward CompatibleWith

특정 온톨로지가 이전 버전임을 나타내면서, 이전 버전과의 호환이 가능(backward compatible)하다는 것을 표현한다. 네임스페이스에 대한 정의를 업데이트하고 owl : imports를 써서 최신 버전 온톨로지를 가져오는 것만으로 문서를 새 버전에 맞도록 바꿀 수 있다.

owl : imports

다른 온톨로지 중에서 그 내용이 현재의 온톨로지의 일부를 이루는 경우 다른 온톨로지의 내용을 가져다 쓸 수 있게 한다.

```
<owl : Ontology rdf : ID= "http://Ontology.snu.ac.kr/onto2#"
    <rdfs : comment>MIS Lab Example Ontology<rdfs : comment>
    <owl : backwardCompatibleWith
    rdf : resource= "http://Ontology.snu.ac.kr/onto1#" />
    <owl : imports rdf : resource= "http://Ontology.snu.ac.kr/person#" />
    <rdfs : label= "MIS Lab Ontology" />
<owl : Ontology>
```

▶ 이 온톨로지는 MIS Lap Example Ontology라는 온톨로지이며, MIS Lab Ontology라고 표기된다. 그리고 'http://Ontology.snu.ac.kr/person#' 이라는 온톨로지를 가져다 쓰며 'http://Ontology.snu.ac.kr/onto1#' 와 호환성이 보장된다.

owl : incompatibleWith	현재의 온톨로지가 이전 온톨로지와 호환성이 보장되지 않는다는 것을 나타낸다.	<owl : Ontology rdf : ID= "http : //ontology.snu.ac.kr/onto2#" > **<owl : incompatibleWith** **rdf : resource= "http : //ontology.snu.ac.kr/onto1#" />** </owl : Ontology> ▶ 'http : //ontology.snu.ac.kr/onto2#' 라는 온톨로지는 'http : //ontology.snu.ac.kr/onto1#' 이라는 온톨로지와 호환성이 보장되지 않는다.
owl : priorVersion	이전 버전의 온톨로지를 나타낸다.	<owl : priorVersion= "http : //ontology.snu.ac.kr/onto-old" /> ▶ 이전 버전의 온톨로지는 http : //ontology.snu.ac.kr/onto-old 이다.
owl : versionInfo	일반적으로 현재의 버전을 나타내는 스트링을 써서 온톨로지 버전을 나타낸다.	<owl : versionInfo 5.0/> ▶ 이 온톨로지는 5.0 버전이다.

XTM(XML TOPIC MAPS)[1]

[1] http://www.topicmaps.org/xtm

'사용처'는 각 어휘가 사용될 수 있는 곳을 의미한다. 사용처에 제시된 곳에서 각 어휘를 사용할 수 있다. 들여쓰기가 된 어휘는 진한 글씨체의 어휘 안에서 주로 사용된다.

어휘	설명	예
토픽맵		
<topicMap>	토픽맵의 최상위 요소이다. <topicMap>은 <topic>, <association>, <mergeMap>의 부모 요소이다.	<?xml version="1.0"?> <topicMap xmlns='http://www.topicmaps.org/xtm/1.0/' xmlns:xlink='http://www.w3.org/1999/xlink' xml:base='http://cba.snu.ac.kr/mis/'> </topicMap> ▶ 토픽맵의 네임스페이스를 정의한다. xmlns에서는 XML 디폴트 네임스페이스 식별자인 'http://www.topicmaps.org/xtm/1.0/'을 정의하였고, xmlns:xlink에서는 XLink 네임스페이스 식별자인 'http://www.w3.org/1999/xlink'를 정의하였으며, xml:base에서는 토픽맵 문서의 베이스 URI인 'http://cba.snu.ac.kr/mis/'를 정의하였다.
토픽과 주제		
<topic>	토픽의 이름과 어커런스 특성 등을 정의하는 데 사용하는 요소이다. 하나의 토픽은 오직 하나의 주제만을 구체화 시킬 수 있다. 사용처 : <topicMap>	**<topic id="서울대학교">** <!-- <instanceOf>, <basename>, <occurrence> 등의 요소가 중간에 올 수 있음 --> **</topic>** ▶ 토픽ID가 '서울대학교'인 토픽을 정의한다.
<instanceOf>	타입과 인스턴스의 관계를 나타낸다. <topicRef> 또는 <subjectIndicatorRef>를 사용해서 인스턴스가 속한 클래스를 기술한다. 사용처 : <topic>, <occurrence>, <association>	<topic id="university"> </topic> <topic id="snu"> **<instanceOf>** <topicRef xlink:href="#university"/> **</instanceOf>** </topic> ▶ 토픽 ID가 'snu'인 토픽은 토픽ID가 'university'인 토픽 타입의 인스턴스라는 것을 정의한다.
<topicRef>	정의된 토픽 요소를 참조한다. <topicRef> 참조의 대상은 XTM 규격을 따르는 <topicMap> 문서의 <topic> 요소여야 한다. 사용처 : <instanceOf>, <member>, <mergeMap>, <parameters>, <roleSpec>, <scope>, <subjectIdentity>	<topicRef xlink:href="#university"/> ▶ ID가 'university'인 토픽을 참조한다.
<subjectIndicatorRef>	주제 지시자 역할을 하는 자원을 참조한다. 사용처 : <instanceOf>, <member>, <mergeMap>, <parameters>, <roleSpec>, <scope>, <subjectIdentity>	<subjectIndicatorRef xlink:href="http://www.topicmaps.org/xtm/1.0/language.xtm#en"/> ▶ 영어에 대한 공적 주제 지시자(Published Subject Indicator)인 "http://www.topicmaps.org/xtm/1.0/language.xtm#en"을 참조하고 있다. (언어에 대한 공적 주제 지시자는 TopicMaps.Org의 PSI에 정의되어 있음)

<subjectIdentity>

토픽에 의해 구체화된 주제를 나타낸다.
사용처 : <topic>

```
<topic id="kr" >
    <subjectIdentity>
        <subjectIndicatorRef
        xlink : href="http : //www.topicmaps.org/xtm/1.0/country. xtm#KR" />
    </subjectIdentity>
</topic>
```

▶ 한국에 대한 공적 주제 지시자를 참조함으로써 한국이라는 주제를 구체화한다.

토픽이름

<baseName>

토픽의 기본 이름을 표현한다. 기본 이름은 문자열로 표현된다.
사용처 : <topic>

<baseNameString>

토픽의 기본 이름을 나타내는 문자열을 표현한다.
사용처 : <baseName>

```
<topic id="kr" >
    <baseName>
        <baseNameString>대한민국</baseNameString>
    <baseName>
</topic>
```

▶ 토픽 'kr' 은 '대한민국' 이라는 기본 이름을 가지고 있다.

<variant>

정렬과 같은 데이터 처리에 적합한 기본 이름의 변형이다.

사용처 : <baseName>

<variantName>

변형이름으로 사용될 자원을 제공한다. 자원은 <resourceRef>로 참조되거나 <resourceData>로 직접 나타낸다.

사용처 : <variant>

<parameters>

토픽이 컴퓨터에서 처리되는 상황을 나타낸다. 현재 토픽맵에서는 공적 주제 지시자로 '정렬(sort)' 과 '표시(display)' 라는 상황을 제공한다.

사용처 : <variant>

```
<topic id="앙드레 심" />
    <baseName>
        <baseNameString>앙드레 심 </baseNameString>
        <variant>
            <parameters>
                <topicRef xlink : href="#sort" />
            </parameters>
            <variantName>
                <resourceData>심앙드레 </resourceData>
            </variantName>
        </variant>
    </baseName>
</topic>
```

▶ '앙드레심' 이라는 기본 이름 이외에 정렬에 적합하도록 변형 이름을 '심앙드레' 로 정의하였다(정렬은 성, 이름순으로 하는 것이 일반적이다.)

관계

<association>

토픽간의 관계를 표현한다. <association>이 속하는 관계 타입은 <instanceOf>요소에 의해 정의되며, 그러한 요소가 없을 때의 관계 타입은 '관계 공적 주제(association published subject)' 가 된다.

사용처 : <topicMap>

<member>

<association>에서 주어진 역할을 하는 토픽들을 나타낸다.

사용처 : <association>

```
<association>
    <instanceOf>
        <topicRef xlink : href="#제조하다" />
    </instanceOf>
    <member>
        <roleSpec>
            <topicRef xlink : href="#제조업체" />
        </roleSpec>
            <topicRef xlink : href="#삼성전자" />
    </member>
    <member>
        <roleSpec>
            <topicRef xlink : href="#휴대폰" />
        <roleSpec>
```

<roleSpec>

관계에서 <member>요소가 수행하는 역할을 표현한다.

사용처 : <association>

```
        <topicRef xlink : href= "#SPH-B3000" />
    </member>
</association>
```

▶ '삼성전자' 와 'SPH-B3000' 과의 관계를 나타낸다. 이 관계는 '제조하다' 라는 관계타입의 인스턴스이고 '삼성전자' 는 제조업체의 역할을 'SPH-B3000' 은 휴대폰의 역할을 한다. 즉, '삼성전자가 SPH-B3000를 제조한다' 라는 관계를 나타낸다.

어커런스와 자원

<occurrence>

토픽과 관련된 정보를 제공하는 자원을 열거한다. 어커런스 타입은 <instanceOf> 요소에 의해 정의되며, 만약 어커런스 타입이 정의되지 않으면 어커런스 공적 주제(occurrence published subject)가 관계타입이 된다.

사용처 : <topic>

<resourceData>

문자 데이터의 형태로써 정보를 나타낸다.
토픽의 어커런스나 변형이름을 나타낼 때 사용된다.

사용처 : <occurrence>, <variantName>

<resourceRef>

URI로 자원을 참조한다. 자원은
1)토픽의 어커런스로서,
2)어드레스 가능한 주제로서,
3)토픽의 변형이름으로서 참조된다.

사용처 : <member>, <mergeMap>, <occurrence>, <scope>, <subjectIdentity>, <variantName>

```
<topic id= "초콜릿폰" >
    <occurrence>
        <instanceOf>
            <topicRef  xlink : href= "가격" />
        </instanceOf>
        <resourceData>200000</resourceData>
</occurrence>
<occurrence>
    <instanceOf>
        <topicRef  xlink : href= "#상품정보" >
    </instanceOf>
    <resourceRef> "http://www.mobile.co.kr/list/9.html"
    </resourceRef>
</occurrence>
</topic>
```

▶ '초콜릿폰' 이라는 토픽은 '가격' 이 '200000' 이고, '상품정보' 르 'http://www.mobile.co.kr/list/9.html' 을 가지고 있다는 것을 표현하고 있다.

병합과 범위

<mergeMap>

다른 토픽맵과의 병합시 사용된다.
사용처 : <topicMap>

```
<mergeMap xlink : href= "http : //ontology.snu.ac.kr/biz.xtm" >
</mergeMap>
```

▶ 'biz.xtm' 을 현재의 토픽맵과 통합한다.

<scope>

기본 이름, 관계, 어커런스가 유효하게 쓰일 수 있는 범위를 정의한다. 만약 범위가 지정되지 않았을 경우에는 어느 곳에서나 유효하다.

사용처 : 〈baseName〉, 〈occurrence〉, 〈association〉

```
<baseName>
    <scope><topicRef  xlink : href= "#예명" /></scope>
    <baseNameString>앙드레심</baseNameString>
</baseName>
<baseName>
    <scope><topicRef  xlink : href= "#본명" /></scope>
    <baseNameString>심복만</baseNameString>
</baseName>
```

▶ '앙드레심' 이라는 이름은 ' 예명' 범위 내에서만 유효하게 사용될 수 있으며, '심복만' 이라는 이름은 '본명' 이라는 범위 내에서만 유효하다.

온톨로지 툴 관련 URL

분류	툴 이름	관련 URL
온톨로지 개발 툴	Apollo	http : //apollo.open.ac.uk/
	DUET	http : //codip.grci.com/Tools/Tools.html
	LinkFactory	http : //www.landcglobal.com/pages/linkfactory.php
	KAON	http : //kaon.semanticweb.org/
	OILEd	http : //oiled.man.ac.uk/
	OntoEdit	http : //www.ontoknowledge.org/tools/ontoedit.shtml
	Ontolingua 서버	http : //www.ksl.stanford.edu/software/ontolingua/
	OntoSaurus	http : //www.isi.edu/isd/ontosaurus.html
	OpenKnoME	http : //www.topthing.com/
	Protégé	http : //protege.stanford.edu/
	SemanticWorks™ 2006	http : //www.altova.com/products_semanticworks.html
	SMORE	http : //www.mindswap.org/2005/SMORE/
	WebODE	http : //babage.dia.fi.upm.es/WebODEWeb/webode_home2.0.html
	WebOnto	http : //kmi.open.ac.uk/projects/webonto/
온톨로지 병합 툴	Chimaera	http : //www.ksl.stanford.edu/software/chimaera/
	PROMPT plug-in	http : //protege.stanford.edu/plugins/prompt/prompt.html
온톨로지기반 주석 툴	COHSE	http : //cohse.man.ac.uk/
	MnM	http : //kmi.open.ac.uk/projects/akt/MnM/
	OntoMat-Annotizer	http : //annotation.semanticweb.org/ontomat/index.html
	SHOE	http : //www.cs.umd.edu/projects/plus/SHOE/
온톨로지 평가 툴	OntoAnalyser	http : //www.aifb.uni-karlsruhe.de/WBS/ysu/publications/eon2002_whitepaper.pdf#search= 'OntoAnalyser'
	OntoClean in WebODE	http : //protege.stanford.edu/ontologies/ontoClean/ontoCleanOntology.html
	OntoGenerator	http : //www.aifb.uni-karlsruhe.de/WBS/ysu/publications/eon2002_whitepaper.pdf#search= 'OntoGenerator'
온톨로지 질의 툴 및 추론 엔진	Cerebra[R]	http : //cerebra.com/products/technology.html
	Empolis K42	http : //www.hi.is/~joner/eaps/cs_empo.htm
	Extensible Open RDF(EOR)	http : //eor.dublincore.org/
	ICS-FORTH RDFSuite	http : //athena.ics.forth.gr : 9090/RDF/
	Inkling	http : //swordfish.rdfweb.org/rdfquery/
	Jena	http : //jena.sourceforge.net/
	KAON Tool Suite	http : //www.aifb.uni-karlsruhe.de/Stellenmarkt/Projekte/viewProjekt?id_db=51
	Ontopia Knowledge Suite	http : //www.ontopia.net/solutions/products.html
	rdfDB	http : //www.guha.com/rdfdb/
	RDF Gateway	http : //www.xml.com/pub/r/993
	RDFStore	http : //rdfstore.sourceforge.net/
	Redland	http : //librdf.org/
	Sesame	http : //www.openrdf.org/download.jsp

	TRIPLE	http : //triple.semanticweb.org/
온톨로지 학습 툴	ASIUM	http : //www-ai.ijs.si/~ilpnet2/systems/asium.html
	CORPORUM-Ontobuilder	http : //babage.dia.fi.upm.es/ontoweb/wp1/OntoRoadMap/show_tool.jsp?tool_name =CORPORUM-OntoBuilder
	Text-To-Onto	http : //ontoserver.aifb.uni-karlsruhe.de/texttoonto/

약어목록

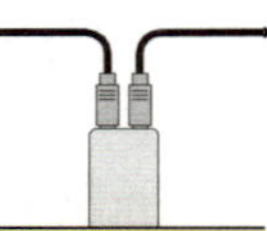

약어	원 문
ACP	American College of Pathologist
AI	Artificial Intelligence
AOL	America Online
ARPA	Advanced Research Projects Agency
B2B	Business to Business
D&B	Dun & Bradstreet Corporation
DAML	DARPA Agent Markup Language
DARPA	Defense Advanced Research Projects Agency
DL	Description Logic
DOLCE	Descriptive Ontology for Linguistic and Cognitive Engineering
DOPE	Drug Ontology Project for Elsevier
DTD	Document Type Definition
ebMS	e-business Messaging Service
ebXML	Electronic Business eXtensible Markup Language
EDI	Electronic Data Interchange
EMR	Electronic Medical Record
EO	Enterprise Ontology
Flogic	Frame Logic
FOL	First Order Logic
FOLaw	Functional Ontology of Law
G2B	Government to Business
GCIDE	GNU version of the Collaborative International Dictionary of English
GS1	Global Standard No. 1
GUM	Generalized Upper Model
HL7	Health Level Seven
HPKB	High Performance Knowledge Base
HS	Harmonized System
HTML	Hypertext Markup Language
HyTM	HyTime Topic Maps
ICD9-CM	International Statistical Classification of Diseases and Related Health Problems 9 Clinical Modification
IDDB	Internet Compact Disc Database
ISO	International Organization for Standardization

KIF	Knowledge Interchange Format
KMS	Knowledge Management System
LISP	LISt Processing
LOIS	Ontologies for Legal Information Sharing
MCC	Microelectronics and Computer Technology Company
NID	Namespace Identifier
NISO	National Information Standards Organization
NLM	National Library of Medicine
NSS	Namespace Specific String
OASIS	Organization for the Advancement of Structured Information Standards
OCML	Operational Conceptual Modeling Language
ODP	Open Directory Project
OIL	Ontology Inference Layer
OKBC	Open Knowledge Base Connectivity
OWL	Web Ontology Language or Ontology Web Language
PIP	Partner Interface Process
PROLOG	Programming in Logic
PSI	Published Subject Indictor
RDF	Resource Description Framework
RDFS	Resource Description Framework Schema
RNBD	RosettaNet Business Dictionary
RNIF	RosettaNet Implementation Framework
RNTD	RosettaNet Technical Dictionary
RTDI	Real Time Data Integration
SCROL	Semantic Conflict Resolution Ontology
SGML	Standard Generalizaed Markup Language
SHOE	Simple HTML Ontology Extension
SIC/NAIC	Standard Industrial Classification/North American Industry Classification
SIG	Special Interest Group
SIG SEMIS	Semantic Web and Information System Special Interest Group
SNOMED-CT	Systematized Nomenclature of Medicine Clinical Terms
SOAP	Simple Object Access Protocol
SPSC	DUN & Bradstreet's Standard Products and Services Codes
SUMO	Suggested Upper Merged Ontology
TOVE	TOronto Virtual Enterprise
UCC/EAN	United States' Standard Industrial Classification/European Article Number
UML	Unified Modeling Language

UMLS	Unified Medical Language System
UN/CEFACT	United Nations Center for Trade Facilitation and Electronic Business
UNCCS	United Nations' Common Coding System
UNDP	United Nations Development Programs
UNSPSC	United Nations Standard Products and Services Code
URI	Uniform Resource Identifier
URL	Uniform Resource Locator
URN	Uniform Resource Name
W3C	World Wide Web Consortium
WSDL	Web Service Description Language
XBRL	eXtensible Business Reporting Language
XML	eXtensible Markup Language
XOL	XML-based Ontology exchange Language
XSL	eXtensible Stylesheet Language
XTM	XML Topic Maps

개념화(Conceptualization) 12
계층구조 140
공리(axiom) 25
공적주제(Published Subjects) 172
공적주제지시자(PSI:Published Subject Indicators) 172
과업온톨로지(task ontology) 39
관계(association) 161, 169
관계차수 146
구조화된 비형식적 온톨로지(structured-informal-ontology) 31
국제상품분류코드(UNSPC:United Nations Standard Products and Services Code) 71
기본이름(base name) 167
기술논리(DL:Description Logic) 98
논리(Logic) 계층 48
논증(proof) 계층 48
대칭속성(Symmetric Property) 148
로제타넷(RosettaNet) 63
리서치사이크(ResearchCyc) 52
마가렛미드(Margaret Mead) 17
마리오번지(Mario Bunge) 18,19
마빈 민스키(Marvin Minsky) 51
메타시소러스(Methesaurus) 68
목적부(object) 123
뮤직브레인즈(MusicBrainz) 88
미국국립정보표준화기구(NISO:National Information Standards Organization) 38
반형식적 온톨로지(semi-formal-ontology) 32
방법온톨로지(method ontology) 39
번지온톨로지(Bunge Ontology) 19
범위(Scope) 171
법률전문가 시스템(legal expect system) 81
변형이름(variant name) 167
부울연산(Boolean DL) 141
비형식적 온톨로지(informal-ontology) 30
사이크 온톨로지(cyc ontology) 36
사이크(Cyc) 51
상위 온톨로지(Upper-level ontology) 34
상품식별코드(product identification code) 71
상호작용(inteaction) 20
서술부(predicate or property) 123
세그먼트(segment) 72
소와(Sowa) 37
속성(property) 25, 132
술어논리(Predicate Logic) 95
스페셜렉시콘(Special Lexicon) 65
시맨틱 네트워크(Semantic Network) 68, 95
시멘틱 상호운용성(Semantic Interoperability) 4[illegible]
시멘틱 웹(Semantic Web) 47
시멘틱주석기법(semantic annotation) 85
시스템의 구조(structure) 2[illegible]
시스템의 합성(composition) 2[illegible]
신뢰(trust) 계층 43
신택틱 상호운용성(syntactic interoperability) 4
애트리뷰트(attribute) 2[illegible]
어커런스(occurrence) 161, 167
언어온톨로지(linguistic ontology) 37
엔터티(Entity) 124
역함수속성(Inverse Functional Property) 149
열거형 클래스(Enumerated Class) 141, 142
영역온톨로지(domain ontology) 39
오픈 디렉터리 프로젝트(ODP:Open Directory Project) 69
오픈사이크(open cyc) 36, 52
온톨로지 개발 툴(ontology development tools) 179
온톨로지 기반 주석 툴(ontology-based annotation tools) 179
온톨로지 버저닝(Versioning) 152
온톨로지 병합 툴(ontology merge tools) 179
온톨로지 질의 툴 및 추론엔진(ontology querying tools & Inference engines) 179
온톨로지 평가 툴(ontology evaluation tools) 179
온톨로지 학습 툴(ontology learning tools) 179
워드넷(WordNet) 55
윌리엄 로스 애슈비(William Ross Ashby) 17
응용온톨로지(application ontology) 40
응집성 13
의미의 삼각관계(meaning triangle) 22
이행속성(Transitive Property) 147
인스턴스(instance) 25
일반상식 온톨로지(commonsense ontology) 35
일반시스템이론 17

일반화된 상위 온톨로지(GUM:Generalized Upper Model) 37, 38
일차논리(FOL:First Order Logic) 97
자동협상시스템(automated negotiation system) 45
자원(resource) 161
자원참조(resource reference) 168
전자거래문서 59
전자의무기록(EMR:Electronic Medical Record) 44, 79
제약조건(constraint) 25
조지 밀러(George A.Miller) 55
주어부(subject) 123
주제식별(subject identity) 164
지능형 상품정보시스템 78
지식베이스(knowledge base) 53
창발적 속성(emergent property) 19
추론엔진(Inference engine) 54
커머디티(commodity) 72
컴퓨터온톨로지 17
클래스(class) 131
클래스의 비접합성 142
토픽(topic) 161, 162
토픽맵 병합(Merge) 171, 172
토픽맵(Topic Maps) 159
토픽타입(Topic type) 165
토픽특성(Topic Characteristic) 166
통합의학언어시스템(UMLS : Unified Medical Language) 40, 66
튜링테스트 10
팀 버너즈 리(Tim Berners-Lee) 47
패밀리(family) 72
프레임(Frame) 96
하위 온톨로지(Lower-level ontology) 34
함수속성(Functional Property) 148
합의된지식(consensual knowledge) 21
형식적 온톨로지(formal-ontology) 33
anyquestion 84
BSD라이센스 56
CDDB(Compact Disc DataBase) 87
DAML+OIL(DARPA Agent Language+Ontology Inference Layer) 115
DTD(Document Type Definition) 159
ebXML(Electronic Business eXtensible Markup Language) 60
EO(Enterprise Ontology) 73
F-Logic(Frame Logic) 108
G2B시스템 72
KIF(Knowledge Interchange Format) 101, 106
LOOM 107
OCML(Operational Conceptual Modeling Language) 107
OCS(Order Communication System) 80
OIL(Ontology Inference Layer) 115
OKBC(Open Knowledge Base Connectivity) 112
Ontolingua 106, 107
OWL DL(Description Logic) 153
OWL Full 153
OWL Lite 152
OWL(Web Ontology Language) 33, 116, 138
PIP(Partner Interface Process) 64
protégé 180
Qname(Qualified Name) 125
RDF Schema 114, 128
RDF(Resource Description Framework) 113, 128
RNIF(RosettaNet Implementation Framework) 64
SCROL(Semantic Conflict Resolution Ontology) 42
SemanticWorks™2006 184
SGML(Standard Generalized Markup Language) 159
SHOE(Simple HTML Ontology Extension) 112
SIG SEMIS(SEMantic Web and Information System Special Interest Group) 49
SUMO(Suggested Upper Merged Ontology) 37
TOVE(Toronto Virtual Enterprise) 73
URI(Uniform Resource Identifier) 121
URIref(Uniform Resource Identifier reference) 121
XML(eXtensible Markup Language) 119
XOL(XML-based Ontology exchange Language) 113
XTM(XML Topic Maps) 116

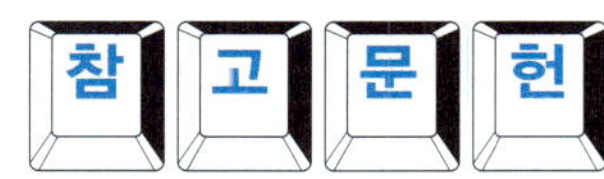

김혜선(2001), "통합의학언어 시스템(UMLS)의 구성 및 적용에 대한 고찰," 정보관리연구, Vol.21, No.2, pp. 26-39.

이재일 (2005), "의과학용어와 온톨로지 관리 기술 연구의 최신동향," 보건산업기술동향, 가을호(통권 23호), pp33-40.

최호섭, 옥철영 (2004), "정보검색 시스템과 온톨로지," 정보과학회지, 제 22권 4호, pp62-71.

Antoniou, G., F. van Harmelen (2004), A Semantic Web Primer, The MIT Press

Arpirez, J.C., O. Corcho, M. Fernandez-Lopez, and A. Gomez-Perez (2003), "WebODE in a Nutshell," AI Magazine, Vol.23, No.3, September, pp.37-48

Baader, F (2003), "Description Logic Handbook, Theory, Implementation, and Applications," Cambridge University Press.

Bateman, J., B. Magnini and F. Rinaldi (1994), "The Generalized Italian, German, English Upper Model," in Proceedings of the ECAI' 94 Workshop: Comparison of Implemented Ontologies, August 8-12, Amsterdam. Netherlands.

Bateman, J., R.Henschel and F.Rinaldi (1995), "Generalized Upper Model 2.0: Documentation," Technical Report, GMD/Institut f ur Integrierte Publikations- und Informationssysteme, Darmstadt, Germany.

Berners-Lee, T. (2000), Weaving the Web, HarperBusiness, New York.

Bonner, A.J. and M. Kifer (1995), "Transaction Logic Programming." Technical Report CSRI-323, University of Toronto Canada.

Bunge, M.A. (1977), Treatise on Basic Philosophy (Volume 3): Ontology I, The Future of the World, D. Reidel Publishing Company, Boston.

Bunge, M.A. (1979), Treatise on Basic Philosophy (Volume 4): Ontology II, A World of Systems, D. Reidel Publishing Company, Boston.

Chandrasekaran, B., J.R. Josephson, and R. Benjamins(1998), "The Ontology of Tasks and Methods," in Proceedings of the 11th Knowledge Acquisition Modeling and Management Workshop (KAW' 98), April 18-23, Banff, Canada.

Chandrasekaran, B., J.R. Josephson and V.R. Benjamins (1999), "What Are Ontologies, and Why Do We Need Them?" IEEE Intelligent Systems, Vol. 14, No. 1, January/February, pp. 20-26.

Chaudhri, V.K., A. Farquhar, R. Fikes, P.D. Karp, and J.P. Rice (1998), "Open Knowledge Base Connectivity 2.0," Technical Report KSL-98-06, Knowledge Systems Laboratory, http://www.ai.sri.com/~okbc/okbc-2-0-3.pdf.

Chen, W., M. Kifer, and D.S. Warren (1993), "Hilog: A Foundation for Higher-order Logic Programming," Journal of Logic Programming, Vol.15, No.3, February, pp.187-230.

Dean, M. and G. Schreiber (2003), "OWL Web Ontology Language Reference," http://www.w3.org/TR/owl-ref/.

Devedžic, V. (2002), "Understanding Ontological Engineering," Communications of the ACM, Vol. 45, No. 4ve, April, pp. 136-144.

Domingue, J., E. Motta, and S. Watt (1993), "The Emerging Vital Workbench," in Proceedings of the 7th European Workshop on Knowledge Acquisition for Knowledge-Based Systems(EKAW' 93), Toulouse and Caylus, France, September 6-10, pp.320-333.

Farquhar, A., R. Fikes, and J. Rice (1997), "The Ontolingua Server: A Tool for Collaborative Ontology Construction," International Journal of Human Computer Studies, Vol.46, No.6, pp.707-727.

Fensel, D. (2001), Ontologies: A Silver Bullet for Knowledge Management and Electronic Commerce, Springer, Berlin.

Fensel, D., F. van Harmelen, I. Horrocks, D.L. McGuinness, and P.F. Patel-Schneider (2001), "OIL: An Ontology Infrastructure for the Semantic Web," IEEE Intelligent Systems, Vol.16, No.2, March/April, pp.38-44.

Fernandez-Lopez, M., A. Gomez-Perez, J.P. Sierra, A.P. Sierra (1999), "Building a Chemical Ontology Using Methontology and the Ontology Design Environment," IEEE Intelligent Systems & their applications, Vol.14, No.1, January/February, pp. 37-45.

Genesereth, M.R. and R.E. Fikes (1992), "Knowledge Interchange Format Version 3.0 Reference Manual," Technical Report Logic 92-1, Computer Science Department, Stanford University, California.

Gómez-Pérez, A. (1999), "Ontological Engineering: A State Of The Art," Expert Update, Vol. 2, No.3, Autumn, pp.33-43.

Gómez-Pérez, A. (Ed.) (2002), Deliverable 1.3: A Survey on Ontology Tools, OntoWeb: Ontology-based Information Exchange for Knowledge Management and Electronic Commerce, IST-2000-29243, May 31.

Gómez-Pérez, A., O. Corcho and M. Fernandez-Lopez (2003), Ontological Engineering: with Examples from the Areas of Knowledge Management, e-Commerce and the Semantic Web, Springer Verlag, London.

Gómez-Pérez, A., M. Fernández-López, and O. Corcho (2005), Ontological Engineering, Springer Berlin.

Gruber, T.R. (1992), "Ontolingua: A Mechanism to Support Portable Ontologies," Technical Report KSL 91-66, Knowledge Systems Laboratory, Stanford University, California.

Gruber, T.R. (1993), "A Translation Approach to Portable Ontology Specifications," An International Journal of Knowledge Acquisition for Knowledge-Based Systems, Vol. 5, No.2, June, pp.199-220.

Gruninger, M. and M. Fox (1995), "Methodology for the Design and Evaluation of Ontologies," in Proceedings of IJCAI95 Workshop on Basic Ontological Issues in Knowledge Sharing, August 19-21, Montreal.

Guarino, N. (1998) "Formal Ontology and Information Systems," in Proceedings of FOIS' 98, Trento, Italy, June 6-8.

Hendler, J. (2001), "Agents and the Semantic Web," IEEE Intelligent Systems, Vol. 16, No. 2, March/April, pp. 30-37.

Horridge, M., H. Knublauch, A. Rector, R. Stevens, and C. Wroe (2004), A Practical Guide To Building OWL Ontologies Using The Protégé-OWL Plugin and CO-ODE Tools, Edition 1.0, The University Of Manchester, August 27.

Horrocks, I. (2000), "A Denotational Semantics for OIL-Lite and Standard OIL," Department of Computer Science, University of Manchester, UK, http://www.cs.man.ac.uk/~horrocks/OIL/Semantics/.

Horrocks, I. (2002), "DAML+OIL: a Description Logic for the Semantic Web," Bulletin of the Technical Committee on Data Engineering, Vol. 25, No. 1, March, pp. 4-9.

Kahng, J. and D. McLeod (1998), "Dynamic Classificational Ontologies: Mediation of Information Sharing in Cooperative Federated Database Systems," in Cooperative Information Systems: Trends and Directions, M.P. Papazoglou and G. Sohlageter (Eds.), Academic Press, San Diego, pp. 179-203.

Karp, P.D. and S.M. Paley (1995), "Knowledge Representation in the Large," in Proceedings of the 1995International Joint Conference on Artificial Intelligence (IJCAI' 95), Montreal, Canada, August 20-25, pp.751-758.

Karp, P.D., V. Chaudhri, and J. Thomere (1999), "XOL: An XML-Based Ontology Exchange Language," Technical Note 559, AI Center, SRI International, http://www.ai.sri.com/~pkarp/xol/xol.html.

Kashyap, V. and A.P. Sheth (1996), "Semantic and Schematic Similarities Between Database Objects: A Context-based Approach," The VLDB Journal, Vol. 5, No. 4, December, pp. 276-304.

Kashyap, V. and A.P. Sheth (1998), "Semantic Heterogeneity in Global Information Systems: The Role of Metadata, Context and Ontologies," in Cooperative Information Systems: Trends and Directions, M.P. Papazoglou and G. Schlageter (Eds.), Academic Press, San Diego, pp. 139-178.

Kifer, M., G. Lausen, and J. Wu (1995), "Logical Foundations of Object-Oriented and Frame-Based Languages," Journal of the ACM, Vol.42, No.4, May, pp.741-843.

Kishore, R., R. Sharman and R. Ramesh (2004), "Computational Ontologies and Information Systems: 1. Foundations," Communications of the AIS, Vol. 14, Article 8, August, pp. 158-183.

Koetzle, L., C. Rutstein, H. Liddell, C. Buss and T. Nakashima (2001), "Reducing Integration' s Cost," http://www.forrester.com/ER/Research/Report/0,1338,11981,00.html.

LOOM (1995), "Tutorial for LOOM version 2.1," Information Sciences Institute, University of Southern California, http://www.isi.edu/isd/LOOM/documentation/tutorial2.1.html.

Luhmann, N. (1982), The Differentiation of Society, Columbia University Press, New York.

Luke, S. and J.D. Heflin (2000), "SHOE 1.01 Proposed Specification," Proposed Specification, SHOE Project, http://www.cs.umd.edu/projects/plus/SHOE/spec.html.

MacGregor, R. (1991), "Inside the LOOM description Classifier," SIGART Bulletin, Vol.2, No.3, June, pp.88-92.

Maedche, A., S. Staab, N. Stojanovic, R. Studer and Y. Sure (2001), "SEAL - A Framework for Developing SEmantic Web PortALs," in Proceedings of British National Conference on Databases, Chilton, UK, July 9-11, pp. 1-22.

Manola, F. and E. Miller (Eds.) (2004), "RDF Primer," W3C Recommendation, Feb., http://www.w3.org/TR/rdf-primer/

Mitchell, T.M., J. Allen, P. Chalasani, J. Cheng, O. Etzioni, M. Ringuette, and J.C. Schlimmer (1991), "Theo: A Framework for Self-improving Systems," in Architectures for Intelligence, K. VanLehn (Ed.), Lawrence Erlbaum Associates, New York, pp.323-355.

Motta, E. (1999), Reusable Components for Knowledge Modelling: Principles and Case studies in Parametric Design, IOS Press, Amsterdam, The Netherlands.

Niles, I. and A. Pease (2001), "Origins of the IEEE Standard Upper Ontology," Working Notes of the IJCAI-2001 Workshop on the IEEE Standard Upper Ontology, Seattle, pp.37-42.

Noy, Natalya, C.D.Hafner (1997), "The State of the Art in Ontology Design - A Survey and Comparative Review," AI Magazine, Vol. 18, No. 3, pp.53-74.

Odgen C.K. and I.A. Richards (1923), The Meaning of Meaning: A Study of the Influence of Language upon Thought and of the Science of Symbolism, Routledge & Kegan Paul Ltd., London, 10th Edition.

Park, J. and S. Ram (2004), "Information Systems Interoperability: What Lies Beneath?" ACM Transactions on Information Systems, Vol. 22, No. 4, October, pp. 595-632.

Park, J. (2005), "Ontology," in Management Information Systems, G.B. Davis (ed.) Cambridge, Massachusetts, Blackwell Publishing, Vol. VII, 2005, pp. 233-236.

Pazzaglia, J.-C.R. and S.M. Embury (1998), "Bottom-up Integration of Ontologies in a Database Context," in Proceedings of the 5th KRDB Workshop, Seattle, WA, May 31.

Pollock, J. T. (2001), "The Big Issue: Interoperability vs. Integration," eAI Journal, October, pp. 48-52.

Pollock, J.T. and R. Hodgson (2004), Adaptive Information: Improving Business Through Semantic Interoperability, Grid Computing, and Enterprise Integration, John Wiley & Sons, Hoboken, New Jersey.

Ram, S. and J. Park (2004). "Semantic Conflict Resolution Ontology (SCROL): An Ontology for Detecting andResolving Data and Schema-Level Semantic Conflicts." IEEE Transactions on Knowledge and Data Engineering, Vol. 16, No. 2, February, pp. 189-202.

Rice, J., and A. Farquhar (1998), "OKBC: a Rich API on the Cheap," Technical Report KSL 98-09, Knowledge Systems Laboratory, Stanford university.

Russell, S. and P.Norvig (1995), Artificial Intelligence: A Modern Approach, Prentice Hall, Upper Saddle River, NJ.

Schreber, A.T., B. Dubbeldam, J. Wielemaker, and B. Wielinga (2001), "Ontology-based Photo Annotation," IEEE Intelligent systems, Vol.16, No.3, May/June, pp2-10.

Siegel, N., K. Goolsbey, R. Kahlert, and G. Matthews (2004), "The Cyc®System: Notes on Architecture," Cycorp, Inc.

Sowa, J. (2000), Knowledge Representation: Logical, Philosophical, and Computational Foundations, Brooks Cole Publishing Co., Pacific Grove, CA.

Steele, G.L. (1990) Common Lisp the Language, 2ndEdition, Digital Press, Wobum, Massachusetts.

Su, S., Y.W., C. Huang, et al. (2001). "An Internet-Based Negotiation Server for E-Commerce," The VLDB Journal, Vol. 10, No. 1, pp. 72-90.

Swartz, A. (2002), "MusicBrainz: A Semantic Web Service," IEEE Intelligent Systems, Vol.17, No.1, January/February, pp76-77.

ThinkMap (2005), White Paper, http://www.thinkmap.com/

Uschold, M., M. King, S. Moralee and Y. Zorgios (1998), "The Enterprise Ontology," The Knowledge Engineering Review, Vol. 13, No. 1 pp. 31-89.

UNSPSC (1998), White Paper, http://www.unspsc.org/documentation.asp

van der Vet, P.E. and N.J.I. Mars (1998), "Bottom-Up Construction of Ontologies," IEEE Transactions on Knowledge and Data Engineering, Vol. 10, No. 4, July/August, pp. 513-526.

van Harmelen, F., P.F. Patel-Schneider, and I. Horrocks (2001), "Reference Description of the DAML+OIL(March 2001) Ontology Markup Language," http://www.daml.org/2001/03/reference.html.

van Heijst, G., A.T. Schreiber and B.J. Wielinga (1997), "Using Explicit Ontologies in KBS Development," International Journal of Human and Computer Studies, Vol. 46, No. 2/3, pp.183-292.

Wand, Y., V.C. Storey and R. Weber (1999), "An Ontological Analysis of the Relationship Construct in Conceptual Modeling," ACM Transactions on Database Systems, Vol. 24, No. 4, December 1999, pp. 494-528.

Wilkins, D.E. (2000), "Using the SIPE-2 Planning System: A Manual for Version 6.1," SRI International Artificial Intelligence Center, Menlo Park, California. http://www.ai.sri.com/~sipe/manual.pdf.

Wohed, P. (2000). "Conceptual Patterns for Reuse in Information System Analysis," in Proceedings of the 12th International Conference on Advanced Information Systems (CAiSE2000), Stockholm, Sweden, June 05-09, pp. 157-175.

인터넷 진화의 열쇠 **온톨로지** 웹2.0에서 3.0으로

초판 발행 2007년 2월 28일
삼판 발행 2009년 3월 28일

지은이 노상규, 박진수
이메일 srho@snu.ac.kr, jinsoo@snu.ac.kr

발행인 김광호
발행처 가즈토이(gods' Toy)
대표전화 02-6080-0580
책임편집 이강규
이메일 godstoy2@chol.com
디자인 박상규
주소 서울특별시 관악구 봉천7동 1625-25 가즈토이

값 : 14,000
ISBN : 978-89-959191-1-8